尽磨难的闪光人生

依备 传

罗本祥 王和义 ◎著

科学家学术成长资料采集工程
工程院院士传记丛书

1929年	1955年	1960年	1963年	2001年
生于湖南岳阳	在列宁格勒大学攻读学位	在清华大学任教	调入第二机械工业部九所	当选中国工程院院士

老科学家学术成长资料采集工程
中国工程院院士传记丛书

历尽磨难的闪光人生
傅依备 传

罗本祥 王和义 ◎ 著

中国科学技术出版社
上海交通大学出版社

图书在版编目（CIP）数据

历尽磨难的闪光人生：傅依备传 / 罗本祥，王和义著. — 北京：中国科学技术出版社，2021.2

（老科学家学术成长资料采集工程丛书. 中国工程院院士传记丛书）

ISBN 978-7-5046-8926-9

Ⅰ.①历… Ⅱ.①罗…②王… Ⅲ.①傅依备-传记 Ⅳ.①K826.13

中国版本图书馆 CIP 数据核字（2020）第 246987 号

责任编辑	杨　丽
责任校对	吕传新
责任印制	李晓霖
版式设计	中文天地

出　　版	中国科学技术出版社　上海交通大学出版社
发　　行	中国科学技术出版社有限公司发行部
地　　址	北京市海淀区中关村南大街 16 号
邮　　编	100081
发行电话	010-62173865
传　　真	010-62173081
网　　址	http://www.cspbooks.com.cn

开　　本	787mm×1092mm　1/16
字　　数	360 千字
印　　张	23
彩　　插	2
版　　次	2021 年 2 月第 1 版
印　　次	2021 年 2 月第 1 次印刷
印　　刷	北京华联印刷有限公司
书　　号	ISBN 978-7-5046-8926-9 / K·284
定　　价	125.00 元

（凡购买本社图书，如有缺页、倒页、脱页者，本社发行部负责调换）

老科学家学术成长资料采集工程
领导小组专家委员会

主　任： 韩启德

委　员：（以姓氏拼音为序）

　　　　陈佳洱　　方　新　　傅志寰　　李静海　　刘　旭
　　　　齐　让　　王礼恒　　徐延豪　　赵沁平

老科学家学术成长资料采集工程
丛书组织机构

特邀顾问（以姓氏拼音为序）

　　　　樊洪业　　方　新　　谢克昌

编委会

主　编： 老科学家学术成长资料采集工程领导小组办公室

编　委：（以姓氏拼音为序）

　　　　定宜庄　　董庆九　　郭　哲　　胡宗刚　　胡化凯
　　　　刘晓堪　　吕瑞花　　秦德继　　任福君　　王扬宗
　　　　熊卫民　　姚　力　　张大庆　　张　藜　　张　剑
　　　　周大亚　　周德进

编委会办公室

主　任： 孟令耘　　杨志宏

副主任： 许　慧　　刘佩英

成　员：（以姓氏拼音为序）

　　　　冯　勤　　高文静　　韩　颖　　李　梅　　刘如溪
　　　　罗兴波　　王传超　　余　君　　张佳静

老科学家学术成长资料采集工程简介

老科学家学术成长资料采集工程（以下简称"采集工程"）是根据国务院领导同志的指示精神，由国家科教领导小组于2010年正式启动，中国科协牵头，联合中组部、教育部、科技部、工信部、财政部、文化部、国资委、解放军总政治部、中国科学院、中国工程院、国家自然科学基金委员会等11部委共同实施的一项抢救性工程，旨在通过实物采集、口述访谈、录音录像等方法，把反映老科学家学术成长历程的关键事件、重要节点、师承关系等各方面的资料保存下来，为深入研究科技人才成长规律，宣传优秀科技人物提供第一手资料和原始素材。

采集工程是一项开创性工作。为确保采集工作规范科学，启动之初即成立了由中国科协主要领导任组长、12个部委分管领导任成员的领导小组，负责采集工程的宏观指导和重要政策措施制定，同时成立领导小组专家委员会负责采集原则确定、采集名单审定和学术咨询，委托科学史学者承担学术指导与组织工作，建立专门的馆藏基地确保采集资料的永久性收藏和提供使用，并研究制定了《采集工作流程》《采集工作规范》等一系列基础文件，作为采集人员的工作指南。截至2016年6月，已启动400多位老科学家的学术成长资料采集工作，获得手稿、书信等实物原件资料73968件，数字化资料178326件，视频资料4037小时，音频资料4963小时，具有重要的史料价值。

采集工程的成果目前主要有三种体现形式,一是建设"中国科学家博物馆网络版",提供学术研究和弘扬科学精神、宣传科学家之用;二是编辑制作科学家专题资料片系列,以视频形式播出;三是研究撰写客观反映老科学家学术成长经历的研究报告,以学术传记的形式,与中国科学院、中国工程院联合出版。随着采集工程的不断拓展和深入,将有更多形式的采集成果问世,为社会公众了解老科学家的感人事迹,探索科技人才成长规律,研究中国科技事业的发展历程提供客观翔实的史料支撑。

总序一

中国科学技术协会主席　韩启德

老科学家是共和国建设的重要参与者，也是新中国科技发展历史的亲历者和见证者，他们的学术成长历程生动反映了近现代中国科技事业与科技教育的进展，本身就是新中国科技发展历史的重要组成部分。针对近年来老科学家相继辞世、学术成长资料大量散失的突出问题，中国科协于2009年向国务院提出抢救老科学家学术成长资料的建议，受到国务院领导同志的高度重视和充分肯定，并明确责成中国科协牵头，联合相关部门共同组织实施。根据国务院批复的《老科学家学术成长资料采集工程实施方案》，中国科协联合中组部、教育部、科技部、工业和信息化部、财政部、文化部、国资委、解放军总政治部、中国科学院、中国工程院、国家自然科学基金委员会等11部委共同组成领导小组，从2010年开始组织实施老科学家学术成长资料采集工程。

老科学家学术成长资料采集是一项系统工程，通过文献与口述资料的搜集和整理、录音录像、实物采集等形式，把反映老科学家求学历程、师承关系、科研活动、学术成就等学术成长中关键节点和重要事件的口述资料、实物资料和音像资料完整系统地保存下来，对于充实新中国科技发展的历史文献，理清我国科技界学术传承脉络，探索我国科技发展规律和科技人才成长规律，弘扬我国科技工作者求真务实、无私奉献的精神，在全社会营造爱科学、学科学、用科学的良好氛围，是一件很有意义的事情。采集工程把重点放在年龄在 80 岁以上、学术成长经历丰富的两院院士，以及虽然不是两院院士、但在我国科技事业发展中作出突出贡献的老科技工作者，充分体现了党和国家对老科学家的关心和爱护。

自 2010 年启动实施以来，采集工程以对历史负责、对国家负责、对科技事业负责的精神，开展了一系列工作，获得大量反映老科学家学术成长历程的文字资料、实物资料和音视频资料，其中有一些资料具有很高的史料价值和学术价值，弥足珍贵。

以传记丛书的形式把采集工程的成果展现给社会公众，是采集工程的目标之一，也是社会各界的共同期待。在我看来，这些传记丛书大都是在充分挖掘档案和书信等各种文献资料、与口述访谈相互印证校核、严密考证的基础之上形成的，内中还有许多很有价值的照片、手稿影印件等珍贵图片，基本做到了图文并茂，语言生动，既体现了历史的鲜活，又立体化地刻画了人物，较好地实现了真实性、专业性、可读性的有机统一。通过这套传记丛书，学者能够获得更加丰富扎实的文献依据，公众能够更加系统深入地了解老一辈科学家的成就、贡献、经历和品格，青少年可以更真实地了解科学家、了解科技活动，进而充分激发对科学家职业的浓厚兴趣。

借此机会，向所有接受采集的老科学家及其亲属朋友，向参与采集工程的工作人员和单位，表示衷心感谢。真诚希望这套丛书能够得到学术界的认可和读者的喜爱，希望采集工程能够得到更广泛的关注和支持。我期待并相信，随着时间的流逝，采集工程的成果将以更加丰富多样的形式呈现给社会公众，采集工程的意义也将越来越彰显于天下。

是为序。

总序二

中国科学院院长　白春礼

由国家科教领导小组直接启动,中国科学技术协会和中国科学院等12个部门和单位共同组织实施的老科学家学术成长资料采集工程,是国务院交办的一项重要任务,也是中国科技界的一件大事。值此采集工程传记丛书出版之际,我向采集工程的顺利实施表示热烈祝贺,向参与采集工程的老科学家和工作人员表示衷心感谢!

按照国务院批准实施的《老科学家学术成长资料采集工程实施方案》,开展这一工作的主要目的就是要通过录音录像、实物采集等多种方式,把反映老科学家学术成长历史的重要资料保存下来,丰富新中国科技发展的历史资料,推动形成新中国的学术传统,激发科技工作者的创新热情和创造活力,在全社会营造爱科学、学科学、用科学的良好氛围。通过实施采集工程,系统搜集、整理反映这些老科学家学术成长历程的关键事件、重要节点、学术传承关系等的各类文献、实物和音视频资料,并结合不同时期的社会发展和国际相关学科领域的发展背景加以梳理和研究,不仅有利于深入了解新中国科学发展的进程特别是老科学家所在学科的发展脉络,而且有利于发现老科学家成长成才中的关键人物、关键事件、关键因素,探索和把握高层次人才培养规律和创新人才成长规律,更有利于理清我国科技界学术传承脉络,深入了解我国科学传统的形成过程,在全社会范围内宣传弘扬老科学家的科学思想、卓越贡献和高尚品质，推动社会主义科学文化和创新文化建设。从这个意义上说，采集工程不仅是一项文化工程，更是一项严肃认真的学术建设工作。

中国科学院是科技事业的国家队，也是凝聚和团结广大院士的大家庭。早在1955年，中国科学院选举产生了第一批学部委员，1993年国务院决定中国科学院学部委员改称中国科学院院士。半个多世纪以来，从学部委员到院士，经历了一个艰难的制度化进程，在我国科学事业发展史上书写了浓墨重彩的一笔。在目前已接受采集的老科学家中，有很大一部分即是上个世纪80、90年代当选的中国科学院学部委员、院士，其中既有学科领域的奠基人和开拓者，也有作出过重大科学成就的著名科学家，更有毕生在专门学科领域默默耕耘的一流学者。作为声誉卓著的学术带头人，他们以发展科技、服务国家、造福人民为己任，求真务实、开拓创新，为我国经济建设、社会发展、科技进步和国家安全作出了重要贡献；作为杰出的科学教育家，他们着力培养、大力提携青年人才，在弘扬科学精神、倡树科学理念方面书写了可歌可泣的光辉篇章。他们的学术成就和成长经历既是新中国科技发展的一个缩影，也是国家和社会的宝贵财富。通过采集工程为老科学家树碑立传，不仅对老科学家们的成就和贡献是一份肯定和安慰，也使我们多年的夙愿得偿！

鲁迅说过，"跨过那站着的前人"。过去的辉煌历史是老一辈科学家铸就的，新的历史篇章需要我们来谱写。衷心希望广大科技工作者能够通过"采集工程"的这套老科学家传记丛书和院士丛书等类似著作，深入具体地了解和学习老一辈科学家学术成长历程中的感人事迹和优秀品质；继承和弘扬老一辈科学家求真务实、勇于创新的科学精神，不畏艰险、勇攀高峰的探索精神，团结协作、淡泊名利的团队精神，报效祖国、服务社会的奉献精神，在推动科技发展和创新型国家建设的广阔道路上取得更辉煌的成绩。

总序三

中国工程院院长　周　济

由中国科协联合相关部门共同组织实施的老科学家学术成长资料采集工程，是一项经国务院批准开展的弘扬老一辈科技专家崇高精神、加强科学道德建设的重要工作，也是我国科技界的共同责任。中国工程院作为采集工程领导小组的成员单位，能够直接参与此项工作，深感责任重大、意义非凡。

在新的历史时期，科学技术作为第一生产力，已经日益成为经济社会发展的主要驱动力。科技工作者作为先进生产力的开拓者和先进文化的传播者，在推动科学技术进步和科技事业发展方面发挥着关键的决定的作用。

新中国成立以来，特别是改革开放30多年来，我们国家的工程科技取得了伟大的历史性成就，为祖国的现代化事业作出了巨大的历史性贡献。两弹一星、三峡工程、高速铁路、载人航天、杂交水稻、载人深潜、超级计算机……一项项重大工程为社会主义事业的蓬勃发展和祖国富强书写了浓墨重彩的篇章。

这些伟大的重大工程成就，凝聚和倾注了以钱学森、朱光亚、周光召、侯祥麟、袁隆平等为代表的一代又一代科技专家们的心血和智慧。他们克服重重困难，攻克无数技术难关，潜心开展科技研究，致力推动创新发展，为实现我国工程科技水平大幅提升和国家综合实力显著增强作出了杰出贡献。他们热爱祖国，忠于人民，自觉把个人事业融入到国家建设大局之中，为实现国家富强而不断奋斗；他们求真务实，勇于创新，用科技为中华民族的伟大复兴铸就了辉煌；他们治学严谨，鞠躬尽瘁，具有崇高的科学精神和科学道德，是我们后代学习的楷模。科学家们的一生是一本珍贵的教科书，他们坚定的理想信念和淡泊名利的崇高品格是中华民族自强不息精神的宝贵财富，永远值得后人铭记和敬仰。

通过实施采集工程，把反映老科学家学术成长经历的重要文字资料、实物资料和音像资料保存下来，把他们卓越的技术成就和可贵的精神品质记录下来，并编辑出版他们的学术传记，对于进一步宣传他们为我国科技发展和民族进步作出的不朽功勋，引导青年科技工作者学习继承他们的可贵精神和优秀品质，不断攀登世界科技高峰，推动在全社会弘扬科学精神，营造爱科学、讲科学、学科学、用科学的良好氛围，无疑有着十分重要的意义。

中国工程院是我国工程科技界的最高荣誉性、咨询性学术机构，集中了一大批成就卓著、德高望重的老科技专家。以各种形式把他们的学术成长经历留存下来，为后人提供启迪，为社会提供借鉴，为共和国的科技发展留下一份珍贵资料。这是我们的愿望和责任，也是科技界和全社会的共同期待。

周济

傅依备

傅依备和谢冬心在四川绵阳合影
（2020 年 2 月）

傅依备全家在四川绵阳合影（2020 年 2 月）

序

　　傅依备院士学术成长资料采集小组撰写的研究报告《历尽磨难的闪光人生：傅依备传》已经完成。采集小组请我为之作序，深感荣幸。

　　采集小组的同志们本着对国家和对傅院士本人负责的态度，经过较长时间深入细致、务实有效的工作，在采集了大量资料的基础上，进行认真研究，撰写了这份内容丰富的研究报告，较全面真实地反映了傅依备院士一生的学术成长经历。这为我们进一步研究傅依备院士的学术成长，学习和弘扬老一辈科学家的精神品质，了解和传承中国工程物理研究院的优良传统和作风，都是一件颇具意义的事情。

　　我曾和傅依备院士一起工作多年，对他的人生经历、学术成就、领导风格、工作作风、为人处事等都较熟悉。他是我一直敬重的长者和老科学家。

　　傅依备院士是新中国首批大学毕业生，在党和人民的培养教育下，一路走来，历经风雨，最终成为一名颇有建树的科学家。他于1929年4月出生于湖南岳阳一个普通农民家庭，恰逢战乱，从小过着颠沛流离、居无定所的生活。他在艰苦的环境中坚持学习、发奋图强、刻苦用功，以优异成绩考上大学和留苏研究生。中华人民共和国成立前，他切身感受到日寇的凶残和国民党政府的腐败，向往进步和自由，在党组织的引导下，积极参加反蒋反内战的学生运动，接触进步人士和进步思想。新中国成立后，他很快入团入党，积极参加党团活动并承担大量社会工作，接受了马列主义、毛泽东思想的科学理论，思想得到升华。在后来的人生道路上，无论工作如何变动，际遇如何坎坷，他都以科技报国为己任，保持共产党人的本色，对党忠诚、勇于担当，吃苦在前、享受在后，追求真理、亲民务实，深得干部群众拥戴，无愧于党和人民对他的培养、信任和重托。

傅依备院士是一位具有多方面建树的领军式的科学家。他在早年的留学和清华大学任教生涯中，就展露出过人的才华。投身我国核武器科技事业之后，他全力以赴，潜心攻关，在探索和建立先进的核试验放化诊断测试技术的发展、带领团队多次圆满完成国家核试验任务、开拓武器库存可靠性技术研究、组织完成科研生产任务、推动军民两用技术蓬勃发展、锐意推动改革和创新科研管理、拓展学科发展、推进学术交流与合作等方面都取得了骄人业绩，成为在我国核工业界广受赞誉的核化学家，2001年当选为中国工程院院士。

傅依备院士还是一位尊重人才、爱惜人才、培养人才的导师型科学家。在几十年的科研工作中，他把使用人才与培养人才结合起来，甘为人梯，诲人不倦，精心培养了数十位研究生，为我国核武器技术的持续发展积累了多方面的人才资源。

他作风严谨、求真务实，学术民主、思维活跃，不图名利、无私奉献，为人正直、处事豁达等优秀品质，永远值得我们学习。

2016年9月7日

（赵宪庚，中共第十八届中央委员、中国工程院院士，中国工程物理研究院原院长，现为中国工程院副院长）

目 录

老科学家学术成长资料采集工程简介

总序一 ………………………………………………………… 韩启德

总序二 ………………………………………………………… 白春礼

总序三 ………………………………………………………… 周　济

序 ……………………………………………………………… 赵宪庚

导　言 ………………………………………………………………… 1

| 第一章 | 苦难中成长 ………………………………………………… 11

  岳阳傅氏 ……………………………………………………… 11
  童年逢国难 …………………………………………………… 15
  在难童教养院成长 …………………………………………… 21
  亡命的逃难经历 ……………………………………………… 29
  战乱中的苦读 ………………………………………………… 36

第二章 辗转求学路 ······ 46

跨时代的大学时光 ······ 46
四川化工学院毕业 ······ 51
构筑信仰支柱 ······ 56
入职中国科学院 ······ 65
留学苏联 ······ 72

第三章 清华任教 ······ 88

留苏归来 ······ 88
任教清华园 ······ 91
北大兼课 ······ 98

第四章 跨入核科技之门 ······ 104

试制钋-铍中子源 ······ 104
建设放化生产线 ······ 110
首次核爆放化技术的攻关 ······ 117
"四清"运动的洗礼 ······ 123

第五章 领导科研所新基地建设 ······ 127

坚持科研标准搞建设 ······ 127
"文化大革命"冲击 ······ 135

第六章 推动核武器相关科学技术的发展 ······ 142

推进放化诊断技术的发展 ······ 142
身先士卒抢核爆样品 ······ 147
组织型号生产 ······ 149
开展核测试技术相关基础研究 ······ 151
重视武器安全技术研究 ······ 153
谋求核科技新发展 ······ 156

| 第七章 | **拓展核科技发展新领域** ················· 161

  开展聚变 – 裂变混合堆的研究 ·························· 161
  开拓 ICF 研究新领域 ································· 165
  推动氚工艺和氚靶制备技术 ···························· 169
  推进大型核设施科研平台建设 ·························· 172
  促进量子力学计算的应用 ····························· 178

| 第八章 | **"职工信得过的所长"** ·················· 181

  力推科研管理改革创新 ······························· 181
  推动军民两用技术快速发展 ···························· 186
  "不为职工谋福利的领导不算合格的领导" ···················· 195

| 第九章 | **力推学术交流合作** ···················· 200

  推动院内外学术交流 ································ 200
  搭建核学会学术交流平台 ····························· 211
  力主与高校开展科技交流与合作 ························· 215
  热情参与地方企业技术合作 ···························· 220

| 第十章 | **学术成就与人才培养** ················· 225

  学术贡献 ······································· 226
  学术荣誉 ······································· 246
  培育人才 ······································· 252

| 第十一章 | **用爱筑起幸福家园** ··················· 254

  完美结合同甘苦 ·································· 254
  相互信任共担当 ·································· 262
  培养后代育栋才 ·································· 265
  传承家风幸福长 ·································· 276

结　语 ··· 289

附录一　傅依备年表 ······································· 300

附录二　傅依备主要论著目录 ··························· 326

参考文献 ·· 335

后　记 ··· 338

图片目录

图 1-1	傅氏族谱封面照	11
图 1-2	岳阳县新墙镇先锋村岭上傅石碑近照	13
图 1-3	傅依备出生及小时候居住的老屋	13
图 1-4	20世纪60年代在傅依备老家屋基上重新修的房子近照	14
图 1-5	新墙镇相公岭抗战遗址碑近照	19
图 1-6	新墙河近照	21
图 1-7	南岳圣帝殿——当年南岳难童教养院所在地近照	24
图 1-8	正殿东侧厢房走廊——当年南岳难童教养院教室场所近照	25
图 1-9	傅依备在南岳大庙读书时的住宿楼近照	26
图 1-10	日军当年空袭南岳时投下的细菌弹	27
图 1-11	国立九中校本部大门照，在重庆市江津德感坝，现江津二中所在地	38
图 1-12	江津二中大门照	40
图 1-13	重庆市立二中山洞分校教学大楼照	42
图 1-14	中学时期的傅依备，1946年于重庆	42
图 1-15	重庆市立二中山洞分校学生宿舍照	43
图 1-16	重庆一中校门近照	44
图 2-1	中央工校历任校长、校训照片	47
图 2-2	重庆药剂学校中央工校纪念亭近照	48
图 2-3	1949年，傅依备任重庆与中央工校同研同学合影	51
图 2-4	四川化工学院旧址——四川泸州市江阳区钟楼附近景区近照	52
图 2-5	1953年3月8日，傅依备大学毕业成绩表	54
图 2-6	1987年10月，傅依备与原中央工校老同学游传忠、任廷枢等在中央工校原址校园内合影	57

图 2-7	1952年9月15日，傅依备的入党志愿书 …………………… 61
图 2-8	2009年10月12日，傅依备回重庆在原中央工校校址纪念碑亭与部分校友合影 …………………………………… 62
图 2-9	1954年，傅依备离开长春综合研究所赴苏，与支部党员送行时的合影 ……………………………………… 65
图 2-10	中科院长春应用化学研究所正门近照 …………………… 66
图 2-11	长春应用化学研究所本馆近照 …………………………… 67
图 2-12	1953年于长春综合研究所大楼门前，钻探泥浆学习会全体学员合影 …………………………… 68
图 2-13	长春应用化学研究所内景观近照 ………………………… 69
图 2-14	1956年，傅依备与同学在列宁格勒苏维埃工学院门前合影 …… 75
图 2-15	1994年11月25日，傅依备访问俄罗斯时，拜访看望留苏读研时的导师什维多夫教授 ……………………… 77
图 2-16	1959年，傅依备在列宁格勒苏维埃工学院学生宿舍前留影 …… 81
图 2-17	1960年，傅依备先后在苏联《放射化学》杂志上发表7篇论文封面照 …………………………………… 83
图 2-18	1959年，傅依备与他指导的毕业生在实验室 …………… 84
图 2-19	1958年，傅依备与留苏同学在列宁格勒郊外合影留念 …… 86
图 3-1	1979年，傅依备与汪家鼎教授、朱永赠教授合影 ……… 92
图 3-2	1960年，清华大学主要负责干部和教师名册记载表，傅依备为工化系120教研组傅主任 …………………… 93
图 3-3	1979年10月，傅依备与原清华大学同事朱永赠教授、汪家鼎教授在成都锦江饭店参加学术活动时合影 ……… 95
图 3-4	1961年，傅依备在清华大学指导研究生毕业论文设计 …… 98
图 3-5	1961年，傅依备与清华大学工程化学系部分教师和毕业学生合影 ………………………………… 99
图 3-6	1962年，傅依备在清华大学任教期间同时在北大兼课，这是他在潜心准备讲义的情景 ………………………… 100
图 3-7	傅依备编写的《人工放射性物质工艺学》讲义手稿近照 …… 101
图 3-8	北京大学1962年春季技术物理系教材解决情况调查表记载，人工放射性物质工艺学教材由讲课教师傅依备编写提供 …… 102

图 4-1	1963年2月17日，傅依备调九所时，清华大学部分学生为他送行并合影留念	105
图 4-2	1964年5月，傅依备在大连523厂协调加工生产717工号生产线的钣金车间远景近照	112
图 4-3	221厂七厂区717工号近照	113
图 4-4	1964年5月，傅依备在大连523厂协调加工生产717工号生产线的钣金车间局部近照	114
图 4-5	1964年5月，傅依备在大连甘井子区协调加工717工号生产线的523厂近况	115
图 4-6	傅依备当年居住过的黄楼近照	119
图 4-7	221厂七厂区近照	120
图 4-8	221厂金银滩大草原近照，该地已列为国家风景名胜区	123
图 5-1	2008年"5·12"地震前二所老点生活区照	128
图 5-2	当年的"米花糖砖"实物近照	134
图 5-3	傅依备在"文化大革命"时被关押住过的黑屋子近照	135
图 5-4	傅依备在"文化大革命"时被体罚半夜绕圈跑的楼房近照	136
图 5-5	60—70年代，傅依备五口之家的居住屋近照	141
图 6-1	1987年，傅依备在二所老点办公室工作照	143
图 6-2	1984年，傅依备和于敏院士在实验室	145
图 6-3	1990年，傅依备在核试验基地和葛凤鸣一起检查气体取样系统	146
图 6-4	1990年，傅依备在核试验场地与同事一起工作	147
图 6-5	1990年，傅依备在核试验基地整装待发参加核爆气体取样	148
图 6-6	核部件加工切削压制机模拟图	150
图 6-7	2003年，傅依备在中物院科技委办公室工作照	153
图 6-8	1990年11月14日，中物院第二届邓稼先青年科技奖评定授奖、青年科协先进集体个人"五小"成果表彰大会代表合影	157
图 6-9	2007年7月23日，傅依备在银川参加2007年度NSAF基金项目评审会并与代表合影留念	158
图 6-10	1996年10月22日，傅依备参加国防科工委科技进步奖评审会并和评委合影	159

图 6-11	2003年8月，傅依备院士与中物院院领导合影	160
图 7-1	1990年，傅依备和科研人员在一起	163
图 7-2	1983年，傅依备与科技人员一起讨论星光-Ⅰ激光装置方案	166
图 7-3	1985年10月5日，傅依备与王大珩、王淦昌、胡仁宇在实验室	167
图 7-4	1987年，傅依备陪同李觉副部长（九院第一任院长）参观实验装置	168
图 7-5	1989年4月，傅依备陪同朱光亚参观激光装置	169
图 7-6	1987年，傅依备向李觉副部长介绍二所科技成果	170
图 7-7	1992年8月31日，傅依备在办公室伏案工作	173
图 7-8	1976年，300号反应堆整改验收会专家领导合影	175
图 7-9	1992年，傅依备与有关专家领导合影	177
图 7-10	中国绵阳研究堆	178
图 8-1	1983年3月，二所领导班子成员合影	183
图 8-2	1989年，傅依备和院党委李英杰书记在珠海合影	184
图 8-3	1988年，傅依备在科技研讨会上	186
图 8-4	1983年5月19日，中央军委副秘书长张爱萍等领导在二所接见傅依备	189
图 8-5	1985年，傅依备向王淦昌院士介绍二所工作业绩	190
图 8-6	1988年11月5日，傅依备在二所民品公司成立大会上讲话	191
图 8-7	1988年11月，二所民品工作会代表合影	193
图 8-8	1991年，傅依备和张爱萍等领导合影	194
图 8-9	1989年11月23日，二所第一次党代会代表合影	194
图 8-10	1986年，二所职工代表大会代表合影	194
图 9-1	1985年，傅依备等所领导与二所第四届青年科技报告会获奖青年合影	204
图 9-2	1990年9月，傅依备在绵阳同日本专家进行学术交流时合影	206
图 9-3	1991年10月22日，傅依备带队去日本访问，在日本原子能研究所作学术报告	207
图 9-4	1983年11月，傅依备和放射化学元老杨承宗教授在一起	208
图 9-5	1980年8月，傅依备带队到美国橡树岭国家实验室参观考察	209

图 9-6	1981年12月10日，四川省核学会成立大会暨首次年会代表合影	212
图 9-7	1988年，傅依备参加中物院化学化工专业委员会学术讨论会	214
图 9-8	2004年9月，傅依备参加中物院化学与化工学科第八届学术年会并与代表合影	218
图 9-9	宁波球冠公司院士工作站站牌近照	220
图 9-10	2011年9月17日，宁波球冠公司院士工作站揭牌仪式人员合影	223
图 10-1	1996年8月31日，傅依备在中国科技会堂和杨振宁教授交谈	227
图 10-2	2010年5月19日，傅依备参加博士研究生学位论文答辩会	230
图 10-3	2014年4月5日，傅依备85岁生日和部分研究生在一起	235
图 10-4	2012年5月1日，傅依备在绵阳与部分学生合影	239
图 10-5	2003年3月24日，傅依备在实验室指导研究生	243
图 10-6	1985年11月，傅依备获核工业部劳动模范称号之奖章	247
图 10-7	1987年，傅依备获四川省国防科技工业委员会颁发的优秀共产党员奖章	248
图 10-8	1989年9月，国务院授予傅依备全国先进工作者称号之奖章	249
图 10-9	1989年9月，四川出席全国劳模先进工作者代表合影	250
图 10-10	2001年11月，傅依备当选中国工程院院士奖牌和中国工程院院士文件	250
图 10-11	2003年12月5日，傅依备获何梁何利科学与技术进步奖之奖牌	251
图 10-12	两院资深院士合影，2009年5月19日于成都	251
图 10-13	1998年8月31日，傅依备在中物院研究生学位授予典礼仪式上和研究生合影	253
图 11-1	1955年，傅依备和谢冬心女士在天安门前合影留念	257
图 11-2	1955年7月15日，傅依备、谢冬心结婚证书	258
图 11-3	1955年7月15日，傅依备结婚时团支部送的充满时代气息的标语、宣传画等礼品	260
图 11-4	1957年夏，傅依备回国探亲，与谢冬心在北京合影	261

图 11-5　1961 年 7 月，傅依备和爱人两地分居，暑假他到天津，自己动手做饭。这是他在门前的露天灶上炒菜 ················261

图 11-6　1962 年，傅依备和谢冬心在天津市与大儿子傅学工合影 ·······266

图 11-7　1983 年春节，傅依备全家于 902 地区二所生活区合影 ·········272

图 11-8　傅依备父亲傅时贤，1955 年摄影资料 ························279

图 11-9　2016 年 5 月 5 日，傅依备在二所老点最后的旧居前留影 ·······281

图 11-10　2008 年 2 月，傅依备全家合影 ····························284

图 11-11　2009 年 4 月，傅依备八十华诞与院、所领导和友人在一起合影 ··287

图 11-12　2015 年 8 月 8 日，傅依备与谢冬心六十周年钻石婚全家合影留念 ··288

导 言

传主简介

2014年夏，傅依备院士在谈到自己的"兴核强国梦"时说："能为保卫祖国作出有用的贡献，就是我的梦想；我希望我们的祖国能走向富强，真正成为世界第一。因为只有成为世界第一强国，国家的安全才更有保证；我国历史上经历了百年耻辱，就是因为国家太穷太弱。""我希望我的有生之年能够看到这一天。这也是全世界人民的福音，因为我们中国在历史上就不是一个以强凌弱的国家。"

从傅依备院士这一生的成长经历来看，他的强军强国梦想贯穿了始终。他的主要经历都是在为实现核科技报国理想的征程中，把自己的命运紧紧地与祖国的命运结合在一起，为中华民族能从苦难和坎坷中振奋起来并坚强地挺起不屈的脊梁而默默地拼搏，开拓创新，并作出骄人业绩和卓越贡献。

傅依备院士是我国著名的核化学家，是一位长期在我国核科技实际工作中磨炼成长起来的德高望重的专家领导型科学家。主要从事核燃料后处理工艺学、放射化学研究，是我国核试验放射化学诊断技术的开拓者和推动者之一。1953年毕业于四川化工学院，同年进入中国科学院长春综合研究所（现为长春应用化学研究所）工作。1954年考取留苏研究生，在北京俄专预备班学习一年后，1955年赴苏联列宁格勒大学化学系攻读金属腐蚀专业研究生兼该系中共中国留学生党支部书记。1956年年初转入列宁格勒苏维埃工学院第五系攻读核燃料后处理专业研究生，兼任该校中共中国留学生党支部书记。1960年年初完成研究论文答辩，获副博士学位，6月回国。同年到清华大学工作，任清华大学工程化学系120教研室副主任、讲师，编写《人工放射性物质工艺学》讲义；1961年至1962年上半年在北京大学技术物理系兼课讲授人工放射性物质工艺学课程。1963年年初奉中组部调令到中国工程物理研究院（简称中物院，原二机部九所，后来的九院）从事核武器研究工作。

在半个世纪的国防科研生涯中，他负责在国内首次成功研制出特种中子源；参加和领导了核试验放化诊断方法的研究，并建立了全新可靠的核爆放化诊断方法；组织建立了从靶材料到微靶制造工艺、充氘氚技术、参数测量技术和设备配套齐全的聚变靶研制实验室，研制了一系列激光驱动惯性约束聚变靶，为我国的惯性约束聚变研究创造了良好的实验条件；承担了聚变裂变混合堆氚工艺技术的研究，建立了反应堆在线产氚演示回路；主持和指导了放射性同位素和核辐射技术应用研究，取得重大的实际应用成果；提出并指导对金属铀在不同气体介质中的表面氧化还原化学行为的研究，以及用于核环境下的相关材料的辐射稳定性研究，揭示其变化规律，为核部件的应用和贮存寿期研究提供了重要的参考数据和研究方法。

他从20世纪70年代起，先后担任中物院二所副总工程师、副所长、所长，中物院科技委副主任、院专家委员会成员、研究员、博士生导师，并同时兼任四川大学原子分子工程研究所所长以及四川大学、重庆大学、北京理工大学、西南科技大学教授等职，还参与多项国内、省内的政府机构、科协、学会的领导职务，以及企业院士工作站负责人等社会兼职。他在承担国防科研任务的同时，培养了一大批硕士和博士（含博士后）研究生，为我国核武器科学技术的持续发展培育了一批又一批科技骨干和学科带头人。他和他的学生先后在国内刊物和学术会议上发表学术论文200余篇，在完成国防科研任务、国家自然科学基金项目、"863"计划项目和院基金项目中取得多项具有国际国内先进水平的科技成果。

傅依备院士还善于谋划，思维超前，在担任中物院二所所长期间，推进研究所管理科学化，拓宽研究领域，锐意改革，使二所在国防科研、高技术研究和民品技术开发与生产等方面均取得了优异成绩，被评为四川省先进科研所和国防军工系统民品工作先进单位。

他先后获得国家技术发明奖、国家科学技术进步奖和全国科学大会集体奖等国家级奖4项，部委级科技进步奖16项，中物院预研基金奖12项。他先后被评为中物院、四川省和核工业部的劳动模范、先进工作者，多次被评为"优秀共产党员"，1989年被国务院授予"全国先进工作者""国家有突出贡献中青年专家"等荣誉称号；1991年享受政府特殊津贴，2001年当选为中国工程院院士，2003年获何梁何利科技进步奖。

本传记的资料基础

由于傅依备院士长期从事的国防科研工作大都涉及国家核心秘密，所以，公开出版的有关他学术成长经历的传记、宣传报道较少，即使有少量的报道和传记，也只是一些可以公开的片断性和阶段性记录，有关他的人生成长经历和从事科研管理方面的先进事迹。

近年来，已公开出版有关他的文集、专著有：2009年3月，由原子能出版社出版，由《傅依备院士八十华诞文集》编辑委员会编撰的《傅依备院士八十华诞文集》，49.3万字。该书分四个部分：第一部分收录了中物院领导和专家的10幅题词和傅依备院士不同时期的科研活动、社会活动、家庭生活的104幅珍贵照片。第二部分收录了曾与之共事的领导、专家和学生的祝贺与回忆性文章，共59篇。其中，他的同事、部下孙颖研究员撰写的《漫漫人生奋斗路，拳拳赤子报国心》，比较完整地概述了傅依备院士一生的成长经历与科研成就；还收录了曾在报刊发表的有关他先进事迹的5篇文章，从不同侧面反映了他的贡献。第三部分选录了他公开发表的学术论文23篇，其中部分为他与专家、学生合著。第四部分是编年大事记，约7000字。通过阅读该文集，可以了解傅依备院士的严谨学风、高尚品格以及组织领导科学工程研究的智慧和能力，从中也可了解我国核武器事业的发展历程。

2015年1月，由中国原子能出版社出版、孙勤主编的《核铸强国梦——60位核科技院士专家访谈录》，其中一篇近4000字的文章是反映傅依备院士为强军强国梦想而不懈奋斗的经历与情怀。2015年1月，由科学出版社出版，钱伟长任总主编，杜祥琬任分卷主编的《20世纪中国知名科学家学术成就概览·能源与矿业工程卷·核科学技术与工程分册》，全册共73.9万字，其中收录由罗顺忠研究员撰写的傅依备院士传记，约11000字，从成长之路、科技求索之路、开拓军民结合之路、培养人才、主要论著等方面概述了傅依备院士一生的主要经历和科研成就。

有关傅依备院士比较完整的传记应是2016年1月由航空工业出版社、人民出版社出版，《傅依备传》编写组编撰的《中国工程院院士传记——傅依备传》，38.3万字。该书是一本专门介绍傅依备院士的专著，全书以人物传记的形式，通过傅依备院士本人、同事及学生的回忆，还以部分已公开的资料为依据，全面描述了傅依备院士所经历的童年与少年、中学与大学、工作与生活，比较全面地展示了他走上工作岗位以后，特别是在中物院从事核科学技术的科研与管理工作期间所经历的主要事迹以及所取得的主要成就。

有关傅依备院士学术论文专著结集出版，比较丰富的是2009年在傅院士八十华诞之时，由中物院领导和专家组成的编委，专门编辑出版了《傅依备院士八十华诞学术论文集》，精选收录了傅依备院士及其指导的研究生所撰写的114篇科学研究论文，主要涉及放射化学与核材料、氚化学与氚工艺、激光聚变相关技术、核辐射与材料相互作用、环境化学、特种高分子材料、放射药物化学、计算化学与数值模拟等八个领域的研究成果。傅依备院士撰写的俄文论文以及与核武器研制密切相关的论文，该文集未收录。该文集属内部资料，61万字，仅在中物院内部发行，供领导、专家和科研人员使用。

上述研究成果为本课题组进一步采集和研究提供了一些线索和佐证，是不可或缺的材料。

根据采集工程的要求，本着事实真实准确、引用材料有据可查的原则，采集小组进行了广泛深入、细致严谨、艰苦努力的采集和鉴别，收集了丰富珍贵的证据和资料。

采集小组所掌握的傅依备院士相关资料，除上述所列之外，还主要包括以下几类：

1. 档案资料：共查阅采集历史档案79份，包括中物院人事档案（傅依备专门档案，含自传、履历、职务任免、入党材料、获奖、晋级、技术职务、工资调级等），中物院二所档案（含历史、文档、科档和傅依备科研工作手册、科研项目结题报告等），重庆市档案馆电子档案（傅依备当年在重庆第二儿童教养院读书学习的有关档案），四川大学档案（傅依备读大学的成绩单），长春应用化学研究所档案（含傅依备所在研究室的工作人员名单、傅依备参加的科研工作计划表、党组织同意他报考留苏研究生的档案等），北京大学档案（傅依备作为《人工放射性物质工艺学》授课老师、教学安排、学科专业调整的相关档案），清华大学档案（记载傅依备作为该校120室副主任的人名卡片），中国工程院档案（院士遴选申报档案）。

2. 手稿类：共收集傅依备手稿209份，其中有他在苏联留学期间先后发表的7篇俄文论文手稿，以及在苏联从事科研工作的记录手稿，在清华大学任教编写的《人工放射性物质工艺学》讲义的手稿原件；20世纪60—70年代傅依备14本科研工作笔记，将科研工作的时间、事由、人员、安排、措施等记录在案；1980年1月写的《核爆试验放射化学测试方法》手稿；还有涉及科研生产、干部队伍、党的建设、思想政治工作、出国访问、行政管理与改革、青年工作（含关心大学生和中学生）、核武器研究的发展及技术问题、核技术应用、能源与环境、题词、科研工作成果介绍、对研究生论文的修改与评价、对外合作成果评价意见、对院所发展的思考、对国外相关科学技术发展的介绍与思考、传记修改稿等；还有他20世纪60年代以来的日记共26本。

3. 口述访谈类：共访谈了47人次，其中傅院士本人接受访谈11次（每次半天），其余为傅院士的家人、老同事、老部下、老同学、相关领导和专家、学生以及合作中的朋友、儿时玩伴等，其中有胡仁宇、李幼平、武胜、朱永𬭩四位院士接受了访谈。对被访谈人员的安排上考虑了不同时期熟知傅院士学习、工作和生活情况的人员，力图多角度、全方位地收集反映傅院士成长经历的素材。共获得访谈音频资料3916分钟，视频资料3375分钟。这些访谈资料为我们了解、研究傅院士的人生道路和学术成长历程提供了大量翔实的证据材料。

4. 信件类：共采集到117封书信、贺卡，一部分是家信，大部分内容是工作通信，其中傅院士与钱学森、许鹿希、杨承宗、王方定、王乃彦、俞大光、钱绍钧、朱正和之间的通信，以及他收到的中组部、周济、于敏、赵宪庚、谢和平、李晓红等的贺年卡，中华全国总工会的慰问信等，这些都是珍贵的资料，特别是傅院士捐献了他与夫人谢冬心女士之间的通信，对于我们研究、了解傅院士经营爱情、家庭和精心培育下一代所形成的独具特色的家风和为人处事之道，提供了十分难得的证据。十分遗憾的是，他们俩在恋爱时期、新婚时期、留学期、20世纪60年代因工作长期分居两地时期有大量通信，在"文化大革命"时期丢失，下落不明。

5. 报道类：共收集了44条（篇）在报刊上公开发表的宣传报道，刊载媒体主要有《人民日报》《光明日报》《科技日报》《四川日报》《重庆日报》《浙江日报》《宁波日报》《内蒙日报》《岳阳日报》《成都商报》《华西都市报》《南方日报》《经济生活报》《安徽日报》《云南日报》和中物院《曙光报》，以及航空工业出版社、中国工人出版社、四川科学技术出版社、湖南人民出版社、湖南大学出版社等。这些报道从不同时期不同角度宣传报道了傅院士的人生经历、取得的科研成果和先进事迹。

6. 证书（证件、奖章）类：共收集到112种证书证件，主要涉及傅院士的博士学位证书，各类先进、劳模证书，各种科技获奖证书，各高校、企业、工程中心等兼职聘书，各类学会、协会、编委、决策咨询委员会的聘书等，表明傅院士成长过程中在学术、科研成果上取得丰硕成果，也表明他在各方面的先进性和示范性得到组织和职工的广泛认同，表明他在国内学术界、科学教育界、政府和企业界等方面有着广泛的影响力，更表明他为我国核科学技术的发展与应用不停地奔波于院内外、省内外和国内外，积极为国防科研和科技成果的转化与服务经济社会的发展，付出自己的辛勤努力。

7. 照片类：共采集了各类照片372张，其中包括傅院士本人捐献的344张不同时期的工作、生活照片（原件），形象地记录了傅院士的成长经历、生活场景和工作风采，其中早期读中学、大学及留苏的照片和参加国家核试验现场的工作照片甚为珍贵；还包括一部分有关傅院士早期生活、读书以及工作的环境和采集工作过程记录的近期照片。

8. 学术评价类：包括傅院士在担任院科技委副主任期间负责的7项国家自然科学基金项目结题时的学术评价；中物院对他参加遴选工程院院士的学术评价意见；胡思得、彭先觉两位院士对他的全面评价，主要是学术地位与价值的评价。需要说明的是，由于保密原因，傅院士所从事的核武器科学技术直接相关的科研成果和学术思想等无法见诸于公开评价。

9. 其他相关类：采集了90件（篇、本、份）相关资料和实物，其中，1945年印制的衡阳南岳教养院儿童名册（原件）和专刊、傅院士结婚时的证件和赠品物件、傅院士留苏的物件（唱片、座钟、公文包等）、有关中央工校历史研究的期刊、傅院士在"文化大革命"时期的劳动工具等，都是研究了解傅院士成长脉络的珍贵资料。

本传记思路及结构

与新中国成立后成长起来的大多数科学家一样，傅依备院士留学苏联获副博士学位，在他的学术成长经历中有苏联的科学基因；回国后在清华大学任教，编撰了我国第一部比较完整的吸收苏联学习成果的《人工放射性物质工艺学》讲义，体现了他在我国该领域的学术地位与价值；他奉调二机部九所后，从此走上了一条与我国核武器技术发展紧密相连的道路。他的学术成长明显打上了国家使命、事业需要、需求牵引的烙印，偏重于理论与实际的紧密结合，偏重于工程应用，而且还必须带动一个团队去不断开拓核武器相关技术的应用发展，这些不再是仅凭自己的兴趣和爱好了。傅依备顺应了时代和国家使命的要求，与他的团队成员一起，克服了个人生活和科研条件都甚为艰苦的种种困难，发扬爱国奉献、艰苦奋斗、求实创新、协同攻关、永攀高峰的精神，凭着扎实的学术功底和活跃的理论思维，凭着务实的科学态度与作风，攻克了前进道路上一个又一个科技难关，取得了丰硕的学术成果，让他站到了科学的高峰之上。

通过广泛采集和研读傅依备院士学术成长经历的详细资料，我们发现，在傅院士身上也存在明显的个性特征，体现了他独特的风格。

他是从贫苦的农村娃、战乱教养院里的难童成长起来的院士。与他同辈同时代成长起来的老科学家，大都在小时候受过战乱之苦，但傅院士小时候遭受的苦难更多更深重，可以说他是从死亡线上挣扎出来的，拼命奔出来的。他不仅家贫如洗，且轮番遭受日寇铁蹄对他家乡的践踏，很小就被迫背井离乡，去难童教养院求生存。可"好景"不长，生命难保，又被迫逃难流亡，在日军的炮火中，在饥寒与疾病中拼搏出一条活路。这种经历不是我们今天的年轻人所能想象和体会得到的。只因亲身经历了这一切，他懂得人活着与幸福的意义，懂得必须努力学习，刻苦学习，才能有生存的机会，懂得要不受帝国主义的欺负，就必须科技强军强国，为保卫祖国尽最大力量，懂得新社会好、共产党好，懂得在政治思想上追求进步，坚决地发自内心地强烈要求加入中国共产党，把一生交给党和人民的事业。即使遇到像"文化大革命"那样的冤屈也不改初心，无怨无悔，信仰坚定贯穿始终。

另外，在傅院士的人生经历中，还有一个突出特点，就是他的坚韧与执着。他决不逆来顺受、见风使舵，而总是坚持实事求是，认准的事坚决做到底；胸襟开阔，大局为重，不计个人恩怨得失。这正是科学家身上一种难得的品质和性格——追求真理，追求科学。这正是值得我们学习的地方。

我们的采集研究报告就围绕上述共性与个性特点来展开，主要的内容反映他87年来历尽磨难、坎坷曲折、艰苦奋斗的人生经历，反映他在放射化学学科领域特别是在我国核武器事业发展历程中所取得的多方面的学术成就，体现新中国培养起来的老一代科学家身上爱国奉献、刻苦攻关，开拓创新、严谨务实、百折不挠、永不放弃的优秀品质和崇高风范。本书名为《历尽磨难的闪光人生：傅依备传》正是此意。

为体现这一主旨，书中在逻辑结构上采用明线和暗线有机结合的办法，以明线（学术成长经历及多方面的学术成就）为主，暗线（性格变化、思想变化、爱情与家庭）为辅，明线是回答"是什么""怎么样"的，暗线是回答"为什么"的，这样使传主形象更为丰满、全面，更为真实。

本书以纪实的手法，突出史学价值，以史料和真实数据、事实为依据，以传主为中心，同时体现团队精神（中物院的事业是大科学大工程大协作的事业），按时间先后顺序，安排了十一章内容，外加"结语"。

其中，第一章和第二章主要记述了傅依备的家庭背景，儿时生活以及中学、大学的情况；第三章叙述傅依备在清华大学任教的工作经历；第四章叙述傅依备奉调到二机部九所以及奔赴大西北草原221基地从事核武器科技事业的经历；第五章叙述傅依备领导三线科研所新基地建设的曲折经历；第六章叙述傅依备大力推动核武器相关技术发展的经历；第七章叙述傅依备在拓展核武器相关技术新领域的经历；第八章叙述傅依备锐意改革创新，大力推进科研管理的不平凡历程；第九章叙述傅依备推动学术交流、活跃学术氛围、促进多出科技成果和人才的经历；第十章叙述傅依备学术成就与学术传承方面所取得的丰硕成果；第十一章叙述傅依备的爱情经历和家庭生活。

最后是结语，总结傅依备院士成长、成功的关键因素，以供后人借鉴。

第一章
苦难中成长

傅依备,是一位从湖南农村中走出来的核化学家。他出生于贫苦农家,从小过着普通农家娃的生活,恰逢战乱,生活多变,成长艰难。

岳阳傅氏

湖南,三湘大地,自古以来,物华天宝,人杰地灵。岳阳市,位于湖南省东北部,素称"湘北门户""鱼米之乡",古称巴陵,又称岳州。岳阳是座具有悠久历史的文化名城。岳阳县境历代涌现了不少风流人物,有文韬武略的中央、地方要员,有著书

图1-1 傅氏族谱封面照(存于傅依备院士家中)

立说，探求社会、自然科学真理的杰出学者、科学家。①

傅依备就出生在离岳阳县城十余公里的新墙镇先锋村岭上傅氏家庭——望族中的寒门。

湖南岳阳傅澄、傅潞乃傅氏始祖傅说公（公元前1335年—前1246年）七十四代后裔，巴陵傅氏开基祖也。澄、潞二公系同祖堂兄弟焉，唐末五代人，其祖父卜公世居江南南昌石头口（今南昌市青山湖蛟桥镇一带）。

傅依备是傅澄公三十一世，岭上傅第九世。

傅氏家族定有族规八条：

第一条孝顺父母；第二条尊敬长上；第三条和睦相邻；第四条教育子弟；第五条家庭和睦；第六条敦亲睦族；第七条严戒恶行；第八条拒绝匪类。

傅氏家族定有家风六则：

清直一节，品敦金玉；清正廉洁，勤政爱民；耕读传家，励志砥才；发奋图强，百折不挠；勤劳简朴，乐善好施；尊祖敬宗，和亲睦族。

傅依备亲祖父：傅儒绪，名禹重（仲），号鼎臣。祖父的大哥傅儒约无后，祖父与兄长商定，将傅依备父亲过继给大祖父。

傅依备祖父：傅儒约，字礼源，号少坎，生于同治丙寅年（1866年）5月20日，逝于民国丁巳年（1917年）12月1日，一生务农。

傅依备祖母：傅刘氏，一生务农。

傅依备父亲：傅道晰，字时贤，号精选，生于1890年8月23日，逝于1959年8月21日，一生务农。傅依备父亲是亲祖父的第一个儿子。

傅依备母亲：傅黄氏，生于1889年8月23日，逝于1944年5月20日，一生务农。

傅依备哥哥：傅金阶，生于1916年10月24日，逝于1991年10月23日，一生务农。②

傅依备家庭所在的村子，在当地称为"岭上傅"，现还竖有一石碑。

---

① 《岳阳县志·概述》。长沙：湖南人民出版社，1997年。资料存于采集工程数据库。
② 《中华傅氏通谱湖南卷岳阳澄潞二公世家傅氏族谱》卷十九，2015年3月版。傅依备保存。

20世纪二三十年代，岭上傅家共有30户人家，全都姓傅。这个家族，世世代代生活在这里，过着男耕女织的生活，一代代地繁衍生息。

1929年4月4日，傅依备就出生在这个村里一户农民家里。他是这家的第七个孩子。他前面有一个哥哥，五个姐姐。五个姐姐夭折两个，剩下三个分别是大姐中秋、二姐春山、三姐满子。

图1-2　岳阳县新墙镇先锋村岭上傅石碑近照
（2015年4月22日，李林摄影）

傅依备的父亲独自成家时，十多家几代人同堂居住在一个前后两三个堂屋相串联的大房子里。由于家庭成员增加，加上老屋较破旧，空余处盖满了住房，还是不够住，各家都在向外扩建，形成了大堂屋内又有小堂屋自立门户，连成一个狭长的建筑群，建筑物上面一般开有天井，用来采光和通风。

图1-3　傅依备出生及小时候居住的老屋（中间的房子）（资料来源：《傅依备院士八十华诞文集》，第4页）

第一章　苦难中成长

傅氏家族在这个小村庄，虽面对的自然环境一样，但由于各种原因，各户之间贫富差距仍然较大。傅依备家人口较多，妇女和儿童比例相对较大，家境在族内算是较困难的。

图1-4　20世纪60年代在傅依备老家屋基上重新修的房子近照（2015年4月22日，李林摄影）

每年一到青黄不接的时候，无米下锅，他父亲就要向邻居或村里较富裕的人家借钱借粮。每顿只能吃些稀饭或杂粮，还要到田坎地坡上挖些野菜充饥。野菜饭味苦涩，吃久了肠胃不适，拉不出大便，特别是小孩的肠胃功能很弱，每到吃饭时，孩子们就大哭大闹，吃了也不长身体，越来越消瘦。大人们吃不饱，饿着肚子干活，还要低三下四去求人借贷，吃了上顿愁下顿。

当时，和其他中国农民一样，能吃到有盐味的饭菜是一件不容易的事情。那时，国内食盐很稀缺，是国控物资。傅依备就见到父母亲经常为吃盐的事吵闹，父亲责怪母亲把菜做得太咸，费盐；而母亲也为难，菜太淡了大人吃了无味，小孩子们也会闹。

为了弄到买盐的钱，母亲肯动脑筋。她养了几只母鸡，把鸡蛋存放在陶瓷坛子里，并锁在木柜子里，不轻易动用，存到一定数量就拿到小镇市上去换钱买盐。

父亲为了弄到盐也花了不少心思。一次，政府盐务局的工人运食盐路过岭上傅村。父亲细心观察到从运盐的竹编篓子里会漏少量的食盐出来。当运盐的人离开后，他父亲就急忙把放盐包下面的泥土都扫净收集起来，拿回家放在水桶里把盐浸泡出来，把运盐人扔下的废竹篓捡回来先烧成灰再用水浸泡。然后，再将这些含盐分的水放在锅里熬，水熬干，黑色的盐块就出来了。这样，捡来的盐够一家人吃上几个月了。

除为一家人吃饭发愁外，穿衣也是非常艰难的。在傅依备的印象中，他小时候，夏天还好过，反正就是不穿衣服不穿鞋。但一到冬天，常飞大雪，早晚有冰冻，没有多少衣服穿着，就只穿过一件棉衣，从没有穿过棉裤，甚至连夹裤都没有；脚穿一双布鞋，袜子是用一层布做的，每年冬天，双脚后跟都会冻烂。全家人也是这样，难熬的是冬天。①

当时的医疗条件也是极差的。傅依备的大姐、二姐在1944年先后去世。大姐是因为腿上长了一个疖子，就被夺去了生命，去世时才二十几岁。二姐是在生小孩时大出血，不到二十岁也离开了人间。他在懂事时，亲眼看到小妹不到一岁就夭折了。当时，一旦得了病，无医无药，见不到医生，也没什么药房。得了病就拖，扛不住就只有死掉。实在没有法子，就请菩萨、行巫术。傅依备的小妹妹出生几个月就得病了，躺在床上，一点办法也没有。

傅依备的家庭当时的社会地位也处于弱势，受人欺负。由于他家与邻居保长关系不好，主要是邻里之间为一些小事积下一些恩怨，相互记仇，关系紧张。这保长就利用抓壮丁的机会整人。他父亲出去躲壮丁，他也只好到亲戚家躲起来，后来实在躲不过去了，父亲就卖了一亩多田，用钱买了个"壮丁"，找人去顶替了。这样，家里的日子就更艰难了。②

童年逢国难

在傅依备的记忆里，父亲非常疼爱他。

当冬天很冷的时候，父亲让他坐在自己的双腿上，然后用一双大手包着他的小手为他取暖；晚上陪他睡觉，给他讲故事，他就给父亲背上抓痒，父子俩其乐融融，不知不觉地睡着了。每年冬天，傅依备的双脚都被冻烂。父亲不知从哪里学来的土方，用烧红的棉花秆灰放到热水里浸泡，

---

① 傅依备访谈，2014年10月28日，四川绵阳。资料存于采集工程数据库。
② 同①。

再用这种水给他洗冻烂的伤口，年年如此。

一次，傅依备跟着他父亲一道在田里割稻子，不小心禾镰把他的小拇指割开一小块肉，鲜血直流。他父亲见状后立刻在田坎上摘了一小把野草放在嘴里嚼了一会儿，然后吐出来包在他手指受伤处，立刻止住了血，几天后伤也愈合了。

还有一次，傅依备和村里的小朋友在屋后的地里采野菜。一只狗一口就咬住了他的左脚后跟，傅依备躺在地上大哭大叫。他父亲闻讯赶来，二话没说在坟地里摘了一把野草嚼烂了包在他的伤口处，并背他回家。几天后伤口就好了。时至今日，傅依备脚上还留有被狗咬的伤痕。

傅依备小时候是一个能吃苦能干活的孩子。

不到十岁，他就跟着父亲干一些力所能及的农活。在水田里插秧，父亲就告诉他一窝要有多少株、手应如何拿、如何插下去、插多深、行距是多少等常识。他很快就学会了。后来他独自一个人插了一块秧田，得到父亲的称赞，心里很是高兴。

他跟着父亲学耙田，父亲让他站在耙上增加压力，在水田里看着牛拉着耙跑来跑去，就非常高兴。

他还掌握了在稻田里用脚松泥土、除稗子的知识和方法。在棉花地里刨草松土时，父亲教他辨别棉花和野草，哪些要刨掉，哪些要留下，土要刨多深，等等。

除了在田间干活，平时做得最多的农活是放牛，到坟地、田坎、河岸砍柴。当时，家乡没有煤和煤气，煮饭炒菜烧的都是农作物秸秆。一般人家种田地不多，农作物少，秸秆也就少，不能满足烧饭取暖的需求。较富裕的人家一般买木柴或木炭，穷人家就自己去砍树枝和野草秆。岭上傅所在村庄是一个平坝，要到十几里外才有山。而小孩只能到附近的田坎、河滩和坟地里割一些茅草，半天也割不了多少。每当他背着柴回家时，母亲就在门口等着，然后用棍子把潮湿的杂草树枝拨开，摊在地上等晒干再用。这时，母亲总是要叮嘱一句："以后少打点，不要背这么多。"他内心知道，是母亲对他的关爱。

有一次，当知道家里缺钱时，他主动提出去镇上卖菜。前一天晚上，父亲把收摘的蔬菜扎成一把一把的，第二天一清早，傅依备就挑着两个菜篮到离家两三里路的潼溪街上。他不懂行情，价钱要得不高，菜很快就卖完了。回到家里，他父母一个劲地夸他。傅依备也觉得自己能为家里出力，觉得自己长大了。①

傅依备小时候是比较淘气的，是村里的"娃娃头"。

他人小点子多，村里大大小小的孩子都听他的，愿意和他一起玩。他爱动脑筋，胆子也大，经常带着小玩伴去抓蝉、抓蜻蜓、抓青蛙、抓水蛇、抓麻雀等。临近村庄的孩子也是抱团的，有时在外面碰在一起，常常为一些小事吵嘴引发打群架，甚至打到别人村子里去，直到大人出来才停止。他父亲知道后很不高兴，几次还为此而揍了他。

20世纪30年代，国民党军队驻进村里后，他很注意军队的活动，知道了军队里的各种军衔，各式各样的枪炮等。于是，他就带着村里的小孩模仿国民党军队练操，并给每个小孩封军衔，比如排长、连长、营长什么的；当时知道最大的官是师长，所以，师长就是他了。他和小伙伴们用稻草一根接一根连起来做"电线"，互通"电话"；还模仿两方对峙各挖工事打仗的游戏，用竹竿做弹弓枪，闹得很欢。所以村里小孩都乐意跟他玩耍。②

傅依备小时候虽顽皮，但机灵、聪明。

在傅依备家乡，每年元宵节前后的龙灯和舞狮子最受父老乡亲和小孩欢迎，一般由村子里的青年人和小孩自发地组织。有一年，村里的小孩在大人鼓动下也搞起舞狮子来了。傅依备是积极倡议者，也是舞狮子的积极分子。

在长辈们的帮助下，他们扎起了狮子，借来了锣鼓，白天练习各种花样，到晚上就走村串户去玩。舞狮子，不仅要耍出一些花样技巧，关键还要"赞狮子"，就是每到一家，要根据这家的情况和特点说出一些好听的话（也有讽刺挖苦的），要押韵，像诗歌，通俗易懂，好听易记。所以

---

① 《傅依备传》编写组：《中国工程院院士传记——傅依备传》。北京：航空工业出版社、人民出版社，2016年，第12-16页。资料存于采集工程数据库。

② 傅依备访谈，2014年10月28日，四川绵阳。存地同上。

第一章 苦难中成长

这是一个很难的事，要有知识和口才，能说会道。当时，舞狮子弄起来以后，没有人会赞，他父亲年轻时爱舞狮子也会赞。在父亲的帮助下，加上他的聪明，很快就学会了，而且很会赞，走到哪里赞到哪里，村里村外，远近闻名。①

当地有一个屠户，趋炎附势，村里人很讨厌他。有一年过春节到这个屠户家舞狮子，傅依备决心要挖苦这个屠户一番。于是傅依备不假思索就这样"赞狮子"：狮子进门滚几滚，今晚特来贺屠凳。打的打、吹的吹，架子猪崽吹成大肉猪。大刀磨又磨，小刀尖又尖，有钱之人来剁肉，十八两称又足，还要下面塞板油；无钱之人来剁肉，十六两称不足，还要在下面塞骨头。是我的狮子玩过身，高山打鼓远传名。

众人哄堂大笑，屠户面红耳赤，气得大骂。②

傅依备小时候家里很穷，但他很想学习，很想读书。

他爱画画，没有纸和笔，就在墙壁上画。在灶壁石灰墙上，用桶扣着画个大圆，再在圆上画。还有就是在地面上、在沙滩上画画。

他家附近一个有钱人家有两个孩子，一个读了初中，另一个读了高中，回到乡里，敲锣打鼓去迎接，搞得很热闹，后来这两个孩子一个当了教员，另一个去上黄埔军校了。这给大家的印象很深；对儿时傅依备的启发就是，还是要读书，不上学是不行的。所以，他盼望着有机会上学。③

抗日战争爆发，傅依备的上学梦破灭。

傅依备的家乡——新墙镇相公岭上傅村庄，离新墙河二三里地，正好处于日寇铁蹄反复践踏、战火反复燃烧的中间地带。日军的大炮射程覆盖了他家乡所在范围。家乡的民房经常遭到日军的炮火袭击，多次遭受严重毁坏，老百姓日夜不得安宁；经常有人被河对岸山上日军的子弹打死、打伤，耕牛、牲畜被打死的就更多了。附近一带的农民大都逃走了，农民不敢种田，田地荒芜，变成了野草丛生的荒地。

---

① 傅依备访谈，2014年10月28日，四川绵阳。资料存于采集工程数据库。

② 傅在芝访谈，2015年4月22日，岳阳新墙岭上傅村。傅在芝，傅依备儿时玩伴，时年83岁。存地同上。

③ 同①。

图1-5 新墙镇相公岭抗战遗址碑近照（2015年4月22日，李林摄影）

在傅依备的记忆里，有一次他在屋前水田里网鱼，突然一阵炮弹打过来，他吓得躲进了政府军走后留下的防空洞里，直到天黑才敢回家。

还有一次，他母亲听到枪声，得知是日军来了，就急忙牵着傅依备往村东面跑。刚跑到新墙河河堤边，见日军进了村，离他们不远了，母亲又急忙拉着他走下沙河。由于母亲缠过脚，脚很小，踩在河沙上就陷下去了。傅依备就用力拉着母亲艰难地在沙河里跑，他和母亲的衣服全湿透了，母子俩又累又饿，可后面枪炮声不断，母亲只好拼命拖着傅依备往前跑，中途也不敢休息，从中午一直跑到天黑，他们才爬上河岸，好不容易找到他大姐所在的余家。余家靠近山区，相对较安全，因怕游击队，日军一般不敢进山。几天后，等日军走了，父亲才把他们接回家。

日军虽然驻扎在新墙河以北的山上，但还是经常过河来抢劫和扫荡。

傅依备一家也遭到日军扫荡的劫难。

一天清晨，日军准备离开傅家。傅依备以为没有什么麻烦了，松了一口气。可是没有想到，日军把他抓去当搬运夫，那时，他还不到十岁。日军要他背一个小包，走了不远，见到池塘边洗东西的一个比他大的小孩，日军就把那个小孩抓来顶他。他以为解脱了，就向行军反方向跑。可是，没跑多远他又被另一群日军抓住，叫他背两个钢盔，在他的肩上一

第一章 苦难中成长

边挎一个。从早到晚跟着日军队伍跑，到傍晚时才走到靠东北面的深山里，日军就驻扎在这里。

他发现同时被抓来当劳工的还有村里的许多大人，其中还有他叔父。日军给大人开了路条（通行证），让大人们回去。可不给他开。当他要跟大人们一起走时，一个日军用枪对着他，并示意要他坐着不动。

他见势不妙，就装着坐在原地不动。等到这个日军进屋时，他撒腿就朝着大人们的方向拼命跑，跑了约十分钟才见到大人的身影。叔父见他赶来很高兴，带着他一起走。他们摸着黑爬山越岭，离敌人驻扎地渐渐远了，傅依备才平静下来，可肚子饿得痛。

他们走出山区后就没敢走大路了，就在庄稼地里穿行，走到一块红薯地，大家就动手刨红薯，红薯刨出来就用手猛擦上面的泥土，也顾不上洗干净了，连皮带泥一阵猛啃，直到把肚子填饱。

跑了一天的路，叔父带着他在附近村庄找到一家远房的亲戚，当晚就在这里过了最为深沉的一夜。第二天，他跟着叔父一道回到了家里。

回到家后，才知道他母亲和三个姐姐在日军进村后躲藏在楼上的稻草堆里，饿了两天不敢出来，也不敢有丝毫动静，一直到日军撤离后才敢出来；他父亲和大哥也被日军抓去做劳工，几天之后才回到家中。

他们家的房屋遭到日军的破坏，屋内的东西被洗劫一空，只扔下许多猪皮、猪头之类的残食。原来，日军杀猪是用刺刀将猪活活地扎死，然后剥皮、割去头、挖去内脏，只吃猪肉……

这次劫难，使傅依备切身地感到日军的可恨！[①]

岭上傅这一地带的村庄除了遭受日军的轮番洗劫外，还要遭受国民党军队的搜刮。

在湘北抗战期间，除了抓壮丁外，国民党的兵来了也要老百姓的粮食。实在没有，看到家家户户晾的红薯藤，就非要大家交出红薯不可。没有猪、牛可杀，就打狗吃肉，附近村庄的狗被打光了。当时，这些农村喂狗是来看家护院的，没有吃狗肉的习惯。有一次，国军来到傅依备家，知

[①] 傅依备访谈，2014年10月28日，四川绵阳。资料存于采集工程数据库。

图 1-6　新墙河近照（2015 年 4 月 22 日，李林摄影）

道他家有一条大黑狗，很肥实，就非要他们交出这条狗来。可是，这狗很灵，藏到很暗的里屋角落不出来，当兵的就说："不交出狗就用手榴弹炸！"实在没有办法，只好亲自把狗抓出来给当兵的。国军当着家人在门口把狗打死，拿走了。①

在难童教养院成长

傅依备小时候，尽管家里穷，但他父亲还是想办法送他去上过私塾。一位古久先生成天教他背诵古文，枯燥乏味，他又不懂古文内容，背诵了也记不住。晚上回家，他父亲叫他背课文，背诵不出来，就急得撕他的书，打他的屁股。学了一期，只能写些简单的汉字。倒是天天给古久先生剪烟叶、到街上去买鸦片烟。

1940 年 2 月，他父亲忍着家境的困窘，把他送到离家四里多路的石嘴头李家村的洋学堂读书。每个星期回家一次，晚上睡觉前，他总是很骄傲

---

① 傅依备访谈，2014 年 10 月 28 日，四川绵阳。资料存于采集工程资料库。

地把他所学到的知识讲给父母亲听。如，武汉三镇是一个"品"字形，孙中山是革命的领袖，等等。学期结束，他获得了初小二年级（下）第一名。他喜欢这样的学校，能学到感兴趣的知识。

自从日军侵驻岳阳后，家乡常常受到侵扰和扫荡，甚至威胁到生命，上学的事自然就中断了。①

十二岁那年，有机会去难童教养院学习，他坚决要求远离父母去上这所学校，因为他太想学习了，不管再苦再累再危险。

抗战期间，为了抢救民族后代，国共两党合作，由邓颖超、宋庆龄等组织推动，创立了战时儿童保育会，宋美龄任保育会理事长。国民党政府所属振济委员会以及中华慈幼协会和战时儿童救济协会等团体，在十分艰难、危险的情况下，抢救难童十万左右，在沦陷区、在大后方建立起一百多个保育院、教养院。

在这些"院"中，湖南的南岳、衡阳教养院遭受的灾难最为深重。

此两院建立于1941年，难童主要来自湘北沦陷区的岳阳、临湘等县。到1943年秋，两院难童人数最多时，南岳院老生部300多人，新生部700多人，衡阳院500多人，合计1500多人。到1945年年初，转移到达重庆的幸存者不足400人，其大多数难童，有沿途失散的，有冻死饿死摔死的，有的死于霍乱或其他疾病，而成批地直接死于日军的细菌弹、枪口下或烈火中的难童在500人以上，其情景惨不忍睹。②

抗战时期的南岳，风云际会，是抗战的指挥中心，蒋介石在这里主持了第一次和第四次军事会议，中共代表周恩来、郭沫若等参加，国共两党在此商议抗战方略，团结御敌，南岳游击干部训练班，周恩来、叶剑英、叶挺等应邀前去授课。南岳还成为临时教育基地，北平大学、清华大学、南开大学迁到湖南，部分院系在南岳办学，一批知名学者如胡适、朱自清、冯友兰、闻一多等陆续到此办学讲学；还有一些中学、小学也在此兴办育人。

---

① 2-1-1，傅依备档案：自传，1950年1月。存于中物院人事教育部档案室。
② 四川省战时儿童保育历史研究会：《摇篮·衡阳儿童教养院专刊》。成都，第1、7页。资料存于采集工程数据库。

南岳山上，不仅燃起了熊熊的抗日烽火，还响起了朗朗的读书之声。①

1941年6月，国民党政府振济委员会在衡山南岳创办了难童教养院，主要收容岳阳、临湘两地8—12岁的儿童，给予分班学习和教育。"教"，就是教儿童一些初级知识，小学水平；"养"，就是给儿童一些最基本的生活条件，不至于饿死、冻死。

傅依备知道这个消息后，非常激动，对他父亲说，一定要去！他父亲不让他去，一是离家太远（岳阳离南岳三百多公里路程），二是兵荒马乱，去了能不能回来也说不定。

傅依备还是强烈地渴望能读书，执意地纠缠着父亲，他要上学去。父亲思前想后，犹豫了几天，勉强同意：一日三餐有碗饭吃，也许是一种值得考虑的选择吧！可是，母亲怎么也不同意。"家里再穷再苦，也要一家人在一起。"母亲伤心而恳切地说道。

在那段时日，父亲私下不知给母亲做了多少工作，全家人分析了去与不去的利弊，反复打听询问消息的可靠性，后来知道邻村也有小孩去，确认了消息可靠，母亲才勉勉强强地同意了。

1941年5月的一个早晨，他父亲准备了一小提篮从田里挖出来的荸荠，作为他们在路上的盘缠。报名的地点是在岭上傅村南面的一个山区里叫龙头冲的地方，离家二十多里路。他们父子俩匆忙上路，一路上各怀心思，一直沉默不语。他紧跟着父亲往前走，走着走着他父亲忽然停下来，弯下腰把他背起来向前走去……

到达目的地，比较开阔的山沟里黑压压地站满了，少说有几千人，大都是农村来的穷孩子。来的人都争抢着报名，让来录取的人感到很为难。后来采取三种办法来挑选：一是年龄控制在8—12岁；二是看形象，肢体有缺陷，形象不佳的，如麻子、头癞皮、瞎子、耳聋的，不录取；三是比高矮，个头高的抽出来审年龄。最后选取约1500人，国民党政府振济委员会将录取的难童，分配在两个难童教养院：一个在衡山南岳，另一个在衡

---

① 曾瀛洲：《抗战中的南岳》。北京：中共党史出版社，2010年，第1-12、50-87、115-153、222-253页。资料存于采集工程数据库。

阳渣江，各收留约750人。傅依备被分到衡山南岳教养院。

上学的路途，对当时他们这样的儿童来说，是遥远而艰难的。较小的孩子由挑夫用箩筐挑着走，大一点的孩子跟着工作人员一起步行。傅依备属大一点的孩子，就只好步行了。走到湘阴县后再乘轮船（一种烧煤炭的小火轮）到长沙。

等行至长沙时，天色已是傍晚，看到长沙城里到处一片破旧，隐约还可看到烧城时留下的痕迹。第二天，他们又乘轮船到湘潭。很幸运，他们沿途一路受到老百姓的关心爱护，一些慈善组织和好心人还出面欢迎和接待。

图1-7　南岳圣帝殿——当年南岳难童教养院所在地近照（2015年4月23日，李林摄影）

到湘潭后，他们又改乘火车到了衡山。从衡山到南岳还有几十公里山路要步行。折腾了几天，好不容易到了南岳镇，又赶上六月的夏季，大家又累又饿，还有不少生病了。分到南岳难童教养院的男女儿童，集中住在南岳大庙的偏房。①

南岳大庙是江南最大古建筑群，有"江南第一庙""南国故宫"之称，

---

① 傅依备访谈，2014年10月28日，四川绵阳。资料存于采集工程数据库。

始建于唐，后经唐、宋、元、明、清六次大火和十六次修缮扩建，于光绪八年（1882年）形成现在98500平方米的规模。它是一组集民间祠庙、佛教寺院、道教宫观及皇家建筑于一体的建筑群，九进四重，四周围以红墙，角楼高耸，颇似北京故宫风貌。虽然儒、释、道三教信仰不同，追求各异，但他们长期在此友好相处，共同发展，同存共荣。这是我国乃至世界庙宇中绝无仅有的。[①]

初来乍到，像傅依备这样的难童见到这样雄伟气派的庙宇，觉得一切都很新鲜，仿佛进入仙境，恍如梦园，像是到了另一个天地。可是，随之而来的学习生活，却不是神仙过的日子。

一是住宿条件非常差。

他们住在由小和尚腾出来的老旧楼房里。楼板腐烂，屋顶是青瓦，没有吊顶，漏雨透光。孩子们睡的是通铺，下面铺稻草，两人一张草席、一床棉被。春天和夏天相对好过一些，不冷不热。一到秋冬，气温低了，孩子们便抱在一起相互取暖。

图1-8 正殿东侧厢房走廊——当年南岳难童教养院教室场所近照（2015年4月23日，李林摄影）

---

① 据当地老人曾瀛洲现场介绍。

第一章 苦难中成长

时间久了，许多孩子身上生起一种红肿的小疮疖，后来发现是被跳蚤咬后形成的，引起皮肤溃烂。秋天里，教养院领导决定让大家搬到屋外去住，住在屋檐下或廊道内。然后用石灰、硫黄等消毒灭杀跳蚤，直到秋凉时又搬到屋里住。这种跳蚤不仅房里有，后来到处都是，走道、教室都有。于是，老师发动大家抓跳蚤，定额完成。每个孩子都有一个小瓶子，里面装点儿水，把抓的跳蚤放进瓶中，晚上交给老师。①

二是遭受日军细菌弹袭击。

对跳蚤的来源当时有两种说法：一种说法是古庙老鼠多，由老鼠带来的；另一种说法是日军飞机空投扔下的细菌弹带来的。

图1-9 傅依备在南岳大庙读书时的住宿楼近照（2015年4月23日，李林摄影）

1944年春，日寇空袭南岳，在难童住的寺院围墙边丢下陶瓷罐，里面是黑压压的一罐跳蚤，待警报解除发现时，跳蚤已四周扩散。靠围墙最近的几间房子里，有许多跳蚤。这些跳蚤粘到身上用衣服打都打不下来。不久，难童们开始生病，而且逐日增多，病状是发烧，身上出现红点，医院当成天花病治疗，一点效果没有，很快就开始死人，而且死的时候极为痛苦，有的把喂水的茶壶嘴都咬碎了。

因病死亡的人天天增加，院方在寺院的一个角上找了一间大房子作临时停尸房，派出两个员工专门负责掩埋死去的难童。这两个员工抬着一副新做的木匣子，把死去的难童抬到衡山脚下一个角落，挖上一个浅坑，把死尸倒进去，盖上一层土，插上写有死者的县名、姓名的木牌子（后来这些木牌子被老乡捡去当柴火烧了）；又把木匣子拿回来抬第二个、第三个，

---

① 《傅依备传》编写组：《中国工程院院士传记——傅依备传》。北京：航空工业出版社、人民出版社，2016年，第26-27页。资料存于采集工程数据库。

没完没了。几天工夫，两个员工太累了，又怕传染，竟丢下木匣子，不辞而别了。

临湘县县长王翳波和岳阳县的官员等来院安抚。一些家长闻讯也赶来接孩子，有的家长知道自己的孩子已死了，赶到坟地，不少尸体被狗群刨了出来，到处是根根白骨。① ②

三是吃穿条件艰苦。

孩子们穿的是统一发放的纱布样的布料做的衣服，为草绿色的童子军装，一般都是穿草鞋，热天大部分人打赤脚，对农村来的孩子来说这不算什么。可是到冬天就难熬了：寒冷加剧，饥寒交迫，脚是要冻烂的。

图 1-10 日军当年空袭南岳时投下的细菌弹（资料来源：《摇篮·衡阳儿童教养院专刊》，第 11 页）

最大的问题是吃不饱。大家都是用竹筒做的饭碗，八人一桌，每桌一木桶饭，分到每个人的碗里也就是那么一小碗；菜一般都是蔬菜，如煮萝卜、牛皮菜，很少有荤菜。菜一般比较咸，对孩子们来说只要有盐味就能吃下去，但是饭太少了，孩子们经常饿着肚皮过日子。有的孩子实在扛不住了，就跑到野外田地里采野菜，甚至跑到农民地里拔萝卜充饥。

由于营养不足，孩子们个个面黄肌瘦，有的骨瘦如柴，生病的人很多，病房常常是人满为患。③

傅依备的同乡同学李湘涛回忆说，湖南南岳教养院生活是相当困苦的。早上喝点稀饭，中午和晚上也吃点干饭，吃干饭要用秤来称，一桌八个人分，一个人分 小碗，吃不饱也不管。当时国民党政府是这样规定

---

① 吴南生：南岳衡阳教养院儿童逃难历险记。见:《摇篮·衡阳儿童教养院专刊》。成都，第 10-11 页。资料存于采集工程数据库。

② 王樟生：《王翳波传》。太原：竹梅书屋，第 24 页。原件存于岳阳县抗战文化利用与保护办公室。存地同上。

③ 傅依备访谈，2014 年 10 月 29 日，四川绵阳。存地同上。

第一章　苦难中成长　27

的，每人每月一升米，很多人吃不饱，再加上院长还要贪污，就更困难了。生病了又没有药，所以死亡率很高，一天得死十几个。①

虽然生活条件差，但只要能上学，接受一些知识，傅依备内心是挺满足和高兴的，学习也非常用功，成绩常常是名列前茅。对傅依备这样从农村来的从小就渴求读书的穷苦孩子，每一堂课的内容对他来说不仅新颖，而且有趣，他就像海绵遇到水一样，拼命地吸收新知识。

四是随时受到打仗的威胁。

那个时候正是打仗时期，日本人的空军经常来轰炸。当时老师带着他们到山上去上课。南岳是山地，南岳镇是在平坝里，附近有很多的丘陵，再上去是高山。老师就带他们在近处那些矮山上找一些隐蔽的地方，钻到松树林里面上课。老师们对学生很好，弄些树枝把太阳遮起来。傅依备在农村砍柴爬树的本领正好派上用场，给老师打下手。他们经常听到日本人的飞机，还听到一些轰炸声，有飞机轰炸的时候就到山上上课，没有飞机轰炸的时候就回到大庙的教室里上课。

在傅依备的记忆中，有三位老师对自己成长影响很大。

一位是班主任兼语文老师王汝恒。王老师特别关心他，看到他毛笔字的字迹像扫帚扫出来的一样，就特地给他买一支新笔，并且经常在课堂上表扬他。他如饥似渴地学习，成绩也好。每学期的成绩张榜公布，排在第一的都是傅依备。这对他鼓舞很大。为了保住这个第一，他更加自觉地学习，对书本上和老师讲的新概念、新道理、新故事都产生浓厚兴趣。王老师还安排傅依备在童子军训课中担任小队长、中队长。

第二位是教常识课的张憨老师。这位老师在航空和防空方面的知识很丰富，讲课不用稿子，也没有教科书，却讲得有声有色，孩子们很愿意听。那时日本飞机常来轰炸，与美国飞机进行空战，因此引起了孩子们极大兴趣。张老师讲的内容都是孩子们闻所未闻的现代航空知识。这些知识对傅依备后来走上科技报国的道路起到了启蒙作用。

第三位是教音乐的吴群素老师。吴老师是一位充满激情的爱国主义

---

① 李湘涛访谈，2015年5月8日，四川广汉。李湘涛，傅依备难童教养院同学。资料存于采集工程数据库。

者，特别喜欢这些从战区来的穷苦孩子，像母亲一样呵护着每一个孩子，以最大的热情教孩子们许多爱国抗日歌曲，如《松花江上》《在太行山上》《到敌人后方去》《义勇军进行曲》《开路先锋》等。吴老师自己谱曲填词了一首歌曲，给孩子们留下了深刻印象。傅依备至今还能唱出这首歌，而且每当唱起就热泪盈眶："我们离开了爸爸，我们离开了妈妈，我们失去了土地，我们失去了老家，我们的大敌人就是日本帝国主义，我们要打倒它，才能建设新中华。"[①]

就这样，傅依备在这里上了三年学，艰苦而充实，为以后的学习和成长打下了基础；同时，也在他年少的心灵里深深地播下了爱国恨敌的种子。

亡命的逃难经历

正当傅依备等众多难童还能相对安定地在困境中有学可上的时候，时局又发生了变化，使这些本来就在落难中的苦孩子们的生存机会更加困苦不堪，无疑是雪上加霜，前途未卜。

日军持续南侵。为应对时局变化，便于集中管理，振济委员会将管理力量薄弱的南岳难童教养院合并到衡阳难童教养院，合并后的院址选在交通方便的霞流市的李家大屋，改名为衡阳儿童教养院，人数1000人左右。

当时的院长叫刘执中，衡阳人，金陵大学毕业，高个子，三十多岁，戴一副金丝眼镜，为人和蔼，能说会道，主要忙于与省里有关方面联络，集会上讲讲话，从不接触儿童。

教务主任叫胡过复，是刘院长的贴心搭档，据说二人是亲戚关系，是国民党部队下来的连长。这里的管理和教学全由胡过复负责。胡过复对待儿童不甚关心和体贴，常用部队练士兵的办法来训练儿童，动不动就罚练

---

① 傅依备访谈，2014年10月29日，四川绵阳。资料存于采集工程数据库。

操、列队，用胡过复自己的话说，对付儿童的办法就是"一拳一脚"。

全院教职工数十名，在教学和管理上比较严。由于经费有限和用人不当，造成儿童生活十分艰苦。食不饱腹，常吃霉米，菜少质差，穿不保暖，卫生条件极差，个个缺乏营养，故常有儿童生病而亡。

1944年5月底，长沙第四次会战告急，院方按振济委员会指示，做好随时向后方转移的准备。打乱南岳、衡阳两院界限，统一按年龄重新编队。大一点的编成童子军中队，小的编为幼童军中队。傅依备年龄较大一些，自然就编为童子军中队。院里把工作和照顾的重点放在了幼童军中队上。

对南岳来的难童，在生活吃住以及学习诸多方面，胡过复没有做出任何准备。李家大屋很大，容下南岳合并来的难童是绰绰有余的。胡过复把南岳来的难童临时安排在离李家大屋两里路外的一个尚在修建中的祠堂里。这里没有厕所、没有厨房，大门、房门也没有。屋内除用作睡觉外，其他都得在室外进行；做饭也是在室外挖地坑架锅来进行。大便随处拉，遇到下雨天，一片泥泞，臭气熏天。难童们整天被关着，凄风苦雨，也没有安排上课、唱歌、听报告什么的。胡主任整天杀气腾腾，对孩子们总是拳脚相加。难童们的眼泪往肚子里咽，是死是活，任凭胡主任摆布。①

1944年6月17日，日军对长沙发起总攻。6月19日，长沙失守。难童们被迫开始大转移。转移分两批进行，最小的幼童军中队120多人和带队老师以及有病的十多个老师坐船，其余一律坐火车。傅依备随童子军坐火车前往安东。

由于难民太多，交通阻塞，运行李上船延误了时间，直到6月20日才把一切安排妥当，准备次日一早出发。谁知，一支偷袭衡阳机场的日军小分队，深夜在衡阳湘江对岸交火，枪声大作，大桥被炸，120多个幼童全被打死了。

1944年7月10日，衡阳战事吃紧，逃难队伍向广西柳州转移。② 车

---

① 蓝访舟：《西南路上》。第29—37页。资料存于采集工程资料库。
② 吴南生：南岳衡阳教养院儿童逃难历险记。见《摇篮·衡阳儿童教养院专刊》。成都，第11—12页。存地同上。

少人多，车厢挤不下，一些大一点的难童只好挤在车顶上，火车头、火车皮只要是能容纳人的位置，都有人占据，甚至车厢底下也有人躺在自搭的木板上。

傅依备和几个人相互帮助，爬上一列火车的顶棚。顶棚是弧形的，既不能坐，也不能睡，特别是当车跑得快的时候，很是危险，加上日晒雨淋，很难熬。稍不注意很容易摔下来，先后有几个难童就这样被摔死了。傅依备他们几个人采取抱团的办法，大家手拉手，紧紧相互拉着，增加了稳定性和安全性。[①]

傅依备的同乡同学李湘涛回忆说，他们逃难坐火车往广西方向走，一千多人给两个车皮（厢），而且是特别车厢，只有那些幼儿园的女老师坐那两个车厢，好多都挤死了，因为天气太热了。男的坐车顶上，往上爬就行了，难民没人管，年龄大点的都爬到车顶上，白天晚上都在上面。不管下雨还是出太阳都得在顶上，也不能随便下来。那个车没有什么时间安排，说开就开，说停就停；日本飞机一来，车头就先跑了，车厢就摆到铁路上面没人管。[②]

1944年8月8日，衡阳失守后，日军又开始向桂林方向进发。[③] 傅依备乘坐的火车经过桂林没有停靠，直接往柳州方向去了。他们到柳州时开始还比较平静，在这里住了二十多天。柳州是个山清水秀的城市，柳江穿城而过。傅依备这些难童们在这里度过了一段新鲜愉快的时光：到江里游泳洗澡，除去了两个月来的污垢，倒也觉得轻松、舒服。

很快，日军进犯广西边境，桂林不保，柳州危险。他们又只好继续逃亡，继续乘火车（货车厢）向西。到了宜山暂住下来，他们集体住在宜山县城郊外的僮苗村寨。

这些村寨散落在山区深山老林边沿的沟坡上，房屋多是吊脚竹楼。楼上住人，楼下圈养牲畜。楼板稀疏，缝隙很多很大，可以看到下面的猪、牛、羊、鸡、鸭等；地面铺的是粪和草。正值夏热天，蚊虫繁殖得特别

---

① 傅依备访谈，2014年10月29日，四川绵阳。资料存于采集工程资料库。
② 李湘涛访谈，2015年5月8日，四川广汉。存地同上。
③ 《岳阳县志·大事记》。长沙：湖南人民出版社，1997年，第28页。存地同上。

多，臭味熏人。在这种环境下，他们不能很好地入睡，水土不服，许多人生病，拉肚子，上吐下泻。经诊断说是霍乱，传播很快。由于缺医少药，不断地有难童死亡。有时，一天就死二三十人！

傅依备在这里染上了疟疾，一旦发作就浑身发冷、高烧、头痛，隔几天来一次。这种病一旦染上就难根治，断断续续，持续了一年多。这使他在逃难中非常痛苦，加上双脚踝骨受伤，行动困难。在当时那种各自疲于奔命的情况下，为了不掉队，为了能活着，出路只有一条，那就是克服一切困难，以最大的毅力、顽强的意志和坚忍不拔的精神，拼命地往前走……而受伤的傅依备则要比其他健康儿童付出更多的艰辛、更坚强的意志力，才能保持不掉队。

为了尽快离开这个瘟疫和疾病滋生的地方，教养院领导决定重新编队，决定病弱的和幼小的儿童乘车到六甲，再乘火车到贵州省；其他人步行到河池，然后沿着公路步行去贵州。

傅依备与原来在教养院时就同睡一床的赵元璞同用一床被子，他俩逃难途中一直同行。他俩私下有一个分工：赵背一床被子；傅背一床席子、一小袋大米和一个罐头铁筒（煮饭用）。队伍已经走散，老师们也各自逃命去了。他俩沿着去贵阳的公路与难民一同前行。

公路上的难民像潮水般涌动……一眼望去，各色各样的男女老少，或拖儿带女，或扶老携幼；都带了很多什物，有的手提，有的肩挑，有的推着独轮车。一路上，叫喊声、叹息声、哭泣声、呻吟声相互交织，人们的脸上没有一丝的笑意，有的只是哀愁和恐惧。[1]

傅依备的同乡同学李湘涛回忆道："往贵阳走时已经到冬季了，天气很冷。吃的也没有。只好到老百姓家里去找，找到啥吃啥，找不到就得饿肚皮。我曾经有一次三天三夜路上找不到吃的东西，因为东西被前面好多难民都吃光了。那时候山里面老百姓也跑了，人跑了粮食拿不走，山里面还有玉谷。我们就把玉谷拿来煮了一大锅，把裤子两头扎起来成个裤袋，将煮熟的玉谷装在裤袋里挂在脖子上又往前走。"[2]

---

[1] 傅依备访谈，2014年10月29日，四川绵阳。资料存于采集工程数据库。
[2] 李湘涛访谈，2015年5月8日，四川广汉。存地同上。

当他和赵元璞走进独山城时，满街都是难民，车辆在城里已经走不通。街上人挤人，乱作一团。他俩艰难地穿过人群，走出了独山城。

公路上人流继续涌动，难民朝着一个方向，本能地随大流向前移动，公路两旁的农民，早已逃到了山里，村里空无一人。他俩肚子饿得发慌，好不容易找到一些丢散的玉米，就用火烧烤后吃，有时也采些野菜充饥。就这样白天跟随难民流向前走，天黑后就在路边村民的空房子里过夜，天亮就起床来又紧跟难民队伍前行，天天如此。

1944年10月10日，桂柳会战失败；11月15日，日军轻取宜山，独山已完全暴露在日寇的兵锋之下。

1944年11月下旬，国民党军队发布告示，要求独山县城一切人员，无论是官方还是百姓，不论是本地人还是难民，必须在月底前撤出独山，以利军用物资顺利处置。

1944年11月30日晚，独山戒严；12月1日起，全副武装的督察部队强行催赶人群。12月2日晚，独山城里几颗信号弹升起，多处同时起火，越烧越大，蔓延很快，不久就连成几大片，接着大火中开始有爆炸声，一个个黑乎乎的东西抛到天空，爆成一团团大火球又往下落——这是大洋油桶在爆炸；有的地方火大烟大不见爆炸——这是在烧军衣、军被和粮食。这是国军在实行"焦土政策"，不把军用物资留给日军。

1944年12月3日，日军占领独山。12月8日，独山光复。①

傅依备和难童们不停地赶路，尽管又冷又饿。

队伍走到一个山口时，人群突然停止前进。原来在山口处，国军架起两挺机关枪，不准人们通过，逼着难民从泥田里走过。因为老百姓带着许多家当，甚至是全家最值钱的器物，还有推着独轮车，只好扔下。只见在这泥田里，到处堆着一些拿不动的家用物品，如台钟、收音机、高级瓷器、毛毯、高级衣料、衣服、箱子、包裹……

傅依备和赵元璞到达都匀，已经很晚了，街上空无一人。他俩找了一间小的铺面，在地板上摊开席子，两人盖着一床被子，尽管冷得打哆嗦，

---

① 吴南生：南岳衡阳儿童教养院儿童逃难历险记。见：《摇篮·衡阳儿童教养院专刊》。成都，第13页。资料存于采集工程数据库。

但很快进入梦乡,因为实在太困了。睡到下半夜,都匀城火光冲天,放火烧城了!他俩又奋力往外跑,随着人群继续他们的逃难历程。这时他与赵元璞走散了,怎么也找不到。后来听说他回湖南老家了——这是若干年后听说的,但一直再未见过生死相依的逃难同伴。

从此以后,傅依备失去同伴,孤零零一个难童,饱一顿,饿一顿,一天一天地走啊走啊,不知何时才能走到目的地!他不时发作疟疾,一次次病倒又一次次爬起来,加上踝骨关节疼痛,后来才发现是一颗小石子扎进脚后跟的皮肉内,走路痛得更厉害了。就这样,肉体的和精神的痛苦天天无情地折磨着他……

公路上的难民越来越少。他只能缓慢地向着贵阳方向走去,坚持每天步行一些路程,心里总是有一种信念:"不能放弃,不能倒下,只有向前走才能摆脱困境!"他就是靠这种精神力量,坚持不懈地与疾病、恐惧和困难斗争,坚信一定能走出苦难的深渊!

后来的路上,由于经过的难民太多,已经找不到什么吃的了,他只好去讨乞过日子……当走到贵定县时,他又病又饿又累,几乎倒在街头。

就在贵定县城里,振济委员会派人来收留失散难童,终于发现了他。因为他和其他难童一样,有一个共同的特征:穿着肥大不合身的军棉衣,衣衫褴褛,像沿街乞讨的小叫花子。振济委员会的工作人员把他带到附近馆子里吃了一碗面条。这是几个月来吃得最香最有滋味的饭了!

然后,他们就乘车往贵阳赶。到达贵阳,已是12月底了。

到贵阳后,他们住在陆广门外空旷的兵营里,房子很大,无门无窗,但通风很好。贵阳的冬天很冷,他们被冻得缩成一团;出太阳的时候就坐在阳光下捉虱子——穿的只有一件军棉衣,再没有内衣了,只要手一伸进去,就能从胳肢窝里抓出好几个虱子来。

他们在贵阳城里休整了一个多星期。1945年元月,振济委员会派来十几辆敞篷车接他们去重庆,二三十个人挤一辆汽车。汽车烧的是木炭,动力不强,拉着他们向重庆方向进发。沿途道路弯多,泥石路,路面不平,特别是经过娄山关过"七十二道拐"时,汽车猛烈地颠簸,但没有一个难童叫苦和呕吐的。

车队经过息烽、遵义、桐梓和綦江，由重庆南岸对面过江进入重庆市区。沿街观望的人群以惊奇和疑惑的眼神看着他们——既像"残兵"又像难民——他们都穿着破旧的军服，很像从前线撤下来的败兵；一个个背着烧黑了的罐头筒和卷起的破草席、破棉被，头发又长又乱又脏，又黑又瘦又黄的娃娃脸无精打采，看起来又像是难民。

车子把他们拉到振济委员会所在地——张家花园后，振济委员会工作人员就宣布了安置方案。点名时，才发现出发时的一千多人只剩下不到四百人。

逃难的经历对傅依备成长的意义很大，对他人生的改变起到了关键的作用。生活环境很艰苦，磨炼了他的意志力，同时，也增加了他的生活阅历，打开了眼界，让他走到了另一个更广阔的社会环境。"最重要的一点是从自然人变成了社会人"①，社会人就是懂得了把自己、家庭和社会与国家连在一起，更想追求知识和进步。

据湖南省岳阳县旅渝同乡会1945年10月调查统计，逃难来渝的近四百名难童，分别安置在巴县木洞第一教养院、巴县马王场第二教养院、北碚第三教养院、璧山东林寺第四教养院学习，共计393名儿童。②

傅依备被分到第二教养院。经过教养院组织的编班测试，他顺利地考到六年级，算是难童中成绩较好的。他下决心在求学的道路上坚持走下去。因为，他对读书始终有浓厚兴趣。经过逃难的磨炼，他知道，学习机会来之不易，要好好珍惜。

刚开始一段时间的学习、生活还算顺利，正常进行。不久，他又两次患上疟疾。病期拖得很长，迟迟不好，他就只好住院治疗，每天服用大量喹啉。此药服得多了，就产生了副作用，他的听力有所下降。

他在这里度过了不到半年的时光，日子相对稳定一些。

---

① 傅依备访谈，2014年10月29日，四川绵阳。资料存于采集工程数据库。
② 湖南省岳阳县旅渝同乡会：《南岳、衡阳教养院逃难来重庆儿童名录》。1945年，第1—31页。方湘平提供。存地同上。

第一章 苦难中成长

战乱中的苦读

在六年级下学期即将结束时，傅依备听说儿童教养院要将一些年龄大一点的学生送往重庆利华橡胶厂当童工。

听到这个消息，傅依备有些紧张：他想到，自己十六岁了，算是"年龄大一点的"，又是男孩，很有可能要被送去当童工！他是还想读书的呀！他从小就对读书学习非常感兴趣，求学求知心切，现在刚刚尝到一点读书的甜头，又要叫他立即放弃读书去当童工，实在不甘心不愿意呀！

怎么办呢？正好，他从湖南来的同学那里打听到可以继续报考中学。这个消息又让他激动了好几天，彻夜难眠——也许这是改变命运的唯一机会，而且应该抓住这次机会，绝不能错过——这是经过几天慎重思考得出的结论。

于是，马上就开始行动。

一开始行动，就遇到许多问题：在哪里报名？考哪里的学校？这些学校的地址在哪里？报考需要哪些手续？这些，对当时一个外地来不久、人生地不熟的十六岁的穷孩子来说，无疑是很难的事情。但对于傅依备和同学傅治秋、许定模来说，经历过苦难与战火的洗礼，面前的困难再大再多也算不了什么。他们决定一往直前，即使身无分文，一无所有，也要去闯荡一番，因为他们深信，命运必须掌握在自己手中，自己的前途只有靠自己去闯！

他们三人一起进城去找学校报名。没有公交车（即使有公交车，身无分文也坐不了），就步行二十多公里路，经过石桥铺，沿着长江岸边，一直走到两路口；到附近凡是有学校的地方，他们见人就问。一位好心的老人亲自带他们一个地方一个地方去寻找学校；学校老师告诉了他们详细的报名地址，但说报考中学必须有毕业证书。这又使他们凉了半截——难童教养院发不发毕业证还是未知数！

他们从早到晚连一口水都没有喝，更不用说吃饭了，因为他们身上根本就没有一分钱。他们只好按原路返回，一路上，他们相互鼓励，到后来连说话的气力都没有了。天无绝人之路。当他们精疲力尽、快要饿倒了的时候，看到了一个茶亭，是为过路人而设的无偿提供茶水的凉亭。茶亭在一个高坡上，上去很费劲。他们实在走不动了，就一点一点地向上爬行。他跟同学傅治秋、许定模好不容易才爬到茶桶边，瞬间就把大半桶茶水喝得所剩无几。他们又强打精神继续赶路，走了大半夜才回到教养院。

后来，他们得知，湖南来的同学有不少在忙着报考中学，重庆有个"战地失学青年服务处"，能为战区来的青年提供帮助；还有介绍说重庆有个岳阳县人叫阮觉思，是一个工厂的老板，乐于帮助家乡人。

几天后，他们又步行到市里，很快找到这位老乡。他们说明来意后，阮老板主动找到有关方面联系，开了一张证明，以证明他们是从湖南沦陷区逃难来的学生。正是凭着这张证明，他们才报了名，拿到了准考证。

参加考试时，儿童教养院也很重视，还特地派了一名老师带他们去重庆市里参加考试。功夫不负有准备的人。傅依备凭着较好的学习积累，以较好的成绩考入了国立第九中学。[①]

国立第九中学的前身是国立安徽第二中学。抗战爆发后，安徽大部分城乡沦陷，众多师生流亡到大后方的陪都——重庆。在此期间，旅渝安徽同乡会为救济皖籍师生，向教育部呈请设立国立中学予以收容。

1938年9月，经国民党政府教育部批准成立国立安徽第二中学，委任陈访先为校长。经紧张筹备，选定江津德感坝为校址，于1938年12月15日正式行课。1939年4月，奉令改名为国立第九中学，简称国立九中。

1941年8月，国立九中共有高中、初中分校各三所，共计38个班，学生2000余人。到1946年春，完成最后一期教学任务。此时，仍有40个班，2084名学生。此校自始至终，办学规模之大是当时全国少有的，学生来自27个省市，另有蒙古、韩国学生以及众多的海外侨生。[②]

国立九中的办学条件十分艰苦。

国立九中应抗战而生，随战争结束而撤，带有战时临时性救济性特

[①] 傅依备访谈，2014年10月29日，四川绵阳。资料存于采集工程数据库。
[②] 江津二中提供：《国立九中简史》。第1—7页。存地同上。

色，物资紧缺，经费不足，一切从简。校舍以借为主，以六座祠堂周围房舍为教室场所，不足部分另建草房数间，充作教室或宿舍。课桌是竹制狭窄桌子，二人共用，晚自习二人共用桐油灯一盏。学生寝室多用双层木床，没有防虫驱蚊条件，每到夏秋之际，受蚊子臭虫叮咬难受，同学戏称："上有飞机，下有坦克，立体进攻"。学校没有盥洗设备，洗脸洗脚就到井边或溪边打水。

教学用书是在建校初期统一购买一批，借给学生轮流使用，数年之后破烂不堪；无力添补，由教师另选教材或自编提纲进行教学。

学生衣着不作统一规定，由学生家庭提供。像傅依备这样"无家可依"的贫寒子弟，衣着单薄，赤脚草鞋，是常见的。

学生膳食为每天两稀一干定量供食，多为廉价糙米，并掺杂许多杂粮，同学们戏称为"八宝饭"。副食一般是几片咸菜叶或几粒胡豆，很少见到油荤，得靠平日节省的膳费或出售粪便肥料赚钱才能打一次牙祭，一学期不过三四次。

国立九中坚持严谨办学原则。

图1-11 国立九中校本部大门照，在重庆市江津德感坝，现江津二中所在地（资料来源：国立九中重庆校友联谊会编《校友通讯》，2004年11月第3期封面，廖振兴翻拍）

国立九中办学期间，虽处极端困难之中，然而始终坚持正规的办校原则，有严密的教学制度和严格的学习纪律，校园生活井然有序。

学校从开办到结束，先后有陈访先、邓季宣、邵华、苏家祥、胡秉正相继担任校长。陈访先任校长实为兼职，全部校务由当时任校本部教导主任的邓季宣代理，不久陈辞去校长职务，邓季宣升任为校长。邓季宣是国立九中的实际创始人，为学校建起一套完整的教学体制，一直沿袭到终结。①

学校老师大都来自沦陷区原公私立学校，具有高等学历和丰富的教学经验，深受学生爱戴。

学校的课程设置和课时安排，均沿袭抗战前中等学校的教育体制。实行男女分校，春秋两季招生，初高中修业期各三年。学校的考试制度是每月一次小考，期末进行期终考试，以平时考试和期终考试结合计分。凡两科以内不及格者须补考，三科以上不及格者留级。毕业成绩合格者由四川省教育厅颁发毕业证。初中毕业成绩前十名者，可直升本校高中。

国立九中的学生大都来自沦陷区，深受国破家亡、颠沛流离之苦。"读书不忘救国，救国不忘读书"成为师生的共同心声，强烈的进取心和求知欲汇聚成刻苦攻读的蔚然风气。课余开展多样活动，唱抗日歌曲，演抗日戏剧，办墙报，贴标语宣传抗日，校园生活一派勃勃生机。

国立九中办学成绩卓著，被国民政府教育部誉为"模范国立中学"。八年间培育出的优秀人才济济，毕业生70%考入著名高等学府，经深造而成为专家学者。"两弹元勋"邓稼先等12位两院院士曾在这里学习过（邓稼先于1941年7月在国立九中高中毕业），还有一大批遍及海内外的各领域的知名人士也曾在这里接受过中学教育。②

国立九中就是现在江津二中的前身。江津二中现在被誉为"院士的摇篮，名人的沃土"。"学稼先精神，走稼先道路，做稼先传人"是该校的育人方针。

傅依备在国立九中度过了一段艰苦而又不断进取的时光。1945年9月，

---

① 江津二中提供：《国立九中简史》。第1—7页。资料存于采集工程数据库。

② 同①。

图 1-12　江津二中大门照（2015年5月7日，李林摄影）

　　傅依备刚入国立九中时，儿童教养院还为他准备了一床被子、一床褥子和几套衣服。学校吃饭不要钱，不收学费，但学生的书籍、笔记本和文具等要自己负责。学校吃、住的艰苦条件，对于他来说已不算太大的困难了。但对于他这个没有经济来源的学生来讲，要自己解决教材的问题、购买书籍和文具，确实有困难。

　　他感兴趣的科目是数学和物理，不太喜欢语文。

　　车到山前必有路。穷有穷的办法。书要读下去，就要想办法，读书也有自己的读法。他想出了一个笨办法——抄书！最适合抄写的课程是英语课本，开始的时候不会ABC，抄写比较困难，后来会了就容易一些了。他一是在课堂上认真听课，二是仔细做笔记，三是下课后就抓紧时间借同学的书来抄写。

　　接着，新的困难又出现了。抄书、记笔记需要大量的笔记本和笔墨，这些又是和钱分不开的。他为此伤透了脑筋。他于是又向重庆的阮觉思先生求助。阮先生将一些报废的表格纸给他，用背面抄书做笔记，还送给他一支旧钢笔和一些零用钱。这对傅依备来说，无疑是雪中送炭。

　　傅依备抄书、做笔记增加了自己的学习强度，花费了许多时间。但这对他学习的帮助是很大的：把抄书当成预习，做笔记就必须认真听讲，迫使他聚精会神地听课，比那些有书的同学听得还认真，因为害怕记漏，大大提高了学习效率。

国立九中坐落在江津市郊区长江对岸的德感坝小镇，远离城市，山清水秀，受外界的干扰很小，是一个读书的好地方。但德感坝当时没有通电，夜晚一片漆黑。家庭条件好的学生自己有油灯可以自习，而傅依备他们几个穷学生只能借光看书。

傅依备和从湖南逃难来四川的几位同学，如方湘平、李湘涛，每一个寒假、暑假都在校园里读书学习——他们没有亲戚可走，也无钱出去游玩。

由于这些原因，傅依备的学习成绩一直很好，在班上始终名列前茅，而且经常受到老师的表扬。

1945年8月15日，日本宣布投降，全国人民欣喜若狂，人们纷纷走上街头游行，欢庆胜利。傅依备和同学们也参加了在江津市的游行活动。

抗战胜利后，按教育部统一要求，内迁学校一律"复原"，就是学校和人员（含学生）回到原地，从哪来回哪去。傅依备和从湖南逃难到四川的同学们再次面临新的选择：要么回湖南，要么继续留在重庆。傅依备很想回到湖南家乡，可以看到家人，但想到逃难出来这几年未与家乡取得联系，家里的情况一概不知。所以，他决定还是留在重庆继续读书。[1]

1946年9月，随着国立九中的"复原"解散，傅依备这些从湖南逃难来川的"无家可回"的学生，就转入重庆市立二中山洞分校继续读初中。

1950年，重庆市立一中、二中两校合并为重庆市立中学。1951年4月12日，更名为"重庆市第一中学"。此名沿用至今。[2]

重庆市立二中山洞分校位于歌乐山上，风景优美，是一个读书的好地方。学校条件也不错，主楼前有个池塘，很多树。蒋介石的避暑宫就修在歌乐山上。学校旁边有好多歌厅，一到晚上，一些军官就在里面跳舞。[3]

---

[1] 傅依备访谈，2014年10月29日，四川绵阳。资料存于采集工程数据库。
[2] 《重庆一中校史（1931-2011）》。重庆：重庆出版社，2011年，第10-12页。存地同上。
[3] 同①。

第一章　苦难中成长

傅依备所在的年级有三个班,男女分班,他分在乙班,40多人,班主任由分校主任兼任,姓孙,教他们语文课。

图1-13 重庆市立二中山洞分校教学大楼照(重庆一中提供)

傅依备是个是非分明、说话比较直率、敢于发表意见的学生,学习成绩拔尖,特长是数学和美术,特别是三角、几何。所以,他常常会受到老师的表扬,也得到同学的好评。

图1-14 中学时期的傅依备,1946年于重庆

有一次,班里选模范生,每班只选一人,全班同学一致选了他。但班主任孙老师不喜欢他,要求重新投票另选一位同学。第二次投票,他还是获绝大多数赞成(只少三票)。最后,孙老师只好接受了这个结果。

后来,他琢磨孙老师为什么跟自己过不去。原来,从湖南逃难来川留下来上中学的(二中和青木关中学)同学很团结,成立了同学会,他是理事长,喜欢主持正义,爱打抱不平。他们还经常出板报——《洞庭浪》,抒发思想与心声。他是社长,组织大家写逃难记、写诗,几个月办一次。他喜欢数学,还喜欢画画。喜欢画画是因为有一次他去店里面看见墙壁上挂着画,画的是鱼、鹰之类的。他回来就学着画,越画越好,老师看见他画得好就表扬他,把他的画贴到黑板上。这也有助于他把板报办得更出色。因他们的板报办得好,在校园里很有名气,吸引许多学生前来观看阅读。

孙老师是国民党党员,对他这样有进步思想、坚持正义的学生"头",心存疑虑和戒心,对他当然不怀好感。

傅依备这种正义感还在当时引起了一件惊动重庆市警备司令部的事件,他因此受到了一次"处分"。

1948年2月12日,因湖南同学许定模患肺病,黄振文患眼疾,没钱住院,傅依备就与社团其他同学一道去歌乐山的社会部育幼院(原儿童教养院合并到育幼院)找相关领导解决这个问题。进院后,他们却看到了一幅惨景:一些小孩没听老师的话,老师就让这些孩子罚站,有的小孩昏倒在地,而老师却置之不理。这些孩子营养不良,骨瘦如柴,很可怜!傅依备等几位同学见到此情此景,非常气愤。过了几天,就去找院长评理。院长叫马浩然,不愿见他们,叫手下人把他们推出了院门。

傅依备决定再去找马院长评理。他们去了更多的人,一定要讨个说

图 1-15 重庆市立二中山洞分校学生宿舍照(重庆一中提供。存于采集工程数据库)

法，不让这些孩子继续受屈辱。马院长见他们人多势众，赶紧叫来"内二警"的警察，拿着枪逼着他们离开。

几天后，育幼院来人送来了重庆市警备司令部的通知，说傅依备他们是共产党嫌疑分子，要查办。一个星期后，学校贴了告示，学校给傅依备记大过一次。

后来，听说当时许多老师都给傅依备说了好话，才避免了一次更严重的灾难——真要是共产党嫌疑分子，当时是会被捕的……育幼院怕事情再闹大不好收拾，就妥善处理了此事，还解决了那几位因病住院学生的医疗费用。

傅依备等从教养院来二中上学的学生属公费生。如给傅依备等学生发的费用，由学校登记造册，盖上每个学生的印章，统一由学校开支，此费

图1-16 重庆一中（新中国成立后，重庆市立二中合并到一中）校门近照（2015年4月22日，李林摄影）

并不发给学生本人。还发给一些必要的衣服、蚊帐等物品。① ②

1948年7月,傅依备在市立二中完成了初中学业,不仅成绩优秀,而且思想更加成熟。当时,一位教几何的老师下课经常给他讲哲学问题,并推荐他多看《新华日报》等有进步思想的刊物。通过阅读这些刊物,他开始了解中国共产党所干的事业,开始把眼界放得更宽了。③

---

① 053-0019-00144-0000-029-000,重庆市第二中学山洞分校三十六年四月份公费生印领清册。存于重庆市档案馆。

② 01390001000830000003,关于傅治秋、傅依备等的领物收据。存地同上。

③ 《傅依备传》编写组:《中国工程院院士传记——傅依备传》。北京:航空工业出版社、人民出版社,2016年,第53页。资料存于采集工程数据库。

第二章
辗转求学路

1948 年至 1960 年的十二年，是傅依备辗转各地刻苦求学的时期。

跨时代的大学时光

1948 年 8 月至 1953 年 8 月，傅依备经历了新中国成立前后的大学校园生活。

国立中央工业专科（职业）学校，统称中央工校（英文缩写 CIT），1937 年 7 月创办于南京，是当时国民党政府教育部为推进工业教育，培养既有科学理论又有工程技能的人才而创设的示范学校。

1937 年 11 月，中央工校奉命西迁，于 1938 年秋迁址重庆沙坪坝石门坎。1940 年秋，五年制专科部招生，设机械、土木、化学、电子四科，培养高级工业技术人才；同年，增办四年制机械、电子中等技术科。1943 年，职业部增设航空、建筑两科。到 1948 年，增设工业教育师资系。至此，中央工校发展成为一所闻名全国的多层次的高中等工业学校。

新中国成立后，中央工校于 1950 年 4 月更名为西南工业专科学校，设机械、土木、化学、电子、航空、建筑、水利七科。

中央工校坚持理论与实践并重，学校与社会结合的原则，实施具有特色的崭新学制，倡导"勤、慎、公、忠"校训，实行"手脑并用，德智体并进"的办学方针，学校师资力量雄厚，具有一代名师和以留学归来学者为主干的教师队伍，校风纯朴严肃，务实求真，仪器、实验设备、实习工厂为当时西南工业学府之冠，培养了大批量工业技术人才，为祖国建设作出了卓越贡献。①

该校的课程设置体现了新的办学思想，体系完整，学业扎实。学生修完五年课程具备相关业务理论和实际操作的技能，成为国家建设急需人才。

中央工校学生思想活跃，创办了较多社团，有各种壁报社、读书会，话剧、京剧、川剧、歌咏团、口琴会、国乐社等。这些社团"自力更生，勤俭办社"，以学生为主体，坚持课外活动，成为真正的第二课堂，培养

图 2-1 中央工校历任校长、校训照片（2015 年 5 月 7 日，李林拍摄于重庆药剂学校中央工校纪念亭）

---

① 重庆市药剂学校中央工校纪念亭石刻碑文。

图 2-2 重庆药剂学校中央工校纪念亭近照（2015 年 5 月 7 日，李林拍摄）

了学生的协作精神和社交工作能力。①

傅依备选择并考上了这所颇有实力又学风扎实的中央工校。

1948 年 8 月，他初中毕业本来可以直升本校高中，但由于当时经济很困难，还因为他在之前因主持公道打抱不平而受处分一次，还戴着"共产党嫌疑分子"的帽子，当时已有多名进步人士被捕，关进白公馆和渣子洞监狱。考虑这些因素，他必须离开山洞分校。他决定同时报考重庆国立中央工校和自贡技术专科学校。

这两所学校是公费制，正好对他这个穷学生的路。但他实在太穷了，交报名费和照相的钱都没有。无奈之下，他只好把从儿童教养院带来的两床棉絮中的一床卖掉，照了他有生以来第一张照片，交了报名费，报考了这两所学校。由于他在初中阶段学习用功，成绩优秀，是班里的模范生，最终他如愿以偿地同时考取了这两所学校。他选择了国立中央工校。

傅依备 1948 年 9 月进入国立中央工校 53 届专科部化工专业学习。当

---

① 《中工友讯》编辑组：《中工友讯》。成都，2003 年第 30 期，第 3 页。资料存于采集工程数据库。

时的中央工校分为职业部、专科部、本科部，本科读四年，专科读五年，基本上是高中考到本科，初中生很少，他是读的专科部。他报到后才知道，本班同学大部分是高中毕业或肄业的学生，初中毕业生考上的寥寥无几。

这个学校吃住不要钱，这一点是很吸引人的。学校有重庆大学的教师在这里兼课，教授就有十多位。他的化学成绩好就选了化工专业，其实他对地质更感兴趣，但该校没有这个专业。实习有很多工种，从设计开始，各种机床都有接触，干部子弟少，穷人多一些。学生学习努力，能手脑并用，毕业后很好找工作，很受社会欢迎。

他感到很幸运，能考上这样的学校和需求面广的专业。但幸运归幸运，一开始就遇到不少困难。

这所学校的专科部是五年制，第一年要学完高中的数理化课程，第二年就开始上大学的课程。这种内容多、进度快的速成教学方法，对他这个初中生来说很难适应。且学校规定期末有三门课不达标者就自动退学，每年有不少人离开学校；从入学到毕业，淘汰率为50%！

他暗自下决心，必须克服一切困难，跟上教学进度，不能被淘汰。他没有别的办法，只有比别人多花时间、多下功夫，主要在预习和复习这两个环节上补差距；学校开设的所有课程，包括公共课、基础课和实践实习实验课等，他都很认真刻苦对待。

到了国立中央工校，傅依备在回忆那时的学习生活时写道："我是有着坚强的决心与计划的，因而在生活上也有一个大的变革——不论天冷还是天热，每天早晨都用冷水洗澡，每晚学习到十二点钟后跑到户外做十几分钟剧烈运动后才睡觉，清晨起来就跑步。这样度过了一年半，虽然功课繁重，我的身体反而好了。"[①]

在读大学期间，傅依备除努力完成学业外，还积极参加一些进步活动，阅读进步刊物，思想进步很快。

在重庆解放前夕，也就是他在读中央工校期间，当时的重庆市沙坪坝是群众运动的热点地区，也是国共两党争夺学生的热点地区。当时，中国

---

① 2-1-1，傅依备档案：自传，第5页。存于中物院人事教育部档案室。

共产党在重庆有多个层次的地下组织，一般都是单线联系。傅依备由董一金介绍参加了新民主主义青年群众服务社（简称新群社）。董一金比他高一个年级，也是学化工的，是傅依备走进地下进步组织的引导人。不论新群社还是别的政治组织，和共产党的差别很大，只是共产党的外围组织。这些组织的存在实际上是为了减少加入共产党组织的不利风险，减少一些无谓的牺牲，同时也是联系群众的一种办法。

这些外围组织的主要任务是组织学生参加反蒋反内战的群众运动；保护学校财物，防止国民党搞破坏；学习政治，传播进步思想，如毛主席的《反对自由主义》《新民主主义论》等，大部分是手抄本，在进步学生和共产党的地下组织中传阅。

当时环境异常错综复杂，斗争异常尖锐残酷。政治活动需隐蔽进行，政治学习也不是公开的集体式的学习，而是由董一金单线联系进行。校园里经常出现一些恐怖场面：国民党的军人荷枪实弹到学校抓人，他们有内线盯梢，认为可疑的就逐一逮捕。这些被抓去的教师和学生，很少是真正的共产党员，大部分是倾向进步的对现状不满、积极参加学生运动或出头露面较多的人员罢了。

这些人被抓后一般都关进歌乐山下的渣子洞或白公馆。1949年11月27日，国民党将关进这两所监狱的进步人士有预谋地杀害，并放火烧毁监狱。

傅依备亲身经历了或知晓这些事情，从内心深处更加痛恨国民党政府的腐败和反动，更加热切而坚定地拥护中国共产党及其领导的事业。[1]

进入中央工校的第一年，傅依备成天都在死啃书，什么也不管。第二年，即1949年，他开始参加当时的学生运动，如反饥饿、反内战、反压迫等运动，一直到新中国成立。这期间，他的思想已经开始由对社会现象的不满，发展到仇恨蒋介石政权。[2]

傅依备通过参加一些政治活动，学习了许多政治论著和进步刊物文章，思想上明白了一些道理：只有共产党才能救中国。他坚信这些道理。他认为，人都是有思维、有感受、有思考的，人的思想形成都有一个过

---

[1] 傅依备访谈，2014年10月29日，四川绵阳。资料存于采集工程数据库。
[2] 2-3，傅依备档案：自传，第5页。存于中物院人事教育部档案室。

图 2-3　1949 年，傅依备在重庆与中央工校同班同学合影（后数第二排左一为傅依备。资料来源：《傅依备院士八十华诞文集》，第 44 页）

程。这也就是为什么他坚定地跟共产党走的根本原因。①

新中国成立后，中央工校的一些老师分别当选为中国科学院院士和中国工程院院士；而在中央工校培养的学生中，只有傅依备当选为中国工程院院士。②

四川化工学院毕业

新中国成立之初，全中国都向苏联学习社会主义建设经验，接受了苏联提出的我国必须大力发展工业的建议。

---

① 傅依备访谈，2014 年 10 月 29 日，四川绵阳。资料存于采集工程数据库。
② 杰出的校友——傅依备。见：《中工友讯》编辑组：《中工友讯》。成都，2003 年第 30 期，第 8 页。存地同上。

第二章　辗转求学路

1952年10月，根据西南军政委员会文教部高等学校院系调整方案，西南工业专科学校化学工程科、乐山技艺专科学校化学工程科及造纸科等11个系科合并成立四川化学工业学院①（简称四川化工学院）。

　　四川化工学院，校址设在泸州市泸县川南人民行政公署原址，即现在泸州市江阳区钟楼附近。至今耸立在江阳闹市区繁华地的钟楼，是泸州历史发展变迁的见证。这里，就是傅依备当年在四川化工学院读书的地方。

图2-4　四川化工学院旧址——四川泸州市江阳区钟楼附近景区近照（2015年5月8日，李林摄影）

　　1952年11月初，学院根据当时国家建设需要和学校师资设备等条件，研究确定学校本科设置酸碱肥科、皮革制品工学、植物纤维纸制造工学、食品工学四个专业；专修科设置酸碱、皮革、造纸、化工机械四个专业。学院于1952年11月17日正式成立。②

　　傅依备被分在酸碱专修科二年级乙班。该班共有56名学生，其中男生34名，女生22名，四川籍的36名，还有重庆、湖南、江苏、山西、湖北、山东、浙江、广东、河北等地的学生。全班同学年龄差距较大，最大

---

① 《四川化工学院毕业生纪念册·本院简介》。1953年，第1页。原件傅依备保存。
② 同①。

的29岁，最小的19岁，大部分是23岁左右，傅依备当时24岁，算是年龄稍大的同学。①

傅依备所学专业的专业课程是由"酸碱肥科专业教研组"来实施的。酸碱肥科专业是在院系调整后新创设的。因为当时国家工业建设迫切需要——酸碱是化学工业中的重工业，许许多多的化学工业，都要以酸或碱为它的主要原料——在经济建设及国民经济生活中占有很重要的地位。

为培养酸碱肥料的技术人员——高等技术员和工程师，该专业教学计划中规定了除必修普通化学、物理、数学等普通课程外，还必须修理论力学、电工学、理论化学、分析化学、化工原理及其他一些基础课和普通技术课。在专业培养方面，专修科讲授无机酸工业和制碱工业两种专业课程，着重实际应用方面的内容，通过习题课、课程设计、生产实习，使理论与实际联系起来，培养学生独立工作的能力。当时，由于处于新中国成立初期，工业落后，学院实习工厂和实验室未完全建立起来，在一两年后才陆续建起来。师资方面，当时仅有8人——教授3人、讲师1人、助教4人，担任三种专业课程，后陆续补充一些师资力量。②

傅依备在西南工业专科学校读的是普通化工专业。到四川化工学院后，改学无机物工学，与原来学习的内容重点不同，前者着重于化学工程的基本原理和基础单元操作，而后者偏重于特定化工产品的制造工艺，更具体、更接近实际操作，更需要深入生产工厂第一线。

傅依备在四川化工学院读书期间，能够正确处理工作和学习的矛盾，注重工作和学习的计划性，学习中专心用功，肯动脑筋，勤于钻研，学习成绩好；政治学习抓得紧，思想觉悟高，组织性强，能正确认识一些事物，分析能力强，工作能力强，善于耐心帮助同学。但个性上不太活泼，严肃有余，不易接近；有些主观、急躁。③

从他在四川化学工业学院应届毕业生成绩表中可以看出，他几年平均成绩在80分左右，这在当时算是好的成绩，其中理论化学得过满分，高

---

① 《四川化工学院毕业生纪念册·本院简介》。1953年，第1页。傅依备保存。
② 同①。
③ 4-1-4，傅依备档案：四川化学工业学院学生鉴定表。存于中物院人事教育部档案室。

等代数、化学、物理、有机化学、有机实验、工程图画和政治课等成绩相对优秀拔尖，但一些实习课和体育成绩相对较低。①

通过五年的学习，他的业务水平和能力得到较大提高，对硫酸及纯碱知晓较多，对理论化学和化工原理有兴趣。他希望毕业后能从事酸或碱制造的技术工作，表示服从组织的任何分配。学校认为他成绩好，建议他毕业能从事技术行政或留校当助教。

对于新中国首批毕业的大学生，党组织寄予厚望和充分的重视。这种重视不仅体现在对学生在校期间的关爱和精心培养，还体现在对学生毕业之后走上新的工作岗位上。

1953年8月，傅依备听从时代的召唤，响应党组织的号召，以饱满的激情，撰写了《为了党，为了我们伟大的事业，我要顽强地学习，再学习》一文，发表在《四川化工学院毕业生纪念册》上。这是他生平首次公

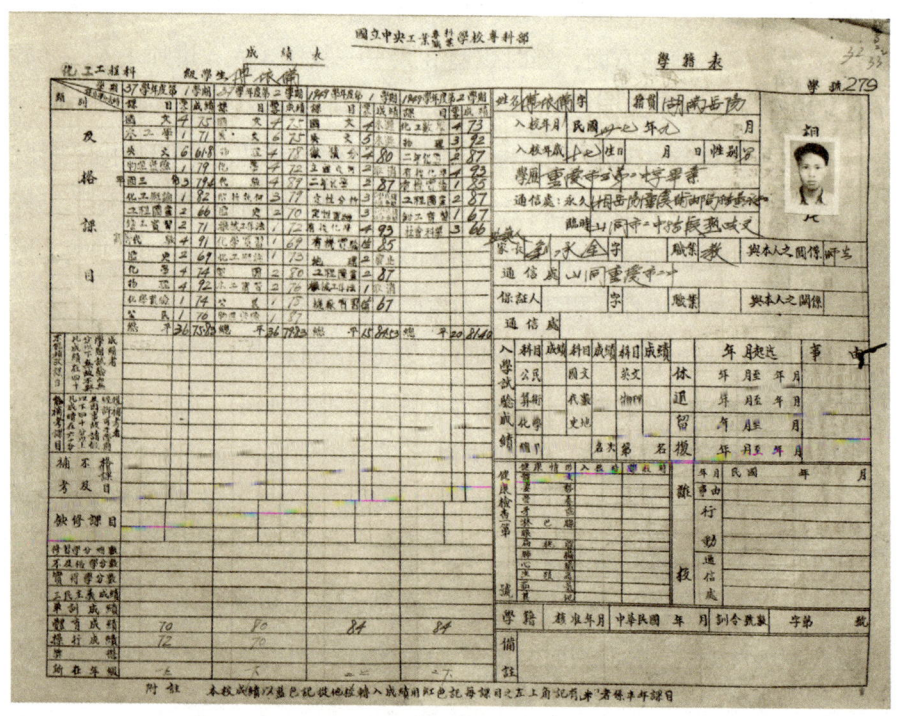

图2-5　1953年3月8日，傅依备大学毕业成绩表

① 4-1-6，傅依备档案：四川化工学院应届毕业生成绩表。存于中物院人事教育部档案室。

开发表文章。

他在文章中热情洋溢地写道：

正当我们伟大的祖国进入到一新的历史时期——第一个大规模的国家五年建设时期的日子里，我们毕业了。这是多么使人感到激动和兴奋的事啊！让我们衷心地感谢党和人民几年来给我的抚育培植和老师们的苦心教导。为了我的本分，将来不论分配在任何工作岗位，我要以最大的能力不倦地埋头地干！

激情、感恩和决心溢于言表。

他又清醒而坚定地表示：今天毕业了，给我一个最深刻的感觉，就是我还不能结束我的学习职责……周围的一切使我深深感到还要学习，还要顽强地、刻苦地、长期地学习。

我们的事业是要求一个共产党员，一个革命者，仅有革命的热情是不够的。我们的事业是要建立一个科学的社会主义社会。党领导全国人民经过30多年的艰苦战斗，多少先烈前仆后继，洒热血、抛头颅，流血牺牲，一切也正是为了这个美丽的远景，为了把我们的国家从落后的农业国变成先进的工业国，为了建立人类最幸福的社会——共产主义社会。这个伟大理想的实现，不仅要求每个革命的人民要有从事革命的热情，而且要具有革命的本领，仅有热情，共产主义是不能实现的。同样的，落后的科学技术也是不能建立起共产主义的。现在我所学到的，离这个要求差得太远了。

他接着写道，科学是无止境的，它的领域太宽广了。

为了我们伟大的事业，必须下决心去摸索，去探讨，去征服它。伟大的生物学家巴甫洛夫曾这样恳切地告诉我们：科学需要一个人贡献出毕业的精力，假定你们每个人有两次生命，这对你们来说还是不够的。是的，科学需要我们这样，党和人民同样迫切地期望我们用毕生的精力艰苦踏实地从事科学技术工作。

他最后坚定地表示：

为了党，为了伟大的共产主义事业，我要终生献身科学技术工作，顽强地学习，不断地进步。①

构筑信仰支柱

中华人民共和国的成立，重庆获得解放，傅依备也获得了新的强大的精神力量，努力学习专业知识，积极要求进步，为集体为社会多做些工作。

1950年4月，中央工校成立了中国新民主主义青年团。傅依备于当年4月5日首批加入青年团，并在团内先后担任团支部书记、学校团总支部副书记兼组织委员、校团委副书记兼组织部长。

由于他的成熟和工作能力，还被选为学生代表，参加了学校由中央工校向西南工专转换交接时成立的临时校务委员会，主要职责是讨论和决定学校的教学和行政大事，参与讨论和表决投票。校务委员会基本上是教授组成的，还有副校长、校长，学生代表主要反映学生中的意见和建议。这又给他增加了许多社会工作的机会，也是锻炼他工作能力、增加社会阅历的机会。

当时，学校党组织成员的数量相对较少，党组织的力量还不能延伸到学校各个层面。所以，学校党组织充分发挥青年团的助手作用，当时团的作用相当大，学校好多行政的决定都要求团组织参与讨论。同时加强对基

---

① 傅依备：为了党，为了我们伟大的事业，我要顽强地学习，再学习。见：《四川化工学院毕业生纪念册》，1953年，第43—47页。傅依备保存。

图 2-6 1987 年 10 月，傅依备（前排左三）与原中央工校老同学游传忠（左一）、任廷枢（右二）等在中央工校原址校园内合影

层团干部的培养教育，来推进党对学校各项工作的领导。

每到寒暑假，重庆市青年团工作委员会要举办团干部学习班。傅依备多次参加了这样的学习班。他聆听了当时西南军政委员会和重庆市委的党政领导所作的报告，如任白戈、康奈尔、曾德林和廖伯康等人的报告，报告内容主要讲述了中国共产党革命的道理、政治形势、社会的阶级和阶级斗争、共产党与国民党的斗争历史、马克思列宁主义、毛泽东思想、新民主主义革命等。傅依备感到，这样的培训对自己影响很大——既是对自己政治思想的"扫盲"，也是马克思社会主义思想的启蒙教育。

那时，傅依备对共产党倡导的理论思想都感兴趣，喜欢读报，学习时事政治，接受新的基本理论和知识，如批评与自我批评、群众路线、民主集中制等；还特别喜欢翻阅《学习》杂志（后改为《红旗》，即现在的《求是》），杂志里的文章他是每篇必看，阅后还可把文章主要内容复述出来。

1951 年 2 月 12 日，他参加了青年团重庆市工委学校团支委寒假学习班。在学习班所填《学员登记表》中，他充满激情地写道："我要感谢我们的党，因为她使我获得新生了！在她的教育下，我有了很大进步，而开始感到我是一个潜在有革命力的人！"他接着对他入团并担任团内干部大半年以来的思想转变、工作态度、主要优缺点进行自我检查。在肯定自己工作积极负责、勤于钻研的同时，用较多的笔墨分析了自己通过这次学习后思想意识发生的转变：原来干工作比较多的想干能独当一面的事，不愿多人一块干事。这是出于个人名誉和利益，或者说是个人英雄主义思想在作怪。通过学习认识到，要去掉自己的个人主义思想包袱，应按毛主席所说的全心全意为人民服务，不计个人得失，克服自高自大，多帮助同学一起进步，耐心、细致、踏实地做好工作。①

傅依备担任团的干部后，社会工作更多了，尽力当好党的助手，完成组织交给的各项具体任务。1951年，重庆市要从高等院校在读学生中招收一批军干校学员，各校成立保送委员会。西南工专决定由傅依备任军干校招生保送委员会副主任（主任由军代表担任），实际工作全由他负责，包括动员报名、体检、政审和推荐等。② 通过承担这些工作，使他的组织领导能力和社交协调能力大为提高，也使他的政治思想更加进步成熟，更接近党组织的要求和希望。

邓时泽回忆道："在西南工专期间，傅依备同学读书用功刻苦，学习优异，思想进步很快，吃苦耐劳，具有很强的组织能力。因此，第一批校团支部发展他入团，在1951年选他为校团委副书记，分管团委组织工作。1952年，西南局科技委选调一位处长和一位年轻干部潘双印进入西南工专学校负责人事工作，学校就派傅依备同学负责与潘双印联系并配合工作。他工作很出色。"③

任廷枢回忆道："当时的团委，实际上在学校统管一切。因为当时党的组织还不健全（设临时党支部），所以当时团委和学生会为学校做了很多工作，不光是学生工作，还有那些政治运动，实质上就是依靠团委在开展具体工作。傅依备非常朴实，……他工作非常负责，一会儿跑这里，一会

---

① 4-1-1，傅依备档案：学员登记表，第3页。存于中物院人事教育部档案室。
② 傅依备访谈，2014年10月29日，四川绵阳。资料存于采集工程数据库。
③ 邓时泽访谈，2015年5月7日，重庆大学。邓时泽，傅依备大学同学，西南工专时校团委书记；重庆大学原党委副书记、副校长。存地同上。

儿跑那里。当时校区分三个地方，不是很集中，他整天跑来跑去，在学校里面穿梭；他对工作很细致，他有个笔记本都揣在包里，有什么事就记录下来。他比较谨慎，比较细致；平易近人，没有什么架子。他很随意，一坐下来就谈工作。"[1]

1952年7月11日，傅依备接受了"忠诚老实运动"的团内审查。组织上对他1945年因无知参加过反苏游行，读小学时担任过童子军小队长、中队长、副大队长，在重庆的南岳、衡阳两所留川同学会任理事长情况等进行审查。他的同学黄振文出了证明材料，证明他的历史单纯，未参加过反动党团活动，历史清楚，社会关系也没有问题（黄振文当时是重庆大学学生中的调干学生，其证明材料得到重庆大学所在党支部的认可）。对他上述问题的审查结论是"属一般的社会关系，不给处分"。[2]

傅依备入团后，积极参加政治活动，包括抗美援朝宣传、参军运动、土地改革宣传、反特运动、"三反""五反"、资产阶级思想批判、"忠诚老实运动"、院系调整等一系列运动和活动。[3]

1952年5月，傅依备慎重地向党组织递交了入党申请书，洋洋洒洒8500余字，详细地介绍了自己家庭经济状况和自己的成长历史，全面分析了自己的优缺点及思想转变过程，深刻地阐明了对党的认识及自己努力的方向，充满了对旧社会的痛恨，对中国共产党的热爱、忠诚和盼望加入党组织的拳拳之心。

在谈自己的优点时，他说："在实际生活中，我仇视日本帝国主义的侵略，不满蒋介石的反动统治。"

傅依备在申请书中，还用长达近4000字的篇幅全面剖析了自己存在的缺点。他一针见血地指出自己存在的缺点，主要有：

> 一是个人主义的名利思想。主要表现在愿意干轰轰烈烈的容易被

---

[1] 任廷枢访谈，2015年5月7日，重庆大学。任廷枢，傅依备大学同学，西南工专时校团委宣教委员；重庆大学原校长助理、教授。资料存于采集工程数据库。

[2] 5-1，傅依备档案：忠诚老实运动中团员材料表，第1-2页。存于中物院人事教育部档案室。

[3] 2-3，傅依备档案：自传，第5页。存地同上。

大家注意的事情，不太愿意干那些具体的细小的默默无闻的事情，自己负主要责任的工作干起来就很起劲，认为做出来的成绩是自己的，领导和大家会看得见的；配合别人干的事就要差些，认为搞好了成绩是别人的；自己负责的工作，别人就莫过问，各自为政；当做出一些成绩时就胜利冲昏了头脑，沾沾自喜；遇到失利就消极泄气，强调客观原因。

他深刻认识到：

> 只有劳动人民才是社会的主人，才是历史的主人。我们只有也必须为劳动人民服务，一个个体的人或集团只能是劳动人民中的一员或一部分，他或他们的作用，也只能是有限的，人民的英雄、领袖，不是把自己从劳动人民中突现出来，爬在群众之上，而是和群众结合在一起，站在群众之中，把群众的意见、愿望集中起来，领导群众循着社会发展的方向前进。
>
> 二是存在一定的享乐思想。……虽然自己出身于劳动人民家庭，但由于很早脱离家庭生活，漂流在社会上，过着大城市的生活，向往享乐的小家庭生活方式。这种思想意识会使人颓废下去，消磨进取意识，经不起任何艰难困苦的考验。经过"三反""五反"和批判资产阶级思想的学习教育，对这种思想有了一定的认识和批判。今后，自己要在实际生活中加强思想锻炼，坚决克服掉这些思想的影响。

他在对党有了全面的正确认识后，对自己的努力方向有了清醒的认识。他表示：

> 今后，我应该努力改造自己，以党员八个条件来要求自己，克服个人主义的坏思想。人只有当他的生活充满着集体主义和共产主义理想的时候，那么他才是最幸福的，他才算得上真正的人。人作为社会的一员存在，是不能脱离社会而独立生活的。社会是按照一定规律向

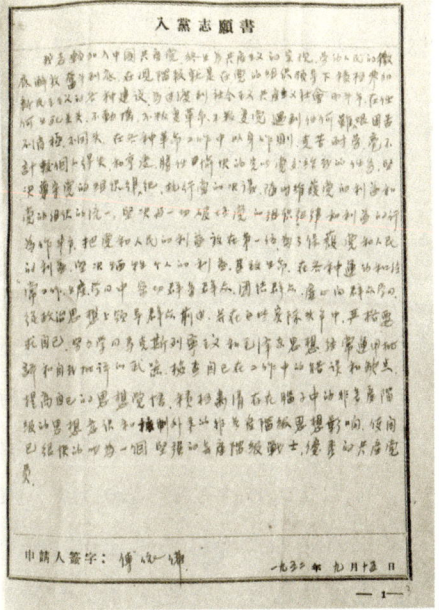

图 2-7　1952 年 9 月 15 日，傅依备的入党志愿书

着幸福的道路前进的；作为社会一员的人，只有当他的觉悟到了自觉地为完成社会前进一段历史任务而奋斗的时候，那他的生活才是最有意义的。我虽然有缺点，但我认识到了这条道路是正确的，而且决心走下去。因此，我要求入党，为着劳动人民的事业，为着世界上消灭一切不合理的东西，决心献出我整个青春，直到最后一滴血！①

由此可见，傅依备要求加入中国共产党，绝不是一时的冲动，或为了升官发财，而是在充分认识、坚定理想信仰的基础上慎重提出的——决心把一生交给党和人民的事业，不断克服自我、完善自我。

1952 年 9 月 15 日，傅依备庄重认真地填写了《入党志愿书》。

他写道：

我志愿加入中国共产党，终生为共产主义的实现、劳动人民的彻底解放奋斗到底。在现阶段就是要在党的领导下积极参加新民主主义

---

① 6-2，傅依备档案：入党申请书，第 1—15 页。存于中物院人事教育部档案室。

的各种建设，为实现共产主义社会而奋斗，在任何生死关头不动摇、不叛变革命、不叛变党；遇到任何艰难困苦不消极、不回头，在各种革命工作中以身作则，刻苦耐劳，毫不计较个人得失和享受，愉快地完成党交给我的任务；坚决遵守党的组织纪律，执行党的决议，随时维护党的利益和党组织的统一，坚决与一切破坏党的组织纪律和利益的行为作斗争；把党和人民的利益放在第一位，为了保护党和人民的利益坚决牺牲个人的利益，甚至生命；在各种运动和经常的工作、生产、学习中密切联系群众、团结群众，虚心向群众学习，从政治思想上领导群众前进，并在这些实际斗争中，严格要求自己；努力学习马克思列宁主义和毛泽东思想，经常运用批评和自我批评的武器，检查自己在工作中的错误和缺点，提高自己的思想觉悟，积极肃清潜意识中的非无产阶级思想意识，抵制外来的非无产阶级思想影响，使自己更快地成为一个坚强的无产阶级战士和优秀的共产党员。①

1952年9月18日，傅依备所在的党支部五名党员认真讨论并全体通过他加入党组织，候补期（预备期）为一年；入党介绍人是潘双印、唐凤林。这两位同志是西南工专人事室工作人员，其中潘双印是人事室的主任、学校党支部书记。两位入党介绍人在支部会上都明确指出傅依备的优点和缺点。

傅依备入党审批党委是中共重庆市委第三区委员会，党委书记是张文澄同志。②

图2-8　2009年10月12日，傅依备回重庆在原中央工校校址纪念碑亭与部分校友合影（左起依次为任廷枢、黄文琮、邓时泽、傅依备、谢冬心。2015年5月7日，李林翻拍）

---

① 6-1，傅依备档案：中国共产党入党志愿书，第3页。存于中物院人事教育部档案室。
② 7-8，傅依备档案：中国共产党入党志愿书，第3页。存地同上。

傅依备在中国科学院长春综合研究所工作期间，完成了他政治生命中一项重要的事情——入党转正。

1953年10月24日，当傅依备入党候补期满一年时，他写了长达6000字的《转正申请书》。他说：

> 入党一年来，在党组织不断教育和关怀下，以及工作实践中的锻炼，使自己的思想觉悟得到很大提高，进一步加深了对党的认识，端正了入党动机。

他对党的认识从原来的理论认识进一步深化到从现实实践中去理解，这样就更有指导意义和实际作用。如：

> 党是工人阶级的政党，这就意味着党的政治方向、政治生活、实际工作是以马列主义、毛泽东思想为指导的，工人阶级最大利益是党一切政策的出发基础。入党的每一个共产党员在他的实际工作和生活中，不能按照他的主观愿望和兴趣来行动。党纲党章以及党在每一个历史阶段中的政策法令是每一个共产党员行动的准则；党员的一切活动应该考虑到是否符合工人阶级的最大利益。党是工人阶级政党，也意味着每个其他阶级出身的共产党员，必须把立场站到工人阶级的位置上来，不断克服自身所存在的非无产阶级思想意识，成为一个真正的无产阶级的先进战士。

他在实际工作中体会到：

> 群众是用特殊的眼光来看共产党员的。共产党员应在各方面是群众的榜样；共产党员的职责是要在自己的实际工作岗位上带领群众前进，重要的是实际行动，没有行动是任何话也说不响亮的。群众往往不是听我们口头上的宣传来判断事物的正确与否，而是看我们的行动；党员在工作学习和日常生活中的表现，一举一动的正确与否给群众的影响是很大的。

他分配到中国科学院长春综合研究所工作以后，认识到了自己工作的意义，努力把自己培养成党在科学技术领域的骨干人才，克服了许多困难，劲头十足。如在速成俄文学习的过程中，一开始学习很吃力，基础差，第一次临时测验就没有及格；后认识到学习俄文的重要性，克服了一些畏难情绪，放下面子虚心地学习，把全部精力专注到俄文学习中去，把全部可能利用的时间都利用起来了，第一阶段测验就得了83分，从而增强了自己的信心——"任何情况下只要我们有勇气有决心，困难是永远阻挡不住我们前进步伐的。"①

1953年11月12日，傅依备所在党支部大会讨论通过他转为正式党员；1953年11月17日，中共长春市委组织部批准他按时转为正式党员。在支部大会上，傅依备对自己入党一年来在思想、工作、学习各方面取得的成绩和存在的缺点进行自我总结检查，态度诚恳，言真意切，特别是用了较多的笔墨分析了自己存在的不足。②

1954年1月2日，傅依备在填写《中国共产党党员登记表》时，又进一步端正了入党动机：

> 我开始要求入党时是在1950年，那时还只认识到共产党员大公无私，勤劳朴素，受到别人尊重，而感到做一个共产党员是无上光荣的。后来在党的教育下，逐步认识到：人是社会的组成分子，每个人都应该给这个集体——社会，付出最大的劳动，使生存在这个社会上的人民能由于他的存在而得到幸福，在自己短短几十年中，使生命发出火热的光；同时也认识到，社会是沿着一定规律向前发展的，最后必然实现共产主义社会，进步人类的职责就是用自己毕生的精力来促进和推动这种社会的发展；共产党正是这件大事业的组织者和鼓舞者，为了能充分利用我的生命，发挥它最大的作用，我要求并且已加入了中国共产党。③

---

① 6-3，傅依备档案：转正申请书，第1—7页。存于中物院人事教育部档案室。
② 6-1，傅依备档案：中国共产党入党志愿书，第9—10页。存地同上。
③ 6-4，傅依备档案：中国共产党党员登记表，第3页。存地同上。

1954年8月13日,傅依备留苏考试通过时接受组织的考察鉴定。傅依备所在的无机小组五位同志也给他当面提出评价,肯定了优点,指出了存在的缺点。优点是:对党的事业责任心强,对研究室和小组的各方面工作都予以关心,积极提出意见;原则性强,能进行批评,知无不言,言无不尽;对自己要求严格,积极要求进步;对同志诚恳直率、群众关系好;分析问题较为敏锐、正确。缺点是:工作主观急躁,对环境、对他人要求过高过急;对支部工作和别人帮助还要更加努力。

图 2-9 1954 年,傅依备离开长春综合研究所赴苏,与支部党员送行时的合影(第一排左二为傅依备。资料来源:《傅依备院士八十华诞文集》,第 38 页)

1954年8月16日,傅依备所在研究室党支部书记林治之、组织委员霍佩祥也代表组织对他进行中肯的评价:工作努力、热情,斗争性较强,能看出些问题,但情绪急躁,工作方式方法较生硬,群众关系不够紧密;对去苏联留学信心不够大,认为自己业务能力较差,怕完不成任务,因身体不太好,恐支撑不住;但能服从组织分配,努力学习。①

入职中国科学院

1953年,四川化工学院建校第一年就送走毕业班11个,毕业学生近400人。这些毕业生占该校当年在校学生近40%。

傅依备这年毕业,被分配到了中国科学院。同去的一共6人。分到北

---

① 3-6,傅依备档案:傅依备鉴定,第1-2页。存于中物院人事教育部档案室。

图 2-10　中科院长春应用化学研究所正门近照（2015 年 9 月 15 日，罗本祥摄影）

京地区的学生共约 20 人，学校指定由他带队。他们走水路，经重庆坐船到武汉，然后乘火车到北京，分别到各自单位报到。

中国科学院总部设在北京市文津街 1 号。他们报到后不久，院方经研究后做了进一步的分配。他和夏生兰、戴祯容三人分配到中国科学院长春综合研究所（现长春应用化学研究所）。和傅依备他们一同分来的大学生还有清华大学、北京大学、复旦大学、南开大学、浙江大学和四川大学等高校的毕业生，其中很多还是提前毕业的。

1948 年 12 月 1 日，中国科学院长春综合研究所在"伪满洲大陆科学院"废址上成立，时称东北工业研究所；1949 年 9 月，改称为"东北科学研究所"；隶属关系几经变迁，1978 年 12 月 14 日，该所重新划归中国科学院，改称"中国科学院长春应用化学研究所"，吴学周被重新任命为所长。先后有 23 位中国科学院院士、发展中国家科学院院士在该所工作过。①

中华人民共和国成立初期，这里是国家化学化工学科科学研究的重要

---

① 《中国科学院长春应用化学研究所所志（1948-2007）》. 第 3-6 页. 资料存于采集工程数据库。

图 2-11 长春应用化学研究所本馆近照（2015 年 9 月 15 日，罗本祥摄影）

基地，全国各地的大学毕业生大量被分配在这里。因为学生来得多，住宿自然紧张；宿舍没有暖气，冬天早晨起来脸盆里的洗脸毛巾都冻成了冰块。南方长大的毕业生初来乍到，对这里的寒冬气候，特别是刺骨的北风很不习惯。

长春综合研究所设有农化研究室、无机研究室、有机研究室、合成研究室、机械研究室和电机研究室共六个研究室。傅依备被分配在无机化学研究室的黏土小组。当时，无机研究室有 75 名职工，有研究员 1 人、副研 3 人、助研 4 人、实习员 37 人，还有见习员、练习生、技工、普工、徒工、办事员、公务员等；傅依备属实习员。傅依备所在的无机研究室负责人是刘延隆。[①]

当时，黏土小组的科研任务就是从事黏土类矿物应用研究。新中国成立初期，头等大事就是发展国家的工业和经济，而制造业的原料和能源工业的燃料大都在地下，寻找和开发地下资源就是国家的当务之急。当时，我国工业基础薄弱，对地下资源探查的资料积累很少。为开采地下资源，

---

① 《1953 年长春综合研究所全所人员名册》，1953 年卷第 5 卷，第 44 页。存于现长春应用化学研究所档案室。

图 2-12　1953 年于长春综合研究所大楼门前，钻探泥浆学习会全体学员合影（二排右二为傅依备）

就必须探明地下资源的分布和储量等，而钻探打井取样是最重要的手段之一。钻探的深度由几百米到几千米，有时还要求完整地取出钻探岩芯，技术难度大。

到这里上班后，第一件事就是文献调研。

做文献调研确实是一件重要的苦差事。要在浩瀚的文献中找到所需要的资料，不仅需要外文功底好，还需有好的专业基础，并善于从中获取需要的知识，还要有综合分析的能力。这不仅是做科学研究不可或缺的本领，也是博览群书广泛获取知识的重要能力。

在工作中，傅依备不断遇到新的问题。而要解决这些实际问题，一靠文献调研，二靠不断实践。

钻探时需要解决一些技术难题，如钻头与岩石磨损很快、钻头钻杆与岩石摩擦发热、不断排出钻屑和取得完整的岩芯，等等。解决这些问题的最好手段，就是采用泥浆。这种泥浆必须具有好的胶体属性，有一定的载重浮力可把钻孔产生的泥土（岩石）钻屑带上来，有带走摩擦热的冷却作用和形成润滑钻孔壁的润滑作用。

傅依备所在的无机化学研究室黏土小组的任务，就是研究找到一种既好用又经济的黏土，针对不同黏土泥浆，研究不同化学配方和物理化学特性及其适用范围。傅依备认为，这完全是一种应用研究项目。但它密切结

图 2-13　长春应用化学研究所内景观近照（2015 年 9 月 15 日，罗本祥摄影）

合了社会的实际需要，直接服务于国民经济，很有意义。傅依备所在的组内老同志，有的已在这方面做了多年研究工作，积累了许多实际经验，是他的老师。

傅依备很快进入工作角色，在老同志的基础上认真做起研究工作来。当时，研究小组不仅在实验室搞研究，也有推广的义务。不仅下基层传授技术，还多次在所里举办过学习班。他在 1954 年年初主持办过一次学习班。这对傅依备来讲，不仅是一次锻炼，也是一次学习。

研究所领导很重视科研人员的学习。傅依备有机会在吉林大学聆听全国著名胶体化学科学家傅鹰教授的报告——在美国从事胶体化学领域的科学研究。胶体化学对傅依备当时从事的黏土应用于钻探泥浆有重要意义，从本质上讲泥浆的物理化学性能好坏主要取决于其胶体化学行为。后来他又系统听了唐敖庆教授讲授的高等热力学讲座。这两位大师的讲座，使他受益匪浅，为他的科学研究奠定了良好的理论基础。

傅依备在从事科研工作的同时，还参加了留苏生的选拔。

1954 年 4 月，长春综合研究所接到上级通知，国家将从在职大学毕业生中遴选参加出国留学的人员。那时，研究所在短短的两年中，已经接收了不少从全国各高等学校毕业分配来的大学生。这些刚刚毕业分配到研究所里的大学生们，听到这个信息非常高兴，踊跃报名。研究所一下了就有几十个人报了名。

傅依备起初并没有动心，因为他并不愿意去——他对自己没有什么信心。后来研究所的领导多次找到他谈话，鼓励他去报名。他向领导解释道：

第二章　辗转求学路

近日身体状况一直不是很好，自从到了长春后，由于气候环境的不适应，再加上工作的紧张，得了神经衰弱症，经常头晕脑胀，晚上睡眠也很差，甚至整夜睡不着觉，一进图书馆拿起书，就感到头晕得厉害，看书效率很低，难以较长时间坚持学习。

他不主动报名还有就是担心去苏联后完不成学习任务，这不仅会浪费名额，完不成派送单位交给的任务，也会浪费一大笔国家的钱财。他当时心里还有一个顾虑：报名人员中大部分来自国内名校，竞争肯定很激烈，而自己考取的可能性很小。

最后，在研究所领导的一再催促下，他才勉强报了名。他报考的是化学工程专业。①

当时，对留苏生的政审是非常严格的。

1954年4月19日，研究所党总支（当时还未设党委）对参加留苏报名考试的问题进行了讨论，其中，认为傅依备出身农民家庭，曾入难童教养院学习，后逃难到重庆并在儿童教养院读书，初中毕业考入中央工校，1952年9月入党，1953年8月大学毕业来所，同意他参加留学考试选拔。党总支书记是夏光韦。②

1954年4月23日，他作为留苏预备生接受了组织的政治审查。要求本人以负责认真的态度，除基本情况外，主要对自己的出身、政治面貌、新中国成立前参加过的革命活动、家庭经济状况、家庭人员过去及当时的政治面貌和职业、社会关系的政治面貌及与本人的关系（含与自己关系密切的同学和未婚妻）、本人学历及社会经历（每一段经历须有证明人）、历史上是否参加过什么反动组织，新中国成立前后有过什么反动言行及现在的认识如何，历史上有无叛变、自首、被捕、脱离组织等问题，组织结论如何，直系亲属与亲密的社会关系中有无被处死、扣押、管制的反革命分子、敌对分子和嫌疑分子，家庭成员及主要社会关系中有哪些在中国香

---

① 《傅依备传》编写组：《中国工程院院士传记——傅依备传》。北京：航空工业出版社、人民出版社，2016年，第62-67页。资料存于采集工程数据库。

② 54-6-12457，长春应化所党总支会议记录，1954年，第1卷第21页。存于现长春应用化学研究所档案室。

港、中国台湾、中国澳门及资本主义国家,过去与现在的职业及政治面目如何,有无联系、有无证明材料或证明人,本人对个人历史及政治情况是否有过隐瞒行为,是否交代清楚、有无材料和证明人,本人在工作与学习中曾否受过奖励与处分,本人是否自愿留学,有何顾忌和困难,对选择学习专业有何意见、业务成绩如何、思想品格上有何突出的优缺点等,都必须逐一向组织说清楚,签名并盖章以示向组织负责。

审查单位和参加审查的人员,采取先审查得出结论再填写审查登记表的办法进行。

从登记表中原保送单位即长春综合研究所填的审查意见看出,审查过程大约花了20天,700多字的审查内容,涉及傅依备的全部经历,主要是把他参与的一些带有政治性或社会组织性的活动讲清楚并做出定性判断。最后的结论是:他无政治问题,家庭成员及社会关系中无反革命问题。认为他出身贫苦家庭,长期过着受苦受压迫的生活,阶级觉悟高,斗争性强;新中国成立前夕积极参加学生运动,新中国成立后很快就加入共青团和中国共产党,现实表现是思想进步,工作学习一贯积极,肯于钻研。审查人为高少岩,复查人为曲北毫,批准人为夏光韦。中共长春市委宣传部认为:按标准条件要求他是合格的,批准同意放人出国留学。[①]

1954年5月26日,傅依备接受第二次政审,组织同意批准他报考留苏,其审查意见与留学预备生审查意见相同。[②]

经过了严格的政治审查、体检后,剩下的人数已不到报名人数的一半。傅依备进行了一个月的脱产专业课程复习。他报考的专业要考语文和两门专业基础课,一门是化学工程原理,另一门是物理化学。这两门课他在学校学得很好,物理化学考试时甚至得过100分。这提高了他一部分自信心。他认为既然自己已经报了名,就要认认真真复习一下过去所学过的知识,即使考不上,对今后的科研工作也是有益的,不能白白浪费这个月的大好时光。因此他认真复习。刚开始他决定两门课进行交叉复习,前一天复习化工原理,第二天复习物理化学。但这样高强度的学习让他的身体

---

① 4-1-7,傅依备档案:留学预备生审查登记表,第1-7页。存于中物院人事教育部档案室。
② 4-1-8,傅依备档案:一九五四年选拔留学生报考登记表,第4页。存地同上。

状况更加糟糕。于是他开辟了一块荒地，边种地，边学习，这样做的效果非常好。最后参加了在沈阳市东北工学院（今天的东北大学）举行的留苏考试。

傅依备认真参加了三门科目的考试，语文是写篇自传，接着就是物理化学和化工原理，基本上都是计算题，偏重应用。在解题过程中，傅依备没有遇到太大的困难。不久，研究所收到了傅依备的通知单。这是研究所几十名报考生中被录取的唯一一名。由此可见，他的基本功很扎实。

但是，傅依备还是不愿意到苏联去留学，主要还是担心自己的健康状况，不能胜任国家交给的重任。他希望能退掉这个名额，但研究所没有同意。

留 学 苏 联

国家规定，每一个留学苏联的学生，出国前的首要任务，就是解决语言问题。对去苏联留学的大多数人来说，都是从头学。因此，出国之前必须在国内读预备班，学习一年俄语，打好语言基础。

1954年秋天，傅依备办好离职手续。他把自己的一些书籍都留在中国科学院长春综合研究所。他想的是，如果自己学不下去了或是毕业后，还要再回到研究所继续工作。没有想到，他这一去，就再也没有缘分回到长春综合研究所了。在留学前的学习中，由于改了专业，傅依备的行政关系，已经从中国科学院转到了教育部系统。

留苏预备班设在北京俄语专修科学校（现在的北京外国语大学），该校原址在北京石驸马街的旧民房内，后来搬迁到海淀区魏公村新校址，和现在的北京理工大学为邻。"北京俄语专修科学校，简称俄专，是和新政权同日诞生的一所学校，其目的在于培养俄语翻译人才。在北京俄专内部，留学预备部又是一个相对较为独立的教学机构。……留学预备部，不论是在硬件设施、师资力量，还是教学方法上，在北京乃至在全国高校中都是一流的。学校聘请了一部分教学经验丰富的苏联语言学专家任教,又从当时在北京工作的苏联技术专家的家属中聘请了一些人来讲课,……中方俄语教员则来自于各大高校俄文系刚毕业的大学生。"[1]

此次去苏联学习的学生有两三千人,大部分是读大学的,少部分是读研究生的。大学生和研究生是分班补习俄语。傅依备所在的班约有30人,大都来自全国各地的高等学校、研究机构,这些人从事的专业、年龄、经历都不同。尽管其中一些人已经工作多年,甚至已在领导岗位上了,但都需要放下架子,和大家一起过集体生活。

为了适应苏联的研究生教育体制,比较快地跟上学习进度,读研究生的学生除学习俄语外,还必须学习马克思主义哲学——这是苏联研究生的必修课之一。傅依备对马克思主义哲学学习很有兴趣,学习起来并不吃力,花的时间也并不多。

学校的俄语教学设置有两门课:一门是俄语语音课,另一门是俄语语法课。前者由一位俄罗斯女教师讲授,后者是由一位中国女教师讲授。这种教学上的配置,比较符合中国学生学习俄语的规律。

在对俄语语言规律的不断学习、认识、掌握中,傅依备学习进步得很快。经过一年的学习,他认为自己的俄语语法成绩不错,但俄语语音成绩还是不理想。但总体上来说,通过一年的学习,成绩测试达标,为日后到苏联进一步提高奠定了一定的基础。

不过,傅依备的健康状况,在一定程度上还是影响了他的学习进程。但那时的学校很重视学生的体育锻炼,推广全国体育运动委员会发起的劳卫制体育锻炼,包含单杠、双杠、跳高、跳远、长跑、短跑、劳卫操等九项运动项目的体育锻炼。就这样到1955年7月,傅依备经测试和考试,达到了一级劳卫制标准,获得了国家体育运动委员会颁发的证书和证章。一年的学习之所以能坚持下来,傅依备认为,首先得益于这种运动锻炼。他的神经性头痛,很快得到了缓解。

1955年秋天,学校里热闹非凡,一片欢歌笑语。

---

[1] 张剑,段炼,周桂发:《一个共产党人的数学人生——谷超豪传》。北京:中国科学技术出版社,2014年,第68-69页。

出国前,国家为每位出国留学生准备好了几年的日用品,可以说比自己的父母想得还周到,包括丝棉呢大衣、夹大衣、西装、中山装、毛衣、毛裤、皮毛帽子、皮手套、毛皮鞋、内衣内裤等,每个学生都装了满满两帆布箱。

傅依备说:"国家对留学生的优厚待遇,反映了国家对我们的热切期盼和希望,尽管国内人民过着艰苦生活,也要为派出去的中国留学生创造舒适的学习条件。现在想起来,自己都还很感动,要知道,那时国家还很穷,许多老百姓还饿着肚子。"[1] 国家的行为,确实感动着每位留学生。

1954年秋,他离开中国科学院长春综合研究所时,研究所领导交代的学习任务是要他学习"人造纤维"。因为当时在国内很缺乏这方面的专业人才,在国外也是属于高分子合成方面的前沿学科。虽然这与他以前所学专业相去甚远,但他还是欣然地接受了组织交给的任务。

正当傅依备准备动身去苏联留学的前一个星期,他又接到所里的紧急通知,要他去改学"金属腐蚀"专业。他没有多想,对他来说,主要矛盾是自己的身体健康状况,无论学什么专业都是困难的,"人造纤维"或"金属腐蚀"对他来说都是新的领域,都需要从头学起。

1955年9月,傅依备与许多留学生们搭乘由北京开往莫斯科的国际专列奔向苏联。一些部门领导和学校老师来车站送行,并且给每位留学生送了一袋烟台梨,列车上是四个人住一个卧铺包间,条件很好,很舒适,每顿饭都是在列车上的餐车用餐,由中国乘务人员负责,餐车供应的是中餐。

列车日夜兼程。一路上,西伯利亚的红松林,在留学生们的新奇激动中,在他们的欢笑声中,向着前方一直延伸到莫斯科郊区。终于,列车在经过六昼夜的长途奔跑后到达了莫斯科。

在莫斯科,留学生们在中国驻苏联大使馆稍作停留后,晚上又立刻改乘莫斯科直达列宁格勒的火车。大家在车上又经过了一个晚上,第二天早晨到达列宁格勒。

---

[1]《傅依备传》编写组:《中国工程院院士传记——傅依备传》。北京:航空工业出版社、人民出版社,2016年,第98-102页。资料存于采集工程数据库。

列宁格勒是一座古老而美丽的城市，今天俄罗斯第二大城市，沙俄时代原名圣彼得堡，曾经是沙俄的首都，十月革命后更名为列宁格勒（20世纪90年代，再次恢复原有名称——圣彼得堡）。

留学生们被分到列宁格勒大学的人数最多，有上百人，其中有研究生和大学生。傅依备分到列宁格勒大学化学系攻读研究生。学校里的条件很好，学生宿舍内设有小卖部，学生们的早餐就是在那里吃。

"来到这里，看来可能得天天有新东西要学了。"傅依备这样想着。

学校把俄语定为外国研究生必学的第一外语。傅依备他们新来的三名中国研究生编成一个班。俄语教师是一位年长的女老师。

按照傅依备所学专业，他被分在化学系电化学教研室。他的指导教授是该教研室主任杜鲁金，年龄较大，是一位学识渊博而性格温和善良的学者。在傅依备的印象中，杜鲁金教授的健康状况不太好，但老人每天坚持上班。杜鲁金教授平时话语不多，不善交谈，外表严肃，但对自己的学生却非常关心。

金属腐蚀专业最重要的基础理论是电化学理论，由杜鲁金教授主讲。傅依备过去没有接触过金属腐蚀方面的知识，而电化学只是在学习物理化学课时有一般的了解，加上俄语初学，俄文科技语词汇积累少，从课堂上下来，对老师讲的内容只能听懂一部分。

杜鲁金教授知道这个情况后，主动提出要给他"开小灶"，经常在课后把傅依备叫到办公室，一边放慢了速度给他讲解，一边在纸上把重要的结论、公式写出来，把曲线画在纸上，讲完后交给他，以便他更好地进行复习。这使傅依备非常感动，也使他能很快地跟上教学的进度。①

图2-14 1956年，傅依备（右）与同学在列宁格勒苏维埃工学院门前合影

---

① 《傅依备传》编写组：《中国工程院院士传记——傅依备传》。北京：航空工业出版社、人民出版社，2016年，第102-108页。资料存于采集工程数据库。

1955年,中苏双方商定,苏联同意向中国开放一部分保密专业,并让中国学生接触学习。中国政府决定先从正在苏联学习的大学生和研究生中抽调一部分人转专业,去学习这些保密性很强的专业,其中就包括原子能民用核技术。傅依备成为被抽调的人员之一,到列宁格勒苏维埃工学院(也叫列宁格勒化工学院)转学放射性同位素分离专业,在该系从事放射性同位素分离专业的学位论文研究。从此与核技术结下了缘分。

当时,这是尖端技术,要从头学起,包括基础课和专业课。他知道这是一门新技术——原子科学技术,对我们国家太重要了。

"列宁格勒苏维埃工学院,是俄罗斯最古老的高校之一,成立于1828年,是首座培养专业工程技术人员的高等学府。学校培养了大批化工方面的专家和学者。元素周期表的发明人门捷列夫及法伏尔斯基等人都曾在此学校任教。此外,学校还具有积极参加社会活动的优良传统——十月革命初期,彼得堡苏维埃的筹备活动曾在学校的餐厅里举行,因此学校以列宁格勒苏维埃命名。学院设有6个系:国防工业化学、无机化学、有机化学、化工机械、物理化学和硅酸盐化学。"[1]

放射性同位素分离专业属于一门新开设的专业,对傅依备来说,从基础课到专业课,完全是一个陌生的领域,加上他的健康状况也不是太好,对他来说,学好该专业,难度实在是太大了。摆在他面前的困难,首先是要完成对研究生规定的基本要求科目考试。如果考试通不过,是不能进行副博士学位论文研究的。

而最难的基础专业课有三门,即核物理、放射化学和人工放射性物质工艺学。这些课程应该是为大学高年级讲授,更由于俄语的科技单词积累少,加上原来底子薄,在课堂学习的效果不佳。但他采取了积极主动的办法,去强化课前课后的自学。他从图书馆借来大量相关的教科书和参考书,再结合课堂老师讲授的内容进行多次复习、再学习。由于增加了学习时间,减少了自己的休息时间,下了苦功夫,学习的效果明显好转。

按照苏联的研究生教育学制,傅依备还有两门必修课,即辩证唯物论

---

[1] 李光鸿:校友寄语。见:《傅依备院士八十华诞文集》。北京:原子能出版社,2009年,第32页。李光鸿,核二院研究员,傅依备留苏时校友。资料存于采集工程数据库。

图 2-15　1994 年 11 月 25 日，傅依备访问俄罗斯时，拜访看望留苏读研时的导师什维多夫教授（资料来源：《傅依备院士八十华诞文集·照片选辑》，第 28 页）

和教育学。这是专门对研究生讲授的课程。因为有在国内学习的基础，傅依备学辩证唯物论不难，但是用俄语表述比较困难。教育学的课程内容不多，要求也不高，比较容易通过。

经过半年多的刻苦努力，经历了从课堂到图书馆的日日夜夜，傅依备通过了上述五门课的考试，走近了核科学的门槛。要进门，还有一步之遥。这一步还有多远、多难，对傅依备来说，依然是一个未知数。

傅依备的研究生论文指导老师是放射化学家什维多夫（ВП Шведеов）教授。这位导师是从苏联核武器研制院调来的，通过竞争才当上该专业教研室主任。按苏联教育体制，学校教研室主任权力很大，有权招研究生，也有权开除研究生，只有学校学术委员会才有权对其决定进行否决。

在苏联攻读研究生的过程中，有两位导师对傅依备的影响最大。一位是导师什维多夫教授，另一位是切克斯科尔·巴奇副教授。

傅依备在学习上遇到问题就跟切克斯科尔·巴奇副教授一起讨论。导师什维多夫教授是在镭学研究院兼职，经常不在学院里，一星期来一次，就是星期六，也不到一天时间，主要是听研究生们汇报一周的研究进展情况，进行一些探讨或者给一些指点。苏联研究生教育比较注重培养学生的自学能力和创新能力。这一点傅依备自认为做得很好。他后来也是基本上按这个模式带他的研究生。

第二章　辗转求学路

这个模式就是放手让学生去创新——导师给你题目，但不是给很具体的题目，而是给个大方向。学生通过文献调研再去找一个题目，导师同意了以后，学生根据这个题目提出一个研究方案向导师报告，导师基本上都同意后，学生就按这个方案去做。导师主要是培养学生的自主学习、自主创新能力。因为研究生不是大学生，要培养学生今后的能力，要学会独立工作。如果一味地扶着，一天到晚教他怎么做，那学生的能力是培养不出来的，到社会上以后也没有自立能力。

傅依备觉得这种培养方式是可取的，但是门槛很高。一开始要接受考验，看能力怎么样，如果不行的话，导师就不会收你。有几门课程一定要考完，而且成绩要及格；把学分修够了以后，才能够进入研究课题阶段。①

要进行课题研究，首先得过资格关。

傅依备的导师什维多夫教授提出要求：要他先完成三个样品的分析，以便进一步考验他的能力。

傅依备心里明白，这是自己人生又一个关键时刻，是他前进路上必须跨过的、不能回避的重要一关；认为自己已经走到这一步，是绝不能空手而归、前功尽弃的。学业无成送回国，这是不可想象的结局。但是傅依备心里也不是十分有底，毕竟他没有实践经验。这是他第一次做放射化学分析，甚至连测放射性的定标器、多道分析器都是第一次接触。他知道这是导师在给他出难题，可能是对他的不信任，也可能只是想考验他的能力。

傅依备知道，为了中国留学生的信誉和自己的前程，他必须要闯过这道难关！

第一次导师给了他三个样品瓶，内装放射性核素水溶液，每个样品瓶中有数个未知的放射性核素。要通过放射性化学分析，测定核素的数量和种类，并在短期内给出结果。

由于当时实验室没有多道分析器（可以分辨核素），傅依备只能用测半衰期的办法再查表确定核素。但是，由于样品瓶中装有多种核素，必须

---

① 傅依备访谈，2014 年 11 月 7 日，四川绵阳。资料存于采集工程数据库。

经过初步分离后制样测半衰期。逻辑上是这样，而按他当时有限的专业知识和实践经验，他很难做到。仅铀、钚的裂变产物就包括36种元素的160多种核素，其化学性质相差甚远。如果是按常规的化学分离程序来处理，不仅分离程序很复杂，而且需要比较长的时间，导师规定的时间内完成不了。

傅依备只做了简单的化学组分离后测半衰期，教授见了测量结果后很不高兴，要求他重做。可是，已经没有样品了。

傅依备很紧张，心里想："这下砸锅了，等待驱逐令吧！"

第二天他硬着头皮，还是来到实验室，等待导师对他的最后通知。临近中午时分，导师才派人送来三个同样的样品瓶。这是傅依备意料之外的，他的心一下子平静下来了。

这时，同实验室的俄罗斯同学好意地对他说："依备，这次要认真对待，不能再出差错了。"傅依备领会了她的意思，感到了事情的严重性。这不仅是他争取学习权利的事，更是他争荣誉、能否经受住考验的时刻。经过反复和周密思考，他决定先做文献调研。

他在列宁格勒公共图书馆查了一个多星期的文献，阅读了铀、钚裂变时形成的裂变产物，即放射性核素的范围和化学性质以及放射性衰变的辐射种类和衰变半衰期，从化学性质和半衰期进行了分类，结合对导师的样品进行了评估。

他首先推断样品中的放射性核素可能是铀经过堆照铀的裂变产物；其次铀裂变产物从化学性质分类，按铀的裂变质量曲线可知裂变产物的质量数集中在66—172，但按裂变驼峰曲线可推测主要核素的化学元素种类，最后考虑核素的半衰期，半衰期从秒到年，太长太短半衰期的核素都没有实用价值（或实用价值不大）。

按上述分析判断，他制定了实验分析方案。按化学性质相近分成几组，先进行组分离，再按预估的假定核素进行化学分离，分离后进行制样，测半衰期，最后除一个样品有点差错外，其余两个样品全分析正确。

当他把分析的结果报告给导师什维多夫教授时，教授非常高兴地说了一句"好样的"，因为实验结果出乎教授的预料。傅依备终于获得了做论文的资格！

接着是过选题关。

什维多夫教授给了他一个课题清单，里面开了五六个研究方向，让傅依备自己来选择。什维多夫教授叫他到办公室，跟他一起讨论论文研究方向。傅依备心里知道，他所在的教研室现有三个研究方向，共沉淀分离、纸上色层分离、电泳法分离技术。他不想沿着已有方向走老路，想自己新开辟一个方向。最终，选定电化分离方向作为自己副博士论文研究方向，得到什维多夫教授的首肯。但具体的论文研究方向（或题目），要做完文献调研后才能确定。

列宁格勒公共图书馆是当时苏联第二大图书馆，藏书量多，基础设施很好，管理水平比较先进，从早上开门到晚上十点钟关门，可以全天在馆内查阅文献，中午、晚间可在馆内用餐，不需出门。每一个学生可同时借阅十几本杂志和图书。如果是当天没有阅读完，可以在第二天继续，不需还回。这种管理方法节约了读者许多时间，并且提高了阅读者的效率。

傅依备前后在这个图书馆进行了三十多天的文献调研，先检索引，后查阅摘要，最后阅读了二十多篇内容比较直接的学术论文。在调研的基础上写出了论文研究方向的文献总结报告，提出汞阴极电化学法提取和分离放射性同位素的设想。在与什维多夫教授讨论后，教授最终同意他按这个研究方向去开展论文研究工作。

傅依备所在教研室，没有做汞阴极电化学分离的科研实践和工作基础。万事开头难。傅依备先要搞清开展这项实验研究工作需要哪些器材和仪表，其次要了解在学校获得所需物资的渠道，最后是如何建立实验装置。

教研室的实验员帮了他很大的忙。傅依备在实验员帮助下，把所需东西一样样地领回来。即使这样，他也花了一个多月时间才凑齐实验所需的物品。

从文献中，傅依备知道 H. N. 麦考伊（1941）和 K. 马仕（1943）两人先后采用汞阴极电化学法进行了提取铕、镱和钐的研究，并获得成功。傅依备想先重复他们的工作，于是按他们的方法建立汞阴极电解装置，然后进行调试和冷试验。把电流、电位、温度和搅拌速度调到稳定可控，进行反复改进和修理后才达到较理想的状况。

在正式开始实验研究前，还必须创造操作放射性物质的防护安全条件。在20世纪50年代，人们对待核辐射的安全性受时代局限性的影响，在思想认识、技术水平、物质条件等方面与现在相比都是比较落后的，苏联也不例外。那时从事放射化学研究的实验室条件是非常简陋的，按现代标准衡量是不合格的。

傅依备所在的实验室约有20平方米，里面有四张实验台、两个一般的木制通风柜，可供四个研究生在里面工作。

他们所进行的实验研究都是微居里级（10^{-6}居里）放射性物质操作。按辐射防护规范要求，这种水平的放射性化学实验应该在密闭屏蔽体系内进行。但在那时，已有的最好的工作条件就是通风柜加上简易的铅玻璃屏，甚至许多实验只能在没有任何遮蔽的敞开实验台上进行。同时，实验室内没有特排下水，带有放射性物质的废水就是从洗实验用玻璃器皿的水盆排入下水道。更有甚者，由于实验研究需要，放射性物质是定期批量供应，每次送来几个毫居的放射性物质（10^{-3}居里），实验室没有专门存放射性物质的设施，只有存放在通风柜底层，周围用铅砖围住挡掉大部分穿透射线。

傅依备的研究工作中还要用到大量汞，这是一种剧毒化学物质。汞用久了需清洗再生，汞本身沸点低，在空气中就易挥发，污染环境。

由于长期在这种放射性和有害化学物质污染的环境中工作，傅依备的健康有些反常。他开始逐渐地消瘦疲倦下来。科研室的同事发现他这个状况后，赶紧送他到职业病医院检查和休养。

图2-16　1959年，傅依备在列宁格勒苏维埃工学院学生宿舍前留影（资料来源：《傅依备院士八十华诞文集·照片选辑》，第40页）

傅依备寻思，还是应该把防护措施做得好些，采取一些办法以加强工作场所的辐射防护，尽量减少汞在空气中的暴露。为此，他专门设计了一套自动净化汞的装置。

在实验研究方面，他反复仔细阅读和分析了前人的工作，认为不能简单重复别人的方法，首先应搞清汞阴极法提取和分离元素的作用机制，汞剂和络合物在元素分离过程中所起的作用，及为什么只能用于二价稀土元素的提取分离，而三价就不行。根据这个研究思路，他安排了一系列的实验研究。

他在实验中不仅用了文献中提到的钠汞剂、钾汞剂，同时增加锂汞剂、铯汞剂。通过实验发现后二者效果更好。而加入不同络合物可扩大不同元素在汞剂上反应的差异，利用锂汞剂不仅能提取分离有稳定二价的稀土元素，同样可以提取分离具有稳定三价的稀土元素，并实现稀土元素的组分离，研究还证明非稀土的铌也能在汞阴极沉积。

傅依备从早上八点到晚上十点，除吃午饭外都在实验室，每天都是最早第一个进实验室，最后一个离开实验室，寒暑假期间也不例外。

他的论文研究工作，已经突破了原汞阴极电化学法的局限性，并从方法原理到应用范围上大大扩展了该方法。汞阴极电化学分离放射性同位素，成为人工放射性物质工艺教研室开拓的又一个新的研究方向。

本来傅依备长期睡眠不好，头痛脑胀严重影响他的生活和学习。可是到了论文研究工作的中期，由于论文实验研究有关键技术的突破，兴奋和成功刺激并吸引了他全部的注意力，也可能是全身心地投入太久的缘故，他的精神压力居然开始减弱，身体开始恢复起来，头痛的老毛病也开始好转。

不管怎么说，总算有了眉目。虽然前方还有很长的路要走，但是路已经平坦多了。

最后要过的就是论文答辩关。

按苏联高教部对研究生教育的有关规定，研究生在论文答辩前，论文的主要内容要在学术刊物上公开发表；同时要将论文的主要内容写成大摘要，铅印成册分达苏联国内相关研究单位、学校和大企业；将论文原稿复

图 2-17　1960 年，傅依备先后在苏联《放射化学》杂志上发表 7 篇论文封面照

制两本分送两位行业专家进行审查，其评议意见和反对意见将在研究生答辩会上同时宣读；反对人出席答辩会，并与答辩人面对面地讨论。

傅依备当时一方面要做实验，寻找一些新的思路，争取更多的创新结果，另一方面要争取在答辩会之前多发表几篇文章。傅依备利用前人的工作基础研究了汞阴极电化学方法提取二价铕元素的各种影响因素，以铯-137 和铕-154 为指示剂，研究了汞阴极电化学方法提取和分离放射性核素的机理，并撰写出了他第一篇论文，投稿苏联科学院主办的《放射化学》杂志。在回答编辑部审稿人疑问后，该篇论文于 1960 年第 1 期发表。

后来，傅依备又先后在该杂志上连续发表了 6 篇文章，内容涉及无稳定二价稀土放射性核素的提取、分离流程和非稀土放射性核素的汞阴极放射化学法分离。[1]

以下是傅依备在苏联《放射化学》杂志上发表的 7 篇论文：

（1）汞阴极法放射性同位素分离，Ⅰ，铕的电化学行为的研究，放射化学，1960，2（1）：57；

（2）汞阴极法放射性同位素分离，Ⅱ，没有稳定二价状态稀土元素提取的可能性的研究，放射化学，1960，2（2）：231；

---

[1]《傅依备传》编写组：《中国工程院院士传记——傅依备传》。北京：航空工业出版社、人民出版社，2016 年，第 108-118 页。资料存于采集工程数据库。

(3)汞阴极法放射性同位素分离,Ⅲ,提取铈的研究,放射化学,1960,2(2):234;

(4)汞阴极法放射性同位素分离,Ⅳ,^{147}Pm 提取的研究,放射化学,1960,2(6):715;

(5)汞阴极法放射性同位素分离,Ⅴ,无载体 ^{95}Nb 提取的研究,放射化学,1960,2(6):720;

(6)汞阴极法稀土元素放射性同位素分离的研究,(Ⅰ)Y、Yb 和 Lu 的分离,放射化学,1962,4(4):451;

(7)汞阴极法稀土元素放射性同位素分离的研究,(Ⅱ)Ce、Pm 和 Lu 的分离,Eu 和 Ce、La 的分离,放射化学,1962,4(4):457。[①]

在完成论文稿后,他严格按要求写了论文摘要,铅印发送苏联国内几十个科研单位和大学。

当时,台式计算机、电器设备、复印机都没有普及,论文的文字只能请人用台式手摇打字机敲打出来,文中的图表先用机械制图的办法按比例画在透明玻璃纸上再拍照,然后冲洗成可视图片,贴在论文打印时留下的空白位置上。论文原稿打印近 20 份,一部分留苏联,有选择地送图书馆和研究单位;另一部分带回国,除自留外,也有选择地送图书馆和研究单位。

图 2-18 1959 年,傅依备与他指导的毕业生在实验室

1960 年 5 月,学校组织论文答辩会。除本系教师、研究生和部分高年级学生外,有两名外单位同行专家出席。在答辩人报告后两名同行专家在会上宣读评议意见,提出对论文的质疑并就一些问题与答辩人进行辩论,最后由导师讲话,宣布对学生所作论文的结论。

---

① 4-2-1,傅依备档案:科技干部晋升技术职称审批表,第 3-11 页。存于中物院人事教育部档案室。

论文最后由学校学术委员会讨论通过,由苏联高教部批准,给他授予了化学学科副博士学位证书。

在留苏期间,傅依备还负责指导了三名苏联大学生的毕业论文。

傅依备在列宁格勒大学化学系学习期间,曾任该系中国留学生中共党支部书记。他转学到列宁格勒化工学院不久,又当选为该校留学生中共党支部书记。学校有中国留学生近百人,约80%为大学生,其余是读学位的研究生和少量进修的教师,其中有中共党员近20人。

在列宁格勒市各学校的中国留学生约有数千人,设有中共党总支部。当时在苏联学习的中国留学生,统一由中国驻苏联大使馆留学生管理处管理。钱其琛是当时留学生管理处的秘书,负责对口管理列宁格勒的中国留学生。钱秘书定期来列宁格勒,有时来召开全城留学生大会,主要任务是传达中共中央有关文件精神。因此,党支部就是中国留苏学生的基层管理组织,负责留苏学生的政治思想工作、行政管理工作等具体事宜。

在同学眼中,傅依备终日埋头苦学,开朗乐观,乐于助人,经常做同学的思想工作。在学习与工作之余,还组织大家进行郊游,达到劳逸结合的目的。由于傅依备具有扎实的理论基础和很强的科学实践能力,他经常鼓励学校那些学弟们积极参加科学研究活动,不要拘泥于从书本上获取知识。他还亲自指导这些学弟们进行科学实验。留学生们大都是年轻学生,思想比较单纯,政治素质比较好,但是学习情况差别却很大。所以,如何帮助学习成绩差的学生迎头赶上,是党、团支部的经常性任务。

国家当时考虑到中苏两国经济条件和社会文化的差异,同时也是出于对青年人的爱护,在留学生中有一个不成文的规定:"不能与苏联人谈恋爱"。特别是在学习期间,对这个问题,留学生管理处管得很严。

傅依备因为是中国留学生党支部负责人,还会经常性地被邀请参加苏联学校党组织的生活会。除参加一些农忙劳动外,学校也组织留学生做义务劳动。校园内常有一些基建项目,学生会经与校方协商,他们利用假日组织留学生们参加打混凝土的劳动,从砂石、水泥的配方、搅拌到把水泥浆运到工地全过程。

1959年暑期,学校党支部和共青团团委商定,并得到学校同意,由团

图 2-19 1958 年，傅依备（前排右二）与留苏同学在列宁格勒郊外合影留念（资料来源：《傅依备院士八十华诞文集·照片选辑》，第 40 页）

委组织带领他们去克里米亚半岛辛菲罗波尔地区，一个靠近黑海边的苏联国营农场劳动二十天，主要任务是除草，农场为他们提供食宿。通过这次活动，留学生们进一步了解了苏联的社会情况，扩展了视野，增进了中苏两国人民间的友谊。

苏联有两个最重要的节日：一个是十月革命节，另一个是五一劳动节。在这两个节日里，一般要举行盛大的游行和纪念会，而且中国留学生可以和苏联人一同庆祝，参加游行和纪念。傅依备作为列宁格勒化工学院中国留学生的代表，曾多次被邀请上主席台参加纪念会。[1]

傅依备留苏的同学对他的学习、工作和为人等有过多方面的评价。

傅依备在我们留学生当中，既是我们的学长，又是党支部书记。他严于律己，善以待人……他总是在思想上严格要求，在学习上、生

---

[1] 《傅依备传》编写组：《中国工程院院士传记——傅依备传》。北京：航空工业出版社、人民出版社，2016 年，第 118-124 页。资料存于采集工程数据库。

活上尽其所能地给予帮助和关心，大家在一起相处得非常融洽。①

在列宁格勒化工学院与傅依备学长同窗三年多的美好岁月里，他不仅要克服语言上和专业改行上的诸多困难，同时还兼任繁重的党支部工作，辛苦不言而喻。可是，他终日埋头苦干，开朗乐观，乐于助人，经常做同学的思想工作。在学习与工作之余，还组织大家进行郊游，达到劳逸结合的目的。②

傅依备对自己要求是比较严格的，学业挺用功；对其他党员要求也是比较严格。学生有困难，傅依备是比较关心的，尽管他是研究生，但作为一名支部书记，他对研究生、本科生都挺关心。③

依备学长学风严谨，善于探索，勤奋努力，通过了全部课程的考试和论文答辩，以优异的成绩获得苏联的副博士学位，即相当于西方的博士学位。依备学长具有扎实的理论基础和很强的科学实践能力。他经常鼓励我们这些学弟们积极参加科学研究活动，不要拘泥于从书本上获取知识。依备学长还亲自指导我们这些学弟们进行汞阴极裂片元素的电化学研究。④

1960年5月29日，傅依备接受党组织对他留苏表现的鉴定。党小组认为，傅依备在苏学习期间能抓紧政治思想学习，能明辨大是大非，积极参加党组织开展的活动和政治学习，思想作风正派，对1958年以来国内重大政事有较正确的认识；学习努力，勤钻研，虽改专业，但克服了困难，保证了质量，完成了学习任务；社会工作努力，在担任党支部书记工作中，能努力贯彻上级组织的指示与要求；在体力劳动中表现较好。但有时工作方式方法较生硬，有些主观。⑤

---

① 周其庠：在苏联留学的日子。见：《傅依备院士八十华诞论文集》。北京：原子能出版社，2009年，第31页。周其庠，清华大学教授，傅依备留苏时的同学。资料存于采集工程数据库。

② 金关泰：对傅依备院士八十华诞的祝贺。见：《傅依备院士八十华诞论文集》。北京：原子能出版社，2009年，第30页。金关泰，北京化工大学教授，傅依备留苏时的同学。存地同上。

③ 周其庠访谈，2014年12月11日，清华大学。存地同上。

④ 李光鸿：校友寄语。见：《傅依备院士八十华诞文集》。北京：原子能出版社，2009年，第32页。李光鸿，核二院研究员，傅依备留苏时的同学。存地同上。

⑤ 4-1-11，傅依备档案：留苏学生毕业鉴定表，第1-2页。存于中物院人事教育部档案室。

第三章
清华任教

1960—1963 年，傅依备在清华大学 120 教研室任教，担任教研室副主任，并在北京大学兼课，教授并撰写了我国早期的《人工放射性物质工艺学》讲义。

留 苏 归 来

1960 年 5 月开始，傅依备做好回国前的各项交接和准备工作。

就在刚刚完成论文答辩、收拾行囊准备回国的时候，他想到，必须做到善始善终，处理好相关事情；中国的留学生不能给学校留下不好的印象，影响自己国家的形象。

先要清理实验室。他把实验室用过的设备和设施清理得干干净净，把用过的仪器仪表和一些贵重器材、试剂清点并列出物品清单来，办理交还手续。傅依备仔细认真地将用于实验的铂丝——用坏了的和完好的，一一列出清单，与实物一起交还给学校的管理部门。

他将在留学期间节约的生活费，用来采购了很多科技书籍。他回国带回来的行李更多的是这几木箱子书。这些书后来在傅依备进行教学和科研工作期间，发挥了重要的参考作用，对他帮助很大。

临走前，傅依备特别去看望了他的指导教授什维多夫及教研室的老师和同窗们。师生之情，同窗之情，依依话别的情深意切，使青年傅依备倍加感动。

1960年6月，傅依备在莫斯科中国大使馆办理好回国的手续后，再次搭上直通北京的国际列车。

他此时的心情，归心似箭，百感交集，很兴奋，很激动。一方面学业有成，完成了组织和自己最初制定的人生目标，达到了预期要求，自己很快就要回到祖国的怀抱，并投入新的工作领域，将自己所学的知识回报国家，很自豪；另一方面很快就要见到自己的亲人们，开始美好的新生活，很兴奋。

在苏联学习生活了近五年，经历了甜酸苦辣，也丰富了他的阅历，历练了能力，更使他懂得了许多人生的道理，思想也更加成熟了。现在就要离开自己生活了五年的熟悉的土地、城市、校园、老师、同学，多少也有一点不舍。几年中，国家经历了许多的变化，政治热情与政治运动对人们可能产生什么样的影响？回去后自己还能适应工作与生活吗？他在旅途中不停地思考。但是不管怎么样，回家的感动总是压倒一切的。

经过几天几夜的长途颠簸，国际列车到达北京火车站。

在接站相关人员的引领下，傅依备和同回来的留学生们又到了西郊的北京外国语学院，即原来的俄专。这里，应该是他们最熟悉的地方，也可以算作他们的"母校"。五年前，他们带着希望从这里出发，今天他们带着希望的果实回到这里，傅依备不禁心潮起伏。一切都在发生着巨大的变化。

他们被告知，要在这里进行一两周的休整和政治学习。这是他们预料之中的事，不是特殊照顾，而是一种无例外的政治程序。

从1955年到1960年，这期间是国内政治运动较多的年代。经历了"人民公社""大跃进""反右运动"和吃"大锅饭"以及三年自然灾害，国家处于一个多变多灾的时期，物资匮乏，温饱难保，人们的思想也有较大波动。

就在这样一个大的背景下，傅依备他们回来了，而且是从一个相对稳定、富裕的国度，突然走进如此困难重重的家园，大家的心理落差实在是太大了。如何面对这个现实，马上进入新的工作生活状态，对他们每个人又将是一次人生考验。他们这群留学生们需要帮助和过渡，需要通过重新学习，来了解更多东西，了解国内的政治、经济形势；他们需要将心态缓和下来，共同去克服国家面临的一切艰难困苦。

在北京外国语学院学习期间，傅依备被指定为组长。全组不超过10人，留学生们曾在苏联的各个地区学习，有莫斯科回来的，有列宁格勒回来的，大部分人已获副博士学位，有过共同的学习、生活经历，使大家交换学习情况和感想更容易产生共同语言。大家相处得很和谐。

根据安排，他们学习的内容主要是中央文件和国家领导人有关国家形势的讲话。大家再结合文件精神谈体会和认识，学习讨论中气氛平和而热烈。大家针对国内物资缺乏情况进行了专题讨论和分析。通过学习，大家逐渐地理解了国家当时的现状，而且也欣喜地看到，到1960年，国家经济状况和全国形势在不断向好的方向发展，人民对未来充满了信心。

傅依备认为，在那个时期，组织这种学习是雪中送炭，是必要而及时的，打了一次预防针，是对大家的爱护，使大家少走弯路，不犯政治方向上的错误。

在经过近两个星期的学习后，参加这次学习的全部留学人员奔向各自的工作岗位。傅依备的组织关系已在1956年由科学院系统转调到教育部。因此，根据教育部的分配意见，傅依备可在北京大学和清华大学两所学校中任选其一。这两所学校都是他很理想的工作单位。

傅依备后来得知，北京大学的技术物理系有他所学的专业方向，但属于理科性质；清华大学工程化学系的专业与他所学专业完全一致，而且已有的教师中，有几位还是他在苏联留学的校友。此外，清华大学工程化学系的领导在他回国后，还专程到北京外国语学院来看他，并且动员他去清华大学。

在考虑多种因素后，傅依备决定去清华大学。经教育部同意，就到了清华大学工程化学系。该系有三个专业方向，他选定去从事核燃料后处理的120教研室。①

清华大学工程化学系的领导为何特地专门去看望傅依备，且希望他去清华大学？朱永赠教授讲述了他所知道的缘由："20世纪60年代初期，清华大学设置了一批搞原子能的专业，需要多方面引进一些人才。清华的人工放射性物质工艺学专业，全国就一个。当时的目的就是为了提取核武器用的钚，很需要人。所以清华大学也派人出去学习，也从国外引进不少人。引进回来的主要都是一些大学毕业生，引进的唯一一位副博士就是傅依备老师。我记得是我们学校原党委书记滕腾（后来任教育部部长），当时在清华大学工程化学系任系副主任，也在苏联列宁格勒化工学院学习，是傅老师的同学；滕腾不是去攻读学位的，是去进修的教师，就认识了傅老师。当时，他看出来傅老师是一个人才，需要引进，就跟傅老师说好了，等到学成回来就到清华大学来工作。"②

任教清华园

1960年7月，傅依备到清华大学正式报到，被分配到工程化学系120教研室任教。

120教研室的领导是汪家鼎主任（也是工程化学系主任），是一位化学工程方面的老教授，为人宽厚；另一位是副主任朱永赠，他是1951年清华大学化工系毕业的高材生，当时已是副教授。他们两位都是具有丰富教学经验的老清华人。

120教研室是一支精干的队伍，傅依备非常高兴自己能在这样一个集体中开始他的工作。

---

① 《傅依备传》编写组：《中国工程院院士传记——傅依备传》。北京：航空工业出版社、人民出版社，2016年，第127-130页。资料存于采集工程数据库。

② 朱永赠访谈，2014年12月10日，清华大学。朱永赠，傅依备清华任教时的同事，教授，中科院院士。存地同上。

图 3-1　1979 年，傅依备与汪家鼎教授（左二）、朱永赡教授（左一）合影（资料由傅依备提供，廖振兴翻拍）

傅依备回国工作首先遇到的是生活困难。

那是个困难的年代，既没有现代便捷的交通条件，也没有丰富的物质生活条件，能有窝窝头吃饱肚子已经就不错了。但大家的工作热情依然很高。

那时，教师每人每月 27 斤粮食，加上缺油少肉，这样的定量对傅依备这样的青年是不够吃的。傅依备回忆说，有一次在 200 号工地劳动，大都觉得吃不饱，饿得慌。于是，大家白天利用工余时间到田地里或路边采野菜，晚间炊事员就把这些野菜洗干净后烧成汤，放点食盐后给大家充饥，还觉得很可口，纷纷都要争着喝一两碗。但是，汤水对填饱肚子是无济于事的。

刚回国时，傅依备对吃棒子面稀粥和玉米粉做的窝窝头很不习惯，感觉有颗粒物刺激口腔，到后来吃多了，这种刺激感就没有了，反而觉得吃窝窝头嚼着嚼着还有一种甜味，而且更耐饥饿。[①]

"傅老师来的时候正好是 60 年代初，三年自然灾害的困难时期，学校对教师也照顾得很不够，住房什么的都凑合着，住集体宿舍，一个人一间房都不够，他一直和李以圭同住一间房。傅依备爱人谢冬心是在天津，在河北省轻工业厅工作，他们已结婚还没孩子。他礼拜天就跑天津，星期一就回来，跑得很艰苦，过得很紧张。那时候的条件艰苦，但比困难时期稍好一点，主要是没住房。所以，给国外回来的傅博士这种待遇，是很不应

---

① 《傅依备传》编写组：《中国工程院院士传记——傅依备传》。北京：航空工业出版社、人民出版社，2016 年，第 131-132 页。资料存于采集工程数据库。

该。可清华大学当时的条件就是这样。"①

傅依备到清华大学后，一直住在平斋的集体宿舍。

有一次，傅依备爱人到清华大学，朱永㵽知道后，主动提出把他在荷花池第一宿舍的单间让给他们。对此事，傅依备到现在还记忆犹新，并怀有感激之情。

在谈到职工家属两地分居的情况时，傅依备说，那时国家确实处于困难时期，他对国家严格的城市户籍管理制度充分理解，国家不得不对当时城市之间、城市和农村之间的户口调动严加控制。他调到清华

图 3-2　1960 年，清华大学主要负责干部和教师名册记载表，傅依备为工化系 120 教研组傅主任（资料来源：清华大学档案馆）

大学后从来没有向学校提出过要求，而且当时夫妻两地分居现象很普遍。因此，大家习以为常了。

120 教研室的专业，也是顺应国家建设需要而设置的。

那时，清华大学还在建设新的科研基地，代号是 200 号。他记得，第一次是跟随汪家鼎教授等人一同去 200 号工地，先是乘火车到沙河站下车后再步行。这是傅依备回国后首次接触到的中国核工程。当时负责整个工程的吕应中先生仔细讲解了反应堆工程的设计，给他留下较深刻的印象。这是我国继原子能研究所后的第二个核科技研究基地。傅依备感到很兴奋。

清华大学工程化学系是在世界核能技术突起的背景下，在 20 世纪 50

---

① 朱永㵽访谈，2014 年 12 月 10 日，清华大学。资料存于采集工程数据库。

年代初新中国新成立不久设置的，属于新兴技术范畴的一个系。清华大学工程化学系成立的时间不长，学生比较少，开展的科研工作也不多，属于刚刚起步阶段。而其中的120教研室，是专门从事人工放射性物质的化学工艺、科学研究和培养人才等教学工作的教研室。

"人工放射性物质工艺"，西方通常是指"核燃料后处理工艺"。反应堆运行后，核燃料发生核裂变反应，在释放能量的同时产生大量裂变产物，核燃料铀不仅发生裂变，还有嬗变。嬗变反应又形成一系列的超铀元素核素。裂变产物和超铀元素核素可算作人工制造的核素。但核燃料铀（铀-235、铀-238和铀-234）是天然存在的，是从天然铀矿井采和提取出来的，这就是前处理，也叫核燃料前处理。核燃料前处理和核燃料后处理是原子能科学领域两个重要的专业学科方向。

傅依备来清华大学后被任命为120教研室副主任，与汪家鼎、朱永䞨共事。他后来还兼任110和120两个教研室合并成立的党支部副书记。傅依备在工作中和汪家鼎、朱永䞨配合得很好，在工作和生活上也得到不少帮助和关照。此后不久，他的职称定为讲师。

120教研室的主专业课是人工放射性物质工艺学。在傅依备来之前，已通过大课方式把几个年级的课程都授完。在两三年之内没有他的授课教学任务，系里决定要他招收培养研究生。这项任务对傅依备来说也是一项新工作，因为他从未招收过研究生。但是他接受过研究生教育，心中还是有点底。他愉快地接受了这项任务。

经过学校的考试选拔，傅依备在1962年年初招收了两名本校毕业的研究生，论文研究方向定为核燃料后处理工艺，重点研究核燃料后处理工艺流程中裂变产物核素元素化学行为，再从中选定一个具体方向作论文题目。同时他还指导大学毕业生的论文设计和科学研究。[1]

"傅老师从苏联带回来很多书，都堆在房间里。当时，我们教研室已经有毕业生，已经开始做毕业论文设计。后处理这个专业从国外学不来的，那可是做原子弹用的东西。美国不用说，肯定对我们封锁；苏联也不

---

[1] 《傅依备传》编写组：《中国工程院院士传记 傅依备传》。北京：航空工业出版社、人民出版社，2016年，第132-136页。资料存于采集工程数据库。

图 3-3　1979 年 10 月，傅依备（前排左四）与原清华大学同事朱永赜教授（前排左二）、汪家鼎教授（前排左三）在成都锦江饭店参加学术活动时合影

给。傅依备老师，还有滕腾老师，都进不了苏联的后处理那些研究所，工厂就更不用说了。外围的东西给你做做，真正的东西根本学不到。

"怎么来搞这个专业呢？滕腾、汪家鼎，还有我就一起商量，认为只有自己做实验。蒋南翔校长也提出要真刀真枪做毕业设计。那时候，外国人还发表了一些公开文献，美国、欧洲、英国都发表了一些后处理的概念性的文章，具体的东西根本不让看。因此，我们就把学生组织起来，老师不会的也边干边学，一块儿照着发表的文章去做实验。所以，傅依备来的时候，整个教学不是很正规。他的任务主要是教学。"[①]

在清华大学工作的三年，傅依备对不理解的事情不会"跟风"而贸然行事。

傅依备刚到清华大学里不久，领导要他负责学术批判工作。他回忆道："这是临时给我的任务，让我来负责。实际上我刚回国不久就开始搞，让我接手时，整个学术批判已经到了尾声。当时是全国性运动，就是要破

---

① 朱永赜访谈，2014 年 12 月 10 日，清华大学。资料存于采集工程数据库。

权威。破什么权威呢？第一是破教师、教授的权威——要学生上讲台，要弄一些题目让教师来做，甚至逼老师去做实验，考老师。第二个是破历史上的学术权威，像门捷列夫、爱因斯坦，这些都是权威，因为他们发现了周期表、相对论，历史上好多定律，学生们都要反对，都要破。要破，就写出了一些批判文章。

"当时，清华大学搞得很厉害。后来，系里要学生把他们写的批判文章交给我，就是要我来负责。我当时一看觉得很幼稚。但是我不敢说话——你要站在对立面那就麻烦了。所以，我把这些东西全收起来放在抽屉里。写这些批判的文章一般都是高年级学生，学生敢想敢干。当时要反对权威，我一看就觉得这个味道不对头。我也掌握不了方向——既没有政策，也没有人给我交代。所以我不理它，把这些东西都锁起来，压下来了。之后，随着时间的推移也没有哪个人找我。

"我想，当时是有些人想整我——你要提出一些反对意见，那人家可以抓住你的辫子；你要再加油把火烧大，如果上面的政策有变，那你刚好碰上了。所以我那时候就采取了一个搁置不管、等待变化的态度。我这着棋是走对了。后来也没人找我，这件事情就不了了之。"①

"那时候，不止我们一个单位，整个学术界都在搞学术批判，什么都要批判。傅依备刚回来，滕腾同志还是对他相当重视，希望他跟我一起把科研好好地带起来，做下去。可实际上，他对当时的有些做法不是太认同。他认为这么搞下去是乱搞，苏联也不是这么搞的，苏联的一套东西还是比较正规的，一步一步按部就班地做的。"②

20世纪60年代初期，在国内的一些高等学校里，青年教师们一般满怀激情，充满着理想。青年人都想干出一番事业来，这是可以理解的。据说北京几所大学联合攻关，要发射一颗气象卫星，分工合作完成，拟由清华大学承担火箭的推进剂研制。为此，系里决定调傅依备出来负责这个项目。他感到非常突然，而且对推进剂是一窍不通。实际上，就是要他脱离现在的岗位和专业，再次改行。傅依备一时很难想通，思想包袱很重。

---

① 傅依备访谈，2014年11月7日，四川绵阳。资料存于采集工程数据库。
② 朱永赠访谈，2014年12月10日，清华大学。存地同上。

好在他那时还年轻，有的是学习热情与学习能力，有的是旺盛的精力。于是他开始一头钻进图书馆，从头学了起来。在图书馆的资料中，傅依备泡了近两个星期。之后，他深感火箭推进剂是另一类学科专业，有它专门的基础理论、专业知识和制备技术，以及专业设备、制备工艺、技术标准和规范，不是光靠政治热情，谁想搞就像蒸馒头一样能蒸出来的。

这是一项涉及多种学科的综合性工程技术专业，包括有机高分子的配方、合成，推进剂的能量和感度配置、分析和测试，助推剂的选择，推进剂成型加工工艺以及试验和诊断等。所有这些都需要各类有经验的专业人才。而小组已有的人员专业素质、实验室条件、加工制造装备到性能参数测试诊断的仪器等，差距都很大。同时，他也没有参加过一次研讨会，火箭对推进剂的要求、指标更不清楚。因此，研制出什么样的推进剂也就根本不明确[①]。

傅依备还讲述1961年年底到1962年年初，北京几所大学联合攻关，要研制气象卫星的经过：

"这个事情的前因我是不知道的。把我从教研室调出来，就是脱离那个教研室，专门组织这么一帮人，都是从清华大学各个系里抽出来，去搞气象卫星。还有专门实验室，但都是新的实验室，只有实验台，其他什么设备都没有，就是让我们白手起家搞火箭——当时说是要发射一个气象探测卫星，要求不高。但这在当时对我们这帮人来说，要求是很高的。当时我们没有最基本的火箭知识、人才和研制条件。要发射一颗卫星，那么就要研制出火箭燃料，还要有学校力学系负责发动机的力学测量，还要北京航空学院负责发动机研制，北京大学负责气象探测那部分。

"当时，我非常反感。因为我还是有点事业心的，花了很大气力学了核燃料后处理专业，我就应该搞这个专业，结果让我搞火箭燃料，火箭燃料和我学的是两码事。我压力很大，情绪很不好，甚至跟系里领导吵起来了。

"后来，让我搬出平斋，搬到另外一个地方住。我带着一群年轻人，

---

① 《傅依备传》编写组：《中国工程院院士传记——傅依备传》。北京：航空工业出版社、人民出版社，2016年，第137-138页。资料存于采集工程数据库。

图3-4 1961年，傅依备在清华大学指导研究生毕业论文设计（资料由傅依备提供，廖振义翻拍）

连怎么开始工作都不会，这怎么弄下去啊！因为对火箭没有概念，过去没有接触过，根本就不懂啊！

"这个课题组运行了不到三个月。我到图书馆调研，找火箭燃料方面的书籍，开始了解火箭原料是什么东西，工作有什么内容、怎么做，等等。过了一些时间，慢慢地势头就不是很大了。突然提出要放卫星了。然后就突然宣布解散，大家各自回原单位。

"下马以后，系里要我到130教研室去。130室是分离氢同位素的，这与我学的专业也是两码事。我表示坚决不去。我说我学的是120教研室的专业，你要是叫我再这样，我就离开清华大学。坚持到最后，学校党委副书记何东昌（后任教育部部长）知道后，就找我了解情况。他听完我的申诉后，裁定我还是应该回120教研室。"①

北 大 兼 课

1961年年初，北京大学技术物理系提出，请清华大学工程化学系派一名教师去该系主讲人工放射性物质工艺学。系里决定派傅依备去讲授这门课。傅依备愉快地接受了这项任务。

傅依备接受任务后才知道，该课程是下半年就开始讲授，共有72个学时，分两学期讲完，以大课的方式讲授；而且北京大学希望有一本讲

---

① 傅依备访谈，2014年11月7日，四川绵阳。资料存于采集工程数据库。

图 3-5　1961 年,傅依备与清华大学工程化学系部分教师和毕业学生合影(二排左六为傅依备。资料由傅依备提供,廖振兴翻拍)

义,这样有利于学生的学习,同时也为学校积累一些教学资料,有利于学校后续的教学工作。

这些要求对没有一点心理准备的傅依备来讲,有些压力。更关键的是,那时还没有该专业相关的教科书或完整可参考的资料,是一门新兴科技领域的专业课。时间很紧,任务很重。

傅依备虽然在苏联读的研究生专业是这个方向,但是苏联实际上没有完全对中国学生公开这类保密专业的任何书籍资料,留学生们也没有实地参观过核燃料后处理的工厂。唯一途径只能是充分利用自己在核能和核技术领域积累的知识和带回来的那几箱子书,同时继续在浩如烟海的文献资料调研中寻求编讲义的内容。

他跑遍了北京许多大图书馆,包括清华大学和北京大学图书馆收藏的相关文献和图书资料。在大量阅读的基础上,一点点地制定出了一个讲义纲要,然后再一点点细化成章节,并且在编写过程中不断地、一点点地去修正补充和深化内容。

这个讲义的编写，傅依备主要是依据20世纪50年代末公开发表的一些论文、专著和期刊文章。如1958年在日内瓦召开的国际和平利用原子能会议的文献资料（Proceedings of the second united nations international conference on the peaceful uses of atomic energy, held in Genera）和《核化学工程》[作者为美国麻省理工学院教授曼森·本尼德克特（Manson Benedict）和麻省理工学院助理教授托马斯·皮格福德（Thomas H. Pigford），New York-Toronto-London，1957]，以及苏联当时公开发表的一些专著和国际上的一些期刊文章。

在繁杂内容的梳理、归纳和编写过程中，傅依备没有助手帮助，完全是靠一个人，从查文献、阅读、资料组织整理到撰写成文，夜以继日、不辞辛劳地工作，连星期天、假日全部都搭上了。即使是这样，到后期还是赶不上进度的需要。

由于时间太紧，北京大学经常来人等着要稿件。有时连文字校对都来不及进行就开始印刷，印成后错误较多，不仅文字、图表的印刷错误较多，在内容和编排上也不完善。显然，这样编写和印刷，其质量是难以保证的。

讲义初稿编写出来后，就进行授课。这是一门大课，分两学期讲授（1961—1962年），有四个班级的学生听课，分别是1962年毕业的两个班，1963年和1964年毕业的各一个班，共计学生278名。由于不同班级学生的专业基础知识差异较大，在讲授和学习的教学过程中，学生接收能力参差不齐，讲授效果受到较大影响。

北京大学技术物理系安排王文清、李蓓莉老师协助傅依备授课。这些老师都是很有教学经验的老师，课后的辅导应该说是弥补了课堂讲授的不足。

那时，国内交通不发达，由清华园到北京大学技术物理系大楼的公路上车辆很少，两

图 3-6 1962 年，傅依备在清华大学任教期间同时在北大兼课，这是他在潜心准备讲义的情景（资料由傅依备提供，廖振兴翻拍）

校之间没有公交车,来往都是靠步行。傅依备从清华大学老宿舍区出发,大约要走半个多小时。不论冬夏晴雨,他一直坚持,没有迟到和缺席,直到把这门课授完。

这是他回国后接受的第一项由自己单独完成的工作任务,对他也是一次人生考验。他是在一无经验、二无教材、三无先例的条件下,自主完成了《人工放射性物质工艺学》讲义的编写和讲授任务。在讲义的编写过程中,傅依备的能力得到了较充分的锻炼。

考虑到在清华大学工程化学系将要开这门课,傅依备接着全面修改在北京大学技术物理系用过的《人工放射性物质工艺学》讲义,不仅在文字上做了大量的修改,在内容上也做了较大的删减,还补充了一些新的内容;规范装订,把引用文献目录按章节对号重排。①

尽管种种客观条件受限,但这本讲义毕竟作为我国第一部较完整成体系的《人工放射性物质工艺学》教学讲义,为后来的教学和我国核能工业

图 3-7 傅依备编写的《人工放射性物质工艺学》讲义手稿近照(资料存于采集工程数据库)

---

① 《傅依备传》编写组:《中国工程院院士传记——傅依备传》。北京:航空工业出版社、人民出版社,2016 年,第 136–141 页。资料存于采集工程数据库。

发展都起到了抛砖引玉的作用。

"他讲课花了比较多的力量，北大有放射化学专业，是理科的，不是工科的。北大没人能讲（人工放射性物质工艺学），请清华派人去讲，滕腾老师也没时间去讲，就请傅老师去讲。讲了以后，在北大反响很好。现在北大的老同志还经常提起傅老师给他们讲过课。当时很多北大的学生，就学习了人工放射性物质工艺学这门课程。"[1]

在傅依备接到中央组织部通知，调他到二机部时，120教研室还要求他将修订好的《人工放射性物质工艺学》讲义留下来。傅依备想的是"一定要为清华大学完成好他能做的最后一件工作"。他于1963年2月离开清华大学时，完成了《人工放射性物质工艺学》的第二稿修改工作，全部由华婷婷女士转交清华大学工程化学系120教研室。在修改讲稿时华婷婷女

图3-8 北京大学1962年春季技术物理系教材解决情况调查表记载，人工放射性物质工艺学教材由讲课教师傅依备编写提供（资料来源：北京大学档案馆）

---

[1] 朱永䁖访谈，2014年12月10日，清华大学。资料存于采集工程数据库。

士也协助做了许多抄写和整理工作。

  他离开后也就再也没有见到这本讲义，也没有听到有关这本讲义的信息。现在，在他手里还留有在北京大学讲课时用的铅印原稿和讲义的手写底稿。①

  傅依备在北京大学上课时的助教王文清教授回忆道："傅依备老师给我们的印象是：为人特别诚恳朴实，在学问上很踏实。我对他的印象非常深刻。我们的接触主要是上课时间。每周请他来北大上课，我们就做他的助教。他讲课的内容我就编写成册。傅依备老师讲学问一是一、二是二；就像我的兄长一样。那时候我们一个班有200多个学生。我做他的助教时，学生有问题都来问我，所以我每堂课都听了。我就觉得傅依备老师有学问但从不吹嘘，他能把他的学问都讲出来。"②

---

  ① 《傅依备传》编写组：《中国工程院院士传记——傅依备传》。北京：航空工业出版社、人民出版社，2016年，第142页。资料存于采集工程数据库。
  ② 王文清访谈，2014年12月10日，北京大学。王文清，北京大学教授，傅依备在北大兼课时的助教。存地同上。

第三章 清华任教

第四章
跨入核科技之门

傅依备服从国家调遣，跨入核科技之门，投入我国核武器研制事业。在20世纪60年代初期，他负责研制钋-铍中子源；奔赴大西北221基地，负责717工号建设的工艺设计；投入我国第一颗原子弹核爆威力诊断的放化分析；参加了"四清"运动。

试制钋-铍中子源

1958年7月13日，二机部党组决定九局成立北京九所。

1959年6月20日，苏联通知我国暂缓（实际上是停止）提供原子弹教学模型和图纸资料。针对苏联的背信弃义，遵照中央的方针，我国要发展核武器，必须自己研究、自己设计、自己制造、自己试验、自己进行武器化、自己装备，走独立自主、自力更生的发展道路。

1960年3月，中央批准从中科院和全国各相关单位选调105名高、中级科学研究和工程技术人员，加强北京九所的研究力量。1963年1月，中央再次批准向北京九所增调126名高、中级科学研究和工程技术人员。傅依备从清华大学调入九所三室工作。傅依备爱人谢冬心也一同调入。

傅依备当时觉得很突然。因为他已经在清华园任教两年多了，慢慢地习惯了清华园的生活，工作也慢慢地走上正轨了。他正准备在清华大学讲授人工放射性物质工艺学的课程，同时还正带两名研究生。研究生的研究题目已经确定了，而且第一次考试都通过了。他觉得一下带两名研究生，是组织对自己的器重，感到责任重也很高兴，他正想如何要把这两名研究生带好。

他在北京大学讲授的课程已经教完，正在整理原来的讲义，重新校对、修改，想通过几次教学以后能够把讲义出版成教科书。

所以，当时他觉得这个调令很意外，有些犹豫没有去报到。直到春节放假之前，他想搞清楚去做什么工作，便试探性地来到三里河二机部大楼，找到人事局。该局张处长接待了他，并被告知分配到二机部九所，即后来的第九研究院。

图4-1 1963年2月17日，傅依备调九所时，清华大学部分学生为他送行并合影留念
（二排左五为傅依备，资料由傅依备提供，廖振兴翻拍）

第四章 跨入核科技之门

九所的工作性质是什么？科技研究方向是什么？张处长并没明确地说明。他只是强调说："那是一个很重要的工作单位！"

傅依备很快赶到天津见到爱人谢冬心，第一件事就是告诉她自己被神秘调动的消息。谢冬心听后的反应是非常高兴，认为两地分居的苦日子总算是熬到头了。

三天春节假期刚过完，回到北京，傅依备就径直去单位报到。

报到的单位，在偌大的北京城，是一个很不显眼的地方——向门里看，仅仅是一个小院子，院子里面有几栋红砖砌成的简陋楼房，再往里面有一座三层楼的灰色建筑。

傅依备见到研究所的党委徐副书记。徐副书记一见介绍信就知道他是这批调来的科技干部之一，而且知道他是从清华大学调来的，便简单告知他，"这次由于工作的需要，从全国各地调来100多人"，并明白地告诉他："这是一个国防科技研究单位，主要任务就是研制原子弹。"

他一听说参加搞原子弹的事业确实很高兴。因为他知道在核技术方面搞原子弹是最顶端的工作，最重要的工作，美国进行原子弹试验的时候他就想到了我们国家什么时候能有原子弹；而且原子弹在广岛、长崎爆炸以后日本就投降了，可见原子弹之厉害。所以，我们国家有原子弹的话，对国防建设的意义肯定是很大的。他当时被告知这个地方只是个临时工作场所，将来要搬到青海。他心情十分激动。

傅依备回到清华大学后，也没有什么可交接的。清华大学120教研室最关心的《人工放射性物质工艺学》讲义修改稿已交到教研室。

不久，九所已经着手办理他爱人调动的事。事情进展很快，一路开着绿灯。并且在和平里一栋新住宅楼里，组织又分配给他们一间带共用厨房和卫生间的住房。

这让傅依备有些感慨：到此时为止，自己才算第一次有了一个完整的家。他自己也不会想到，后来的一生，无论是工作还是个人生活，都起点于这个新家——九所。[1]

---

[1] 傅依备访谈，2014年11月10日，四川绵阳。存于二所档案室。

傅依备奉调九所不久就参与钋－铍中子源的研制。在极其简陋的条件下，他带领一支年轻的科技团队，完成了居里级钋－210的研制提取分离工艺。1963年，将钋－铍中子源作为点火中子源的首选项目。钋－铍中子源的研制探索由三室和二室联合组成实验小组，开展爆轰实验。该实验小组成员不怕严寒和塞外风沙，经常在炮场进行试验。①

　　中子源，就是能释放出中子的装置。它在核武器的术语里被称为点火装置。当时，上级确定了多种技术途径研制原子弹的点火装置。其中之一，就是由傅依备、徐鸿桂、郭高品、沈灿声、葛凤鸣等同志与401所（中国原子能科学研究院的前身）十六室（同位素研究室）苏峙鑫、孙树正等共同参与的钋－铍中子源研究项目。该项目的任务，就是利用401所国内唯一的反应堆辐照生产钋－210，制备出上百居里的钋－210，然后研制出符合特定要求的钋－铍中子源。该任务由傅依备和苏峙鑫二人具体负责。②

　　傅依备讲述了钋－铍中子源的技术细节：

　　"钋是释放出α粒子的放射性核素，铍是稳定的元素，这个α粒子打在铍上，就产生中子。

　　"所以，为了要制造钋－铍中子源，首先就必须生产钋－210。生产钋实际上是很难的，国内过去没有做过，当时世界上能研制钋－210的没有几个国家，也就是美、苏、法这些主要的核国家。我国是第一次研制，技术难度是可想而知的。"③

　　葛凤鸣回忆了当年参与钋－铍中子源攻关的过程：

　　"1963年3月，我到了北京以后，就直接被派到401所搞中子源。当时都是年轻人，有一股子热情。生产中子源，需要用到反应堆。当时九所的这些人，到401去是保密的。当时，有三个搞原子弹点火源的方案。三个小组，同时进行，我们争分夺秒地干。

---

① 《二所发展史》。2000年，第1-9页。存于二所档案室。
② 《傅依备传》编写组：《中国工程院院士传记——傅依备传》。北京：航空工业出版社、人民出版社，2016年，第149-154页。资料存于采集工程数据库。
③ 傅依备访谈，2014年11月10日，四川绵阳。存于二所档案室。

"傅依备带队搞钋-铍中子源。他是组织者、领导者，给我们下达任务。首先，必须弄清楚中子源的原理，要调研中子源的资料。我们刚从学校里出来，手头没有什么资料。我们就到处去找中子源相关的资料。当时有个《原子能》杂志，这些杂志我们全都看过，凡是跟中子源有关的，都把它收集起来。401所是我国当时唯一的原子能机构，那里的资料比较齐全，尤其像核反应这方面的资料比较多。傅依备到时候就来看大家查到有什么新的资料，坐在一起讨论，调研资料进展相当快。

"刚开始的时候，傅依备就指导做些原理性的实验，生产中子源。这个课题1963年开始，一直到1964年，历时一年多的时间。这段时间也是我们最有激情、最专注的时候，全心全意搞这项工作，都想把事业做成功。

"我们在攻关的时候，当时的学术氛围、民主氛围非常浓厚。傅依备比较注重学术讨论，他毕竟是清华大学的老师，对于发动学生找资料很在行，搞学术更在行。我们很团结，老傅性格很随和，我们和他在一起没有觉得他是上级，都是同事关系，很好相处，大家互相支持，互相信任，生活上也互相关心照顾。"[①]

傅依备的科学严谨与足智多谋给大家留下了深刻印象。

1963年秋冬，在"596"会战的一次准备工作中，在一间临时实验操作的平房里，检修钋-铍中子源时，不幸泄漏出大量放射性物质。钋-210的 α 放射性极强，污染了整个房间。这使大家措手不及，立刻将房间封闭了起来。

为了及时处理污染，三室物理组和放射化学组部分同志进行了多次讨论，发表了不少意见。但对这种情况的判断和处理方案仍不知从何下手。傅依备则提出，用仪器去实际测量一下屋里每一件物品的表面剂量，以确定污染程度和污染分布，并给出六面（屋顶、四面墙、地面）α剂量图，既可折叠做成立体模型，又可展开成一个平面，也可标上剂量数据。在此测量数据基础上，再分类、拆除处理。

---

① 葛凤鸣访谈，2014年11月3日，四川绵阳。葛凤鸣，傅依备同事，高级工程师。存于二所档案室。

事情就这样确定下来。原本一件十分棘手的难题，在傅依备的技术指导下，经过全组同志的共同努力，得到顺利圆满的解决。[1]

"在钋－铍中子源研制项目中，派来了傅依备和徐鸿桂两位同志。他们来后不久，便直接领导钋－铍中子源的技术攻关。在他们的具体领导下，钋－铍中子源的研制技术很快得到了突破，于1963年底研制出了我国第一个钋－铍中子源。"[2]

由于核试验装置方案的变化，傅依备领衔试制成功的钋－铍中子源虽然没有在第一颗原子弹上得到应用，但在一年多的工作中，作为中子源项目组的负责人之一，傅依备领导建立了居里级钋－210的生产工艺，在国内首次用反应堆生产出居里级钋－210，并利用所生产的钋－210研制成模拟裂变中子谱的中子源，后来被广泛用于核物理实验研究。这是一项在我国具有开创性意义的技术成果。

通过这次钋－铍中子源研制任务的攻关，锻炼和培养了一支能刻苦攻关的科研队伍；所积累的钋化学研究成果，为后来的深入研究和科技应用奠定了基础。该钋－铍中子源研制成果也获得了全国第一次科学大会集体奖。[3]

傅依备领衔试制钋－铍中子源的过程，是团队成员全身心投入、个人服从事业需要的过程。

由于三室六组是新成立的科研小组，年长的职工很少，大多是新分配来的青年人。即使是大学早期毕业的科研人员，也是不带家属的，大家共同挤集体宿舍，四五个人住一间房，一律在公共食堂集体用餐。

当时所里有规定，凡是家在北京市的人，周末可以免费乘坐401所开往北京城里的专车。傅依备就符合这个条件。为了工作，他常常放弃与家人团聚的机会。

---

[1] 郝东秦：科学严谨，足智多谋。见：《傅依备院士八十华诞文集》。北京：原子能出版社，2009年，第34页。郝东秦，傅依备部下。资料存于采集工程数据库。

[2] ZL-49-17，罗德勤：起步——回忆点火中子源技术攻关前后。见：《事业回忆录汇编》。1984年，第26-27页。罗德勤，傅依备同事，二所原党委副书记。存于二所档案室。

[3] 《傅依备传》编写组：《中国工程院院士传记——傅依备传》。北京：航空工业出版社、人民出版社，2016年，第154页。资料存于采集工程数据库。

在 1963 年 10 月，傅依备的爱人谢冬心女士已由河北省轻工业局调入九所，虽然结束了天各一方的生活，但工作任务的性质又使每周见面成为奢望。

王方定院士曾回忆了这段时间的情景："我们一同以实习的名义在 401 所做中子源。当时 401 所的任务很重，承担着多项国家重要科研项目，人员多，生活条件差。加之他爱人当时还在天津，交通极不方便，每周回家探望只能是个愿望。但他仍以国家任务为重，毅然来到西山脚下，与我们一起战斗。在三年多的时间里，依备和我经常一同进城回花园路汇报工作，领取任务。工作完毕，我们不在食堂吃饭，而是一同上街吃饭再回 401 所。工作和生活上的接触多了，我发现他不但是一位思维敏捷、做事有魄力的好同志，而且是一位很富人情味的好朋友。几年光阴下来，我们便成了无话不谈的铁哥们。"①

建设放化生产线

1958 年，中央决定在青海省海晏县筹建 221 厂，划出 198 万亩土地归该厂使用。原驻地的 15 个公私合营牧场和部分社队共 1124 户 5636 人、20 余万头（只）牲畜迁往州拖勒牧场、刚察、祁连及湟源县。②

当时，青海 221 厂区整个布局是一个原子城，这是苏联专家提出来的。根据 221 厂建设规划，七厂区是一个以核物理、放射化学专业为主要研究内容的厂区，基本上除核材料加工工艺以外的其他所有有关核科学的科研项目都在这个厂区进行。

1960 年 8 月，苏联专家撤离后，221 厂七厂区没有施工图纸，工号尚

---

① 王方定：五十五载战友情难忘。见：《傅依备院士八十华诞文集》。北京：原子能出版社，2009 年，第 19 页。王方定，傅依备同事，中科院院士。资料存于采集工程数据库。

② 《海北藏族自治州志·上卷》。兰州：甘肃人民出版社，1999 年，第 610-611 页。存于青海省海晏县原子城纪念馆。

未施工。1962年年底，上级决定自力更生，加速建设青海221厂七厂区，并委托二机部13局进行设计。为搞好设计，三室派出人员配合工艺设计。1963年年初从清华大学调来的傅依备，具体负责了717工号建设的工艺设计工作。由于设计单位和使用单位双方紧密配合，使设计工作进展顺利，按时拿出了施工图纸。1963年3月开始施工准备，同年5月工程全面铺开。

1964年年初，七厂区虽不完全具备交工条件，但大部分工号可以使用。为了抢时间，三室除三组外的所有职工于1964年3月离开北京迁往青海221厂，完成向221厂转移。此时，717工号还处于收尾阶段。三室转移到221厂后，归属实验部，先后成立了11个组（三组仍留北京），三室主任由朱光亚兼任，胡仁宇、赖祖武任副主任；六组（放射化学组）组长为王方定，副组长为傅依备和徐鸿桂。①

傅依备负责717工号（即放化实验室）的工艺设计，担任这条半自动生产线的设计师，配合二机部13局进行放大设计和工程设计；到大连523厂，克服种种困难，协调各方，务实地解决了工艺设计和加工中存在的问题，满足了实验要求。

傅依备的老部下葛凤鸣回忆道：

"当年，在青海221厂，有总厂区、七厂区、六厂区和二厂区等。房子大都建好了，放化测试在七厂区。当时，兴建了701工号、704工号，是核物理方面用的，而717工号是放化用的；717工号要承担核试验样品放化测试，就是利用核试验后取回来的样品，测量核爆威力和其他参数；还有就是生产钋-210。当时放化分析的只有一个工号正在建设，但主要科研设施设备没有，内部是空的。

"717工号的设备及半自动生产线是经傅依备领导搞的。二机部13局负责设计，要在大连的523厂生产加工。大连523厂加工好后，生产线要运到717工号安装。在523厂加工过程中，要有使用单位人员的现场把关。魏金玺一直在523厂现场配合加工。傅依备曾到523厂去协调解决生产加工中遇到的矛盾。"②

---

① 《二所发展史》，2000年，第6-7页。存于二所档案室。
② 葛凤鸣访谈，2014年11月3日，四川绵阳。存地同上。

图4-2 1964年5月,傅依备在大连523厂协调加工生产717工号生产线的钣金车间远景近照(2015年9月17日,罗本祥摄影)

当时,两个核物理的工号大楼已建立或正在建设之中,但研究堆和放射化学大楼尚未开工建设。苏联专家撤走以后,为了满足需要,上级决定先建一个简易的放射化学实验楼,即717工号,主要用于钋-铍中子源的研制。因为建设这样的实验室并不是原来建厂的规划内容,工号的建筑设计、设备和生产工艺都没有预案,更不要说找到相关的图纸和资料,一切都要靠自己重新规划设计。

基于傅依备在苏联学习时,对放射性化学实验室有比较多的了解,特别是对放射化学实验室应具备的功能,主要的设备、设施和放射性物质操作的条件、规范等都有一些认识和体验。因此,组织对他委以重任。

傅依备接受此项任务后,一方面在401所负责钋-210的生产和中子源的研制,一方面跑二机部13局(即后来的核二院)讨论717工号建设的相关问题。他的助手是魏金玺,1963年清华大学工程化学系放化专业毕业的学生,也是他在清华大学任教时教过的学生。

717工号,按原苏联专家的规划是生产钋-210的专用实验室。傅依备于1963年接手做工艺设计时,把它改成多用途实验室,除了能做钋-210

图 4-3　221 厂七厂区 717 工号近照（2015 年 9 月 5 日，何佳恒摄影）

的生产外，增加了低剂量放化即弱放实验的功能。既有简易高放射水平操作的设施，具有强放操作功能，又兼有弱放实验研究的条件，适应未来工作内容变化和发展的多种需要。他与 13 局放射化工方面的专家和土木建筑方面的工程人员反复讨论，确定了 717 工号的功能、建筑规模、建筑标准、建设周期以及主要的设施和设备、配套项目等。整个工号设备的设计讨论都进行得很顺利。但在设备加工过程中出现了一些新的情况和问题。

717 工号的非标准设备全在二机部大连 523 厂加工。由于加工方和设计方的认识差异，设备加工出来后调试不灵。到了 1964 年 4 月还加工不出合格的设备，如再往后拖将影响 717 工号年底前投入使用。

经查，问题出在热室和工作箱连接的传输带上。523 厂认为传输带自动化不灵是设计方案问题，设计人员认为是加工单位没有完全按图纸加工，双方争执不下。在这种情况下，厂方希望使用单位派人去共同研究下一步的解决办法。

此时，傅依备正准备随大队人马去青海 221 基地参加第一次核试验的相关工作。接到魏金玺的电话后，傅依备很清楚，没有安装传输带，全部热室、工作箱，甚至整个 717 工号都不能交付使用。这将影响第一次核试

第四章　跨入核科技之门

图 4-4　1964 年 5 月，傅依备在大连 523 厂协调加工生产 717 工号生产线的钣金车间局部近照（2015 年 9 月 17 日，罗本祥摄影）

验任务的完成。他立即请示领导，决定改变行程，先去大连 523 厂解决传输带的加工问题。

大连 523 厂是原二机部很重要的一个军工核设备制造厂，远离市区，东面濒临黄海，厂址选择很偏僻（该厂是 20 世纪二机部所属重要的核设备生产企业，地处大连甘井子区偏僻的海北路 2 号，后更名为大连宝源核设备有限公司，现调整后整体搬迁到大连开发区、保税区、填海区Ⅲ D-11，旧厂址现在还有当年的钣金车间在利用——作者注）。傅依备到了 523 厂后，立即与厂方、设计单位的工程人员进行了多次讨论。两家对设备加工中存在的问题分歧很大，加工、设计和使用单位讨论解决问题的方案，意见也很难统一。最后，厂方同意在设计人员监管下，严格按设计图纸标注的公差、尺寸和精度再重新加工主要部件。

加工人员和设计人员配合得很好，加工件完成后双方人员共同组装，然后进行调试。经过五天的反复修改调试还是达不到预期状态。据分析，问题涉及电器线路、结构原理和机加工件设计的合理性等。

傅依备在讨论会上提出，能不能退一步，放低要求，但要保证好用和可靠，尽快把设备加工出来。最后，设计人员和加工人员的综合意见是：

去掉复杂的控制部分，保留较简单的结构，即变成半自动操作。傅依备认同按这个设想进行加工。

解决办法明确后，就开始了一场加工、设计和使用三结合的攻坚战，工人和科技人员不分昼夜地在各自的岗位上忙碌起来。经过反复讨论、试验试制，到单元样机加工安装和调试修改，最后加工出一比一的试验原型机，经安装调试，取得了大家满意的结果。

图4-5 1964年5月，傅依备在大连甘井子区协调加工717工号生产线的523厂近况（上左图为旧厂大门，上右图为旧厂区围墙，左下图为厂区内道路，右下图为厂区紧邻东海远景。2015年9月17日，罗本祥摄影）

在比较短的周期内完成了半自动传输带的加工制造，并运到青海221厂。至此，717工号全部非标准设备到位，年底前717工号具备投产能力，完全能适应我国第一次核试验样品的放化分析需求。此后，多次核试验放化测试任务都是在这里完成的。[1]

1964年5月，傅依备在大连523厂完成717工号最后一项设备——传输带制造后，刚回到北京，就赶赴青海221基地，争取能赶上717工号

---

[1] 傅依备访谈，2014年11月10日，四川绵阳。存于二所档案室。

的收尾工程和项目验收。这时，他遇到了麻烦。先是感到身体不适，逐渐发展到右腿上部疼痛，且痛感逐步加重。原因是在大连工作长时间受凉所致。

523厂地处海滨，空气潮湿，四月的气温仍很冷。设备加工、调试都在一间大而空旷的钣金车间内进行，车间暖气不足，寒气透骨。他们每天从早到晚，一直工作到晚上十一二点钟，连近20天工作在车间里。傅依备当时去523厂时穿着单薄，长时间受寒着凉，使本来就有病疾的腿部病情加重，但仍可走路。他决定还是奔赴青海。

他的腿痛病发展很快，到火车站时，已经是一跛一瘸走路了。上车后他的腿痛愈来愈严重，已经不能行走了，生活上已开始不能自理，全靠魏金玺帮忙。傅依备忍受着疼痛，经过两天两夜终于到了西宁市。魏金玺把他从火车上背下来，乘卡车到西宁九所的招待所住下。第二天，住进了西宁人民医院。经过一个多星期各种诊断和检查，没有查出病症和原因，更无法对症治疗。

当时，傅依备想到717工号的收尾工程和验收的事在等着他，心里很着急，一心想着先回221厂。正在西宁招待所出差的马祥副院长知道后，认为基地医疗条件更差，要他必须尽快返回北京治疗。面对自己的病情，傅依备也无可奈何，只有服从领导的安排。他把717工号工程收尾和验收的事全交代给魏金玺，并特别强调热室和工作箱系统内的密封性能、内部负压水平一定要达标，还有传输带与各部分的连接是否相配，运转是否灵活等，都要调试到位。

傅依备回到北京，被送到北京当时最著名的骨科医院——北京积水潭医院进行治疗，检查不出结果来，医生建议一个月后再去检查。后来，到北京中医院进行针灸治疗，效果不太明显。又到京郊的261医院进行一段时间的针灸治疗，疼痛有了较大的缓解，已经能够走路了。针灸治疗时间久了，频繁刺激使他有些失眠，情绪烦躁。傅依备人住在医院，可心里还是一直惦记着远在青海的同事、717工号的建设和下一步的实验工作，还一直为这次核试验放化测试样品分析工作操心。室里派人从青海来看望他，向他介绍青海厂区的环境和气候、大家的生活和工作条件、同事们的情况和室里正在忙碌的工作等。

他一方面很高兴，认真地听着介绍，同时也进一步激发起他对第一次核试验的期待。①

首次核爆放化技术的攻关

为迎接我国第一颗原子弹核爆放化测试分析任务，确保按要求圆满完成，作为三室六组的副组长，傅依备积极参与并组织小组科技人员，对放化分析和分离工作进行讨论，为此做了充分的技术储备工作。

1964年4月起，傅依备所在的六组人员先后到达221基地，进行717工号的收尾和前期实验准备，以便迎接我国第一次核爆试验样品的放化测试。

1964年10月16日，当躺在北京病榻上的傅依备从广播里听到我国研制的第一颗原子弹爆炸试验成功的消息时，他激动得跳了起来，忘记了腿部的疼痛，直奔医生的工作室，大声喊叫"我国第一颗原子弹爆炸成功了！""我要出院了！"医生说："你还未痊愈，你还瘸着腿哩。"

原子弹的爆炸成功，强烈地震撼和激励着每个炎黄子孙的心，一夜之间每个人的眼睛都亮堂起来了，腰杆也挺得更直了。

这时候傅依备还躺在261医院的病床上，心急如焚。他自言自语："调我来就是干这件事的，怎能在关键时刻待在这里！"

不久，他收到实验部要他回青海221厂的电报。接到电报后，他非常兴奋，立即去办理出院手续。两天后，傅依备便拿着随身携带的行李，坐上了西行青海的列车。②

青海221厂，这对当时的傅依备来说，是个神秘而又向往已久的地

---

① 《傅依备传》编写组：《中国工程院院士传记——傅依备传》。北京：航空工业出版社、人民出版社，2016年，第159-162页。资料存于采集工程数据库。

② 同①。

方。在20世纪60年代初,在国家贫困而艰难的时期,一批批来自祖国四面八方的精英人才,抛弃了各自舒适的都市环境,齐聚在约1100平方公里的大草原上,为着一个共同的理想——壮我国军威,完成一件前无古人的壮举。

他所在的实验部三室的工作地在七厂区。该厂区离221厂生活中心区有约6公里路程,占地面积178600平方米,建筑面积16500平方米,为放射化学和中子物理试验场所;工作人员一般都住在生活中心,工作在七厂区,上下班时乘厂内班车来往。①

傅依备的腿痛病还未痊愈,来往上下班坐班车不方便,领导安排他就在七厂区管理人员住的地方找了一间房子住下。221厂地处青海湖畔东北面的大草原——"金银滩"(因草原上长有金露梅和银露梅两种野花而得名)。傅依备到221厂后,对这里的气候和生活习惯适应得比较快,尽管腿还在疼痛,但他脑子里想得最多的是核爆样品的分析问题。他想找点资料,可221厂的图书馆有房子没有图书。他的两箱书都是他从苏联带回来的专业书籍,随第一批人员运来后,已经分散到了许多人的手里,成了大家的公共读物。他需要看时,却找不到。

傅依备后来在221厂的住处是被称为"黄楼"的职工宿舍,他和王方定、贾敦修、李怀曾四人共住单元房中的一小间,近10平方米。此楼现为海北藏族自治州州府所在地——海晏县西海镇居民住所。

"我去221厂的时候,住房和生活条件已经比过去有了很大的改善。但由于1964年去的人员很多,住房建设一时跟不上,以至于大家住宿很拥挤;不论年龄大小、职位和级别高低,研究室的人员都睡双层床,一间住房少则4—5人,多则10—20人不等,夫妇两人(不能带小孩在身边)也只能住一间能放一张双层床的房间(套房内的小厨房)。221厂地处青海湖东北部的金银滩大草原,海拔高(3200米),气压低,水烧到80℃就开了,大米饭夹生,馒头发不起来。刚去时,平时吃不下饭,夜间睡不好觉,经常头痛、头晕、血压升高,胃部鼓胀不消化,多种高原反应都有。面对这

---

① 见海晏县西海镇原子城纪念馆解说词。

样的生活条件谁也没有在意，因为大家一心想的是工作，整天忙的是国家任务，没人争过待遇，提过奖金，更没有加班费。"①

第一次核试验的核爆样品运到221厂已有一段时间了。需要尽快进行样品放化分析，报出分析结果。王方定、傅依备、徐鸿桂带领六组科技人员，研究制定了首次核试验的放化测试方案，对核爆回收的样品进行分析。② 会上确定成立由王方定、傅依备和徐鸿桂组成三人领导小组，领导实施第一次核试验样品的放化分析工作。由于傅依备留学苏联时学的就是核燃料后处理工艺，大家推荐傅依备牵头负责这次核试验样品的放化分析任务。

图4-6 傅依备当年居住过的黄楼近照（2015年9月5日，何佳恒摄影）

核燃料后处理和核爆样品放化分析，从化学处理工艺和方法上可以相互借鉴，但是处理和分析的目的及要求有很大的不同：一个是常量的工业规模、生产性质，是回收和生产核燃料；一个是超微量的实验室科学研究，是研究爆炸的核反应规律，并获取关键的核爆参数。

在20世纪60年代初，西方和苏联出于保密的目的，从未发表过有关核试验放射化学诊断方面的论文。傅依备他们只有依靠自己，从头摸起。

傅依备提出了一份详细的可行性研究报告。他在报告中提出了首次核

---

① 傅依备院士自述：没有辜负人民的期望和时代赋予的职责。见：杨敬东主编：《三湘院士科学人生自述集》。长沙：湖南科学技术出版社，2009年，第266页。存于国家图书馆。
② 《二所发展史》。2000年，第8页。存于二所档案室。

第四章 跨入核科技之门

试验样品的放射化学测试方案：包括样品的分装、样品状态和结构的研究、样品的化学分解和燃料液的配制、核素的化学分离，提出分别采取萃取法和离子交换法工艺流程，核素物理测量重点保证 α 和 γ 射线测量方法的刻度，最后的数据处理、核辐射防护监测，确保工作时放射性物质不会污染环境以及工作人员安全得到保证。

图 4-7　221 厂七厂区近照（左一工号为车间，左二工号为 701，左三工号为 704，左四工号为 717。傅依备当时因腿痛病未痊愈，就在七厂区管理人员住的地方住了半年，此房已拆；他当时办公在 704，做实验在 717。2015 年 9 月 5 日，何佳恒摄影）

后来，大家进一步研究了实验过程中的一些重点技术问题，如确定一次实验用样品量、回收系数参照物、重点裂变产物核素、放化流程中加载体问题、化学流程的产额和数据重复性问题、扣本底和核素分凝等问题。

核爆炸样品是一种经过核爆高温熔融过并且有极强放射性的物质。当时大家提出的问题，都是亟待解决的一个个技术难题；另外，这项任务是要通过分析对我国第一次核试验的结果提供科学判断依据，是一项极其严肃的政治任务。

由于样品量很少，又是一次性的，要求分析实验必须一次成功。同时，因为样品中的放射性物质是会衰变的，时间拖久了，放射性物质就很少了或者没有了，其结果是测不准或测不出。因此，必须抓紧时间，尽快进行放化分析，获得准确可靠的实验数据。

在傅依备这个科研团队中，大部分是刚毕业不久的大学生，虽然大都来自北京大学、清华大学、复旦大学这样的名校，但缺乏具体的操作经验。717工号的工作箱和热室等设备在调试和试运行期间，还遇到一些需改进和完善的地方。此外，还有实验所需的化学试剂和各种玻璃器皿等，也很难配置到位；化学分析仪器基本上没有，测量仪只有简单的一些低档设备。因此，当时已有的科技队伍力量、科研经验积累和实验硬件条件等与完成这样一项艰巨的国防科研任务，都是很不匹配的。

由于是参加我国第一次核爆样品的放射性化学分析，大家工作热情很高，夜以继日地工作。有时化学分离流程长，工作人员一直工作到深夜或是通宵达旦。

傅依备和大家一起干。他的腿痛病尚未痊愈，每天还拐着腿来回转，昼夜关注着实验工作的进展，了解每一个数据的变化和实验人员实验中出现的技术问题。

实验一开始，在样品化学溶解时就遇到困难。采用多种方法都很难使样品完全溶解，后来发现样品内有很多小球状物质，再进一步研究得知，小球从内层到外层是由不同物质构成的，这些物质的熔点不同，即在最内层是最高熔点的元素，而最外层是熔点最低的元素，由外到内熔点由低到高分布。这是一个新发现。它揭示了核爆时由于高温使所有核物质，包括核燃料物质和核爆炸产物全部熔融，当爆炸后温度降下来时，高熔点的元素先凝固，而低熔点的元素后凝固，从而使小球样品内的各种元素之间产生分凝现象。

在实验工作中，科技人员不仅热情高，而且非常严谨，工作每一步都经过深思熟虑，遇上难点或问题时，总是群策群力，共同想办法。就是在这样的一种科学民主与无私奉献精神的支撑下，全体人员经过近半个月的艰苦努力，克服先天不足和重重困难，完成了我国第一次核试验的放化测试任务，并为日后的放化诊断工作奠定了技术基础。

1964年12月1日，由时任实验部副主任胡仁宇与这次放化测试任务的具体负责人傅依备、测试组成员李耀辉，到北京总参三所向国防科委领导和专家专门汇报，报出了首次核试验产品的总裂变威力数据。

这标志着圆满完成了我国首次核试验的放射化学分析任务。①

傅依备的老部下葛凤鸣回忆了当时在傅依备的领导下，参与我国第一次核爆放化测试的片段：

"样品过来之后，按照每个人的业务特长和经验，每人都安排了一个岗位。这是傅依备等领导作出的安排，凡是参加这次放化分析的人员都有一个位置。样品一来，分样的人员负责分样品，溶样的人员负责溶解样品，然后分给各个课题，每个课题完成分析后就报告分析结果。当时确定用哪几种方式来进行验证、课题的划分、方案的确定，是在傅依备领导下组织讨论。傅依备在放化测试决策上起了很大的作用。当时课题之间是互相保密的，不能互相打听。我只知道当时有好几个课题，具体的内容我不清楚，只知道我们是做同一个项目。傅依备是知道全盘的。在717实验室做放化的时候，有六七个课题组同时在做放化分析。

"测试分析的关键是平时就要把条件实验做稳定。条件实验很重要，要做到熟练操作；难点就是要把化学流程的重复性和产额做稳定——那就要靠平时多做实验，如萃取时要把摇动的次数、多长时间、多大的力量控制好。"②

对这段经历，傅依备曾经在自述中回忆道："初到221厂时，生活条件很差，工作条件也很简陋，实验室是新建的，实验用的化学试剂、玻璃器皿等都不齐全。对核素测量需要能满足测量精度要求的高灵敏度和高分辨力的探测器和多道分析器，可当时只有很少的最普通的探测设备和一台64道多道分析器，其他分析仪器就更缺了。就是在这样十分简陋的条件下，开始了我国第一次核爆样品的放化分析实验。面对多种困难，没有人抱怨和泄气，大家心往一处想，力往一处使，尽快解决放化分析难题，尽快报出我国第一个核装置的爆炸威力，圆满完成我国第一次核试验任务。在自力更生、艰苦奋斗的精神感召下，大家充满信心，夜以继日地工作。为了确保成功，要先做预备实验和冷实验，再过渡到正式热试验。一次失败再

---

① 《傅依备传》编写组：《中国工程院院士传记——傅依备传》。北京：航空工业出版社、人民出版社，2016年，第163-169页。资料存于采集工程数据库。

② 葛凤鸣访谈，2014年11月3日，四川绵阳。存于二所档案室。

图 4-8　221 厂金银滩大草原近照，该地已列为国家风景名胜区（2015 年 9 月 5 日，何佳恒摄影）

来第二次、第三次，此方案不行改用彼方案，反复实践、反复总结，等到很有把握时，才开始正式样品的分析实验。经过半个多月的艰苦磨炼、顽强拼搏和潜心钻研，终于初步解决了从核爆产物中提取和分离所需核素的工艺流程和测量技术，按时报出了我国首枚核装置爆炸的威力数据，并得到了国防科委领导的肯定。"

"四清"运动的洗礼

1965 年秋，221 厂开始"四清"。

傅依备被抽调负责总厂机关一处、二处和七处的"四清"工作；后作为研究室的党支部书记和副主任被要求"下楼洗澡"，他顶住"左"的压力，不妥协，不盲从，做了七次检查，"四清"才"下楼"过关。

"四清"运动，是指 1963 年至 1966 年在全国城乡开展的社会主义教育运动。"四清"，最初是"清工分，清账目，清财物，清仓库"，后来扩大为"大四清",即"清政治,清经济,清组织,清思想"。

第一次核试验放化测试任务完成后,大家的热情很高,都积极地投入到下一次核试验任务的准备工作中。大家沉浸在喜悦的气氛中,而且又开始了新的一次原理性探索试验的科研准备。在这个时候开展"四清",对221厂来说,在时间上如何处理好政治运动与科研任务的关系,是一个大的考验。

为响应中央号召,1964年分到221厂工作的大学毕业生们都参加了青海地方的"四清"运动,为的是让他们体验青海农村生活,接受一次社会主义教育。1965年的秋天,结束了在青海农村开展"四清"运动的工作队队员,回到了221厂。在青海省"四清"运动的带动下,221厂也随即开始了"四清"运动。

221厂"四清"工作团团长是二机部刘西尧副部长,团内工作干部基本上是外来的,主要是那些二机部下属的已进行过"四清"运动单位的干部,少数人来自221厂各分厂和机关。1965年10月6日,上级抽调傅依备参加"四清"工作组,说"这是任务,也是对你的培养,要革命就先革自己的命"。[①]

傅依备分在负责厂机关"四清"工作的分团,负责总厂机关一处(计划处)、二处(技术处)和七处(场外处)的"四清"工作。

傅依备认为对221厂这样性质的机关来说,"四清"运动重点是清思想、清政治。傅依备那时的工作内容主要是跑下面,一方面是接触群众,从中了解各处的情况及群众对领导的反映,这是工作重点。另一方面是找各处领导直接交换意见,了解处领导对一些问题的看法。

傅依备在各处的群众会上,主要是组织学习文件,传达上级指示,再将情况汇总和分析后向分团汇报。每次会上,大家发言热烈,讨论了一些问题;会后也向工作组反映了一些领导的思想作风和工作方法问题,也有个别疑点和不清楚的事情。但总的来讲,气氛比较实事求是,很少有过激的言论和举动。

---

① 傅依备日记,1965年10月6日。资料存于采集工程数据库。

近两个月时间后，上面通知傅依备回原单位参加"四清"，称为"下楼洗澡"。这样，傅依备就回到了实验部32室（原三室机构调整改为32室）。

傅依备离开32室去厂机关搞"四清"期间，室里的"四清"揭批运动却搞得轰轰烈烈，也揭露了傅依备许多问题。有些人发言激烈、上纲上线，但也有为数不少的人无动于衷，劲鼓不起来。工作组很着急，向上级反映，引起了分团领导的关注。不久，上级从外面派来了新的"四清"工作组。当时，虽然没有让傅依备靠边站，但也没有好的位置给他站，还动员大家揭发他存在的问题。

工作组经过一段时间组织大家学文件、反复动员之后，仍然没有什么起色，很不满意，要大家出来揭发傅依备的问题。12月1日，傅依备参加了32室职工给室领导提意见的会议。职工给他提了许多意见。傅依备认为一些意见是无中生有。[①]

在这种情况下，居然还有人要求把"四清"工作组轰走。很显然，这些人是跟傅依备关系比较好的同事，关键时刻敢于挺身而出为傅依备说话。这一下惹怒了"四清"工作组。上级重新派来一位领导，一来就把傅依备"挂"起来了。

傅依备回到室里后，首先看了揭批他的问题和具体材料，又听了大家的发言。他表面看很平静，但内心却很痛苦，他用最大的毅力忍受着对他的伤害。他认真地吸纳了那些正确的意见，作了第一次检查报告。但没有通过，工作组认为他分析不深刻，没有上纲上线、触及灵魂；其次是有些意见没有采纳。

傅依备知道自己没有原则性的问题，不承认强加给他的问题；也不会无原则地、无限上纲上线对待自己和别人。他一次又一次地检查，连续检查了六次都未通过。到第七次时，他依然如故，不作任何让步。傅依备心里清楚自己没有错，别人抓不到任何事实来整倒自己。他坚信：见不得阳光的东西，永远只能藏在黑暗中。

---

① 傅依备日记，1965年12月1日。资料存于采集工程数据库。

傅依备经受住了"四清"运动的洗礼，也在思想上有了大的转变。①

从傅依备在"四清"期间的46则日记中可以看出，他前阶段作为工作组成员参加总厂机关的"四清"工作，努力做到"四同"（同吃、同住、同学习、同劳动），积极学习毛主席有关矛盾分析，树立无产阶级世界观，关心群众生活，注意工作方法、领导方法，反对主观主义，为人民服务，纪念白求恩等论著，学习有关"四清"的文件和报告，学习焦裕禄精神，听取了刘西尧副部长、李觉副部长的报告，工作中切合实际，注意把握政策，不过激过"左"；他"把全部精力和心血都浇注在这件事情之中，早晨七点半起床后就开始忙，中午半小时的午睡也睡不上，一直搞到晚上10点，经常是12点以后，甚至星期天也没休息"。②

后阶段的"下楼洗澡"虽认为有些过"左"，不符合事实，但通过群众提了一些意见，他也在深刻反省，特别是在处理自己与群众的关系上有了根本的转变。正如他自己总结的："这一年中我最大的收获是'四清'运动中的'下楼洗澡'。这是我生平从未经受的场面，这样让群众来揭发和批判自己思想中消极的东西也还是头一次。自从我入党以来，从未洗过这样的'澡'。多年来，虽然一直在党的教育下成长，但由于忽视了思想斗争，没有对自己高标准严要求，使得自己的人生观还未彻底建立，骄傲自满目中无人，给党的事业带来损失，这确实是一个沉痛的教训。我要以这次'下楼洗澡'为起点，使自己的思想和工作方法有一个新的转变，最重要的是，不忘过去，不忘我是怎样成长起来的，不忘一起工作的同志都是阶级兄弟，不忘我是一名共产党员，不忘党的政策和党的领导。"③

---

① 《傅依备传》编写组：《中国工程院院士传记——傅依备传》。北京：航空工业出版社、人民出版社，2016年，第170-174页。资料存于采集工程数据库。

② 傅依备日记，1965年11月27日。存地同上。

③ 傅依备日记，1966年1月2日。存地同上。

第五章
领导科研所新基地建设

1966年，傅依备奉命带领小分队转入四川902地区，负责二号地区建设。他坚持科研标准，排除"左"的干扰，为事业的持续发展打下良好基础；他在"文化大革命"期间遭受到不公正待遇，身心备受摧残；获得"解放"后迅速组织恢复科研生产。

坚持科研标准搞建设

221厂是苏联援建项目，20世纪60年代中苏关系相当紧张。在进行科学实验（试验）的同时，中央决定采取一系列战略措施。

1963年12月，中央专委批准了二机部提出的在三线地区进行核工业建设的十年规划，并决定从1964年开始选择三线建设的厂址。1964年3月，二机部派出了3个选址小组，花了近一年的时间，行程几万里，先后踏勘了71个县。1965年5月，中央专委批准了第一批项目的厂址和建设方案，确定了核工业三线各单位的布局，四川省同意九院在当时绵阳六县境内选点建厂（902工程，所处的地区叫902地区）。其中，221厂的七厂区迁到四川后，地址定在安县深山峡谷（二号地区，现中物院二所）。

为加速三线建设的进程，中央成立了三线建设总指挥部，902地区也成立了指挥部，各分厂也相继成立了由生产、设计、施工单位三结合的分指挥部。1966年2月，221厂领导委派傅依备等10人到902地区，负责二号地区的基建和科研生产准备工作。①

傅依备带领工作组的组员有李贵谦、聂秉钧、于连清、顾建德、柴德安、王恩义、郑志坚以及早到一步的刘顺元和陈全。不久，傅依备被任命为二分指挥部的生产准备科负责人兼检验科、施工科和生产准备科的党支部书记。此工作组的主要任务是配合设计分院搞工艺设计，贯彻落实科研生产对基建工程的要求，将基建中的质量信息和不符合科研生产工艺要求的情况反馈到设计和施工单位，同时负责一些大型非标准设备的加工任务。② 他作为科研基地和工艺建设的具体负责人，做了大量艰苦而细致的管理协调工作。

图5-1 2008年"5·12"地震前二所老点生活区照（老照片翻拍）

---

① 《二所发展史》。2000年，第9-10页。存于二所档案室。
② ZL-49-1，傅依备：在九院二十年的片段回忆。见：《事业回忆录汇编》。1984年，第1-25页。存地同上。

工作组除了以文字形式向设计部门交底外,还要通过会议讨论的形式交流疏通,使对方准确理解甲方的意图,对一些问题要反复交流讨论,特别是一些重要的关键问题,如某个工号的建筑面积、布局、装饰(墙面、地面和天花板)、上下水、通排风、环境条件和电源的要求等都能引起争论。对每个项目的各种问题都是经过仔细讨论达成共识才能定下来的。在整个基建过程中,傅依备顶住压力和各方阻力,排除"左"的干扰,始终坚持科学实验条件的标准搞建设,为后来科研生产的正常进行创造先决条件。

傅依备的老部下刘顺元回忆了当年在(二号地区)搞基建过程中的一些经历:"各工号布局上没有太大矛盾,关键是对工号面积有争论。山沟里湿度大,温度低,常年日照只有 30 多天,人们感觉住得不舒服,工作不舒心。人们希望工号能供暖。傅依备要争取改善一下职工生活工作条件,适当供暖。后来还专门去北京,向国防科工委汇报基建过程中存在的问题。这些问题都得到了解决,工号的面积、实验室的水电保障得到了解决。"①

选址后的各项目工程建设都片面强调"先生产、后生活",对科研生产的工业建筑设计,提出了"革混凝土和不锈钢的命",做到"远看像村庄,近看像民房";道路一律修砂石路面,不准修沥青路面;厂区公路的宽度也由双车道改为单车道;民用建筑按"干打垒"的低标准修建,平房造价每平方米不超过 30 元,楼房每平方米不超过 40 元——按当时的物价水平,只能建很一般的住房!为体现革命性,不论是科研用房还是职工住房,都不得采暖;只能建室外干厕所,不准修室内水冲厕所,否则就是不给农民兄弟提供肥料,就没有工农感情。

在基地建设中,过度的政治化,忽视科研基地建设自身的客观规律和实际要求。这种把严谨的科学原则问题和职工生活中的实际问题一概归结为"对工农兵有没有感情"的做法,扰乱了人们的思想认识,降低了科研生产工作环境标准,后果很严重。

---

① 刘顺元访谈,2014 年 11 月 4 日,四川绵阳。资料存于采集工程数据库。

工作组的主要工作是和设计队打交道，把工程项目、科研实验室、生产工号的主要任务、研究和生产工艺以及相关的工艺条件和要求向设计队、工艺组反复交底，为他们做工艺和建筑设计提供基础资料，也是设计的原始依据。

傅依备认为，考虑到未来的发展，在实验室和车间建设时，建筑面积应留有余地。

设计队内部有一个设计节约指标，在确定设计方案时力求节约。因此，在讨论设计方案时，设计方总是要求使用单位压缩指标，如工号的建筑面积必须说明每间房的具体用途。如果是加工车间，里面有几台车床、几台铣床……一台一台地计算面积，最后确定总面积。后来的发展事实证明，傅依备等工作组的这种考虑是正确的。由于实验室使用面积在建设的时候考虑不周，给后来的科研工作造成许多困难和制约。

如加速器实验大厅，到后来要进行一个大型宏观参数实验，要用到某加速器，可没有预留场地，要再建一个加速器大厅，不仅没有地方，也没有经费，时间也要往后拖。最后没有办法，只得将该加速器放在一间存放固体放射性废物的库房进行实验。这完全是无奈、不得已的选择，也是明显违背辐射防护原则的事情。

傅依备认为，合理的工作环境条件是科学研究的客观需要，必须坚持科研环境标准。

核物理和放射化学实验研究属于精细科学，对环境条件要求很严，对环境的温度和湿度都有各自不同的要求。而二号地区潮湿多雨，日照时间一年只有200多个小时，冬季寒冷潮湿，早晚气温波动很大。这样的环境条件对精密的物理和化学实验研究是不利的，必须创造满足科学研究的条件。因此，为实验室和物理设备大厅加设空调和暖气，是符合科学要求的。

放射化学实验对温度、湿度也有要求。工作人员不仅要穿特制的工作服，而且不能穿厚实的衣服。放射性化学物质一般都在密闭的工作箱或手套箱内操作，穿得太厚实，手就伸不进手套箱，室内温度低时，穿少了人又受不了。实验室内温度太低，实验操作人员手脚不灵活，甚至动作变形，影响人员操作精度；对于高压、高真空设备，在高湿度环境条件可能由于高压短路引发设备事故。

就是这样浅显的问题，往往很难取得共识。经常为保持室内温度或湿度的高低，傅依备作为使用单位负责人与设计人员争论得无休无止。为了说服设计人员，傅依备派项目具体负责人进行调研，列出实验室主要设备和仪器使用的环境温度和湿度及其对实验结果的影响，用数据来说服设计人员。

傅依备始终坚持，放射性气体和废水排放设施建设应慎之又慎，必须坚持国家排放标准。在建设过程中，围绕这个问题，傅依备等工作组成员和设计队工艺人员经常是马拉松式的争吵。

有些问题是可以进行严格的科学论证的。如从手套箱或工作间产生的放射性气体，是要经过一级过滤或是二级过滤才能排放，只要了解操作的物质和状态，操作量、过滤器效率，根据允许排出量，就可确定几级过滤；再如排放烟囱要多高才可使排出的放射性物质稀释并沉降到对居民安全的地区，都是可以科学估算的。但是，对参数和扩散模式的选用双方分歧很大，最后不得不实地做扩散试验。

经处理达到国家允许排放标准的放射性废水，能不能直接排放到附近小河沟？设计队坚持认为可以，工作组认为不行。理由是，平时小河水流量很小，排放的废水经处理后，放射性物质含量即使很低，但长期排入河沟，这些放射性物质也会被河岸边的砂石、泥土阻滞吸附，时间长了累积量大，被鱼类和植物吸收就会转移伤害动物和沿河的老百姓。

为此，傅依备等工作组的人员对沿河居民分布进行了统计调查。工作组提出采用废水贮存槽存放平时处理过且达到排放标准的废水，待洪水季节再集中进行排放。因此，需建两个钢筋混凝土废水槽，将废水储存到洪水季节再排入小河。最后，经过反复争论算是达成共识，较好地解决了这个问题。

傅依备坚持，核辐射防护安全建设必须达到国家辐射防护标准。

辐射防护是核安全领域一个重要方面。辐射防护最常用的方法就是采用屏蔽的途径，不同核辐射穿透物质的能力和能量不同，采用的屏蔽方法也不同，所用的屏蔽材料和厚度也不同。

几个大型核装置都是会产生核辐射的装置，其核辐射都是穿透能力强的中子、伽马射线、X光等，一般采用钢筋混凝土（重混凝土）做屏蔽墙，这些装置运行大厅的四面和房顶都用混凝土浇灌，其厚度是根据核辐射种类和能量大小经过科学计算出来的，以确保大厅外近处工作人员和过往居民的安全。

这本是一件容易理解的事情。但设计人员对三线建设节俭的方针政策的理解带有片面性，提出许多违背科学规律的想法和做法——"要革混凝土屏蔽墙的命"，用砂袋取代混凝土，要把静电加速器的钢筒改成卧式放置或是锯成两截以降低建筑物的高度，减少加速器大厅的混凝土屏蔽面积，等等。

傅依备善于发现和总结工作中存在的问题，敢于向上级提出自己的见解，促成问题的尽快解决。

1966年秋，傅依备代表工作组向国防工办、二机部等检查组的领导汇报了工程建设中存在的主要问题，重点报告了科研生产工作的特点和要求，特别是工程项目的建设标准和民用建筑的基本要求；针对科研生产的特殊性和本地区自然环境条件的特点，提出了一些建议和设想，得到了领导们的基本肯定。这对二号地区的工程建设和以后的工作影响很大。

当时，有上级领导强调国防研究所"隐蔽"建设的重要性，要求在厂区修建公路时不能修水泥路面或沥青路面，只能建砂石路面的公路，并且路面宽度只能是单车道。

傅依备针对这些主张提出了不同意见。他认为：保持内外交通运输畅通和安全非常重要，单车道很难保证车辆安全畅通，一旦出事小则延误时间，大则造成安全事故，这是不允许的；本地区雨水很多，经常出现道路地面甚至整段路基被冲坏，一般砂石路面根本经不起雨水冲刷；水泥或沥青路面是否一定影响"隐蔽"，证据不充分。

当时，傅依备等人受到的压力很大，胳膊扭不过大腿。

后来这些设施投入科研生产后，迫于科研工作的实际需要，又将全部厂区道路改成沥青路面，将坡度大或急转弯路段改成水泥路面。

1967年3月，李英杰副指挥长带队，傅依备等人参加了在北京京西宾馆召开的"673"会议，902地区各分指挥部汇报了工程建设标准和执行过程中遇到的问题。出席这次会议的领导人有国务院副总理兼国防科工委主任聂荣臻元帅，以及国防科工委、国防工办、二机部等机关领导人。

傅依备准备得比较充分，受委托将902地区的情况在大会上作了总汇报。他重点强调和呼吁需要解决的问题有：

一是在科研工艺工号使用面积、建筑标准、水暖电供给和环境条件保障以及建筑内部装修等存在许多问题；科研实验室、生产厂房的设计和施工建造未能满足科研生产工艺的要求。

二是民用住房建筑标准太低，每平方米30元和40元造价的规定只能是"干打垒"建筑的标准，比照当地老百姓住房和室外厕所的标准来建902地区民用建筑对稳定职工队伍不利。

三是902地区各所分散在绵阳广大地区，但九院科研生产任务密不可分，联系频繁，一个可靠完善的通信网和来往交通的基础设施建设非常重要，但当时已有的和待建的有线通信网和简易的砂石路面公路很脆弱，经不起自然灾害的破坏。

四是关于未来职工生活条件和安全保障问题在规划建设中需要落实的具体事项：将来一、二、三所职工生产生活水源与地方关系及建设方面存在问题，有待解决；二号地区地处山高沟窄，雨水多，日照时间短，冬季阴冷潮湿，人体散热快，很不适宜人居，应从实际出发区别对待该地区民用住房采暖问题；二号地区有三条横向的地质断裂沟，并有七级以上地震烈度历史记录，此山沟集中了未来二所主要的几个研究室和几个大型核设施，应慎重考虑建筑物的抗震加固设施。

"673"会议使国防科工委、国防工办和二机部等上级单位领导及时获知902地区建设的情况和存在的主要问题，引起领导机关的高度重视，一些问题得到了及时纠正。

后来，上级同意902地区民房造价取消平房每平方米30元、楼房每平方米40元的标准；所有民房均建室内公用水冲厕所，实验室和生产加工车间一律修建水冲厕所;二所所有工号和职工住房加设暖气;二号地区所有住房和科研生产建筑都进行了抗震加固。

但在落实这些意见的过程中,仍然存在"左"的影响,有些事情傅依备也无力全部扭转。

1968年年初,二号地区传出来一个"三线建设要就地取材"的口号,据说是在试点。二号地区有一条小河穿过生活区和生产区。此河边有很多小石子,设计人员认为这是很好的建筑材料,于是很快就有人利用小石子发明了一种"米花糖砖"。这种砖是用小石子与水泥粘合在一起做成砖块用来砌墙。他们背着使用单位用这种材料建了许多房屋,有职工住房、各研究室和车间的办公室、警卫部队住房、食堂、招待所等建筑。

图5-2 当年的"米花糖砖"实物近照,重14.5千克,长×宽×厚=40×20×12.5(单位:厘米)(2016年5月5日,廖明强摄影)

在2008年"5·12"大地震中,所有"米花糖砖"民房散架垮塌。由于违背科学、压缩结构指标建起来的科研建筑受到严重破坏,但一些抗震加固过的重要核设施相对安全一些。

1979年11月15日,二所党委在推荐傅依备评为研究员的意见中对这段历史作出如下评价:"傅依备同志不仅从事科学研究工作,而且在建设实验基地方面也做出了重要贡献:组建了221厂717放射化学工号,特别是负责了筹建二所的生产准备工作。尽管在当时有各种干扰,特别是极'左'路线的干扰和残酷的迫害,在很困难的局面下为筹建这一核物理和放射化学的重要科研基地做出了重大的贡献。"[①]

[①] 4-2-1,科技干部晋升技术职称审批表,第3-11页。存于中物院人事教育部档案室。

"文化大革命"冲击

在"文化大革命"运动中,领导干部几乎都遭到了批判和揪斗,被不同程度地扣上了不同罪行的帽子。

傅依备也不例外。由于有些人将二号地区建筑设计标准一再降低,无法保证科研生产的正常进行和职工生产生活的安全,作为生产技术准备科的负责人,傅依备对此据理力争;加上他赴京汇报时,始终坚持尊重科学的原则,如实地汇报了基建中存在的各种问题,这样就得罪了少数当权者。

在二分指挥部揪出的一批人中,傅依备是"罪行"最重的一位。

在山沟里,铺天盖地的大字报随即贴了出来。写着傅依备是"反革命""隐藏的特务"的大字报后面,还贴有傅依备自己写的很长的"解释"和"申辩"的大字报。

1968年11月,傅依备被以"漏网大右派、国民党残渣余孽、个人野心家和现行反革命分子"等罪名关禁闭,并按"苏修特务"和"美蒋特务"进行拷打审查,受到残酷的迫害。

图5-3 傅依备在"文化大革命"时被关押住过的黑屋子近照(2016年5月5日,廖明强摄影。此屋十多平方米,现为当地老乡居住)

到后期放松了点,让他白天参加劳动,最脏最累最危险的活都要他干。修车库平场地,用藤筐抬石头,他为一方,几个青年轮着和他抬,这是想把他折磨垮。即使这样,他还是喜欢劳动,喜欢阳光和室外的新鲜空气。①

---

① ZL-49-1,傅依备:在九院二十年的片段回忆。见:《事业回忆录汇编》。1984年,第1-25页。存于二所档案室。

图 5-4 傅依备在"文化大革命"时被体罚半夜绕圈跑的楼房近照（2010 年 5 月 5 日，廖明强摄影）

傅依备当年的同事宾朋讲述了傅依备在"文化大革命"期间的几件事：

"在傅依备的那一段时间，境遇很惨，关禁闭，关黑屋，又挨打。当时成立的专政组，就是一些年轻小工人，当然听领导的了。晚上不让傅依备睡觉，故意捉弄他——深更半夜把傅依备弄起来，叫他围绕着一栋楼房跑步，一栋楼有四个角，四个角都有一个小青年把守。当看到傅依备跑不动的时候，小青年上前就是几脚！就这样，让他不停地跑。

"还有，让傅依备非常痛心的是，当时他爱人从北京也搬到山沟来了，三个儿子也来了（老四正怀着的），不让他跟爱人和小孩接触，即使见到也不能跟他们说话、打招呼。这让他非常痛苦，心里受到了很大的刺激。

"每次开批斗会的时候，备受折磨，叫他低头就必须低头。还要用那个小石子做成的'米花糖砖'，用绳子套着，叫他每次开批斗会时都带着这个砖头去，一说他不老实的时候叫他自己把这个'米花糖砖'吊到脖子上。

"过节时，他家里给他送了一些饺子去，这也是人之常情，看守他的人，就把每一个饺子用筷子扒开，看里面有什么东西，有没有接头暗号之类的。像这样一个个经过检查，然后再让他吃。"

1969 年年底，221 厂连续发生了所谓的"三大案件"。

军委办事组决定 221 厂暂停搬迁，并派赵启民和赵登程（当时称"二赵"）进入 221 厂。在"二赵"的指挥下，开展了严酷的"清队破案运动"，审查干部，清理阶级队伍。1970 年，"清队破案运动"扩展到 902 地区，而二号地区又是运动的重灾区，一些同志被打伤、整残，有的甚至被迫害致死。

运动的初期，傅依备除了参加学习和批斗外，主要任务就是养猪、种菜。面临严峻的政治形势和繁重的工作任务，傅依备自己抽出一些时间，潜心研究医术，尤其是对针灸疗法情有独钟。

一开始，他学中医、学针灸只是为医治自身的伤痛和疾病。可时间一长，知道的人就多了。时不时就有邻里和同事上家里向他求医治病，而他都一概热情相助。他的腿虽然有些伤痛，走路不太方便，但在那些日子里，在生活区家属楼的附近，经常能看到他端着水杯、拿着装银针和消毒棉纱的方盒子，一瘸一拐地到患者家中去针灸医病的身影。

刘中林同志的胃一直不好，总是隐隐作痛。虽然中医西医都诊治过，也吃了一些中药西药，但治疗的效果并不太明显。经过傅依备的治疗大为好转。

刘中林讲述了当时的情景：

"当时，咱们老点医疗水平还比较差，医疗方面还欠缺一些。他那段时间，就经常钻研针灸和中医药，但是他更拿手的还是针灸，是他自己钻研的。他非常关心邻里疾苦，帮助解决一些困难。

"当时我有点胃病，他知道以后，每天下午都拿着他那个针灸的小盒子，就到我们家来，聊聊天，说说话，然后就开始给我治病。我当时对他还有些不太相信！他看出我的顾虑，就给我讲其中的道理，他说在自己身上都试过，然后就给我扎。基本上每天下午都要来一次。扎了一段时间后，确实就感到挺舒服，这样就好了。"[①]

傅依备最难能可贵的品质是：身处逆境，戴着"反革命分子"帽子，但他心里还时刻想着集体，出主意、想办法，竭尽全力地为职工排忧解难。

那时，根据由军代表担任的所长和党委书记的指示：要连队自办食堂，而且要自力更生、自己动手。连队的主要领导都是军人，对带兵打仗、搞军事演习、军事训练是行家里手，但让他们搞建筑，困难就大了。正在连队里接受监督改造的"反革命分子"傅依备，坦然地接受了这项任

---

① 刘中林访谈，2014 年 11 月 4 日，四川绵阳。刘中林，傅依备部下，曾任研究室党支部书记。资料存于采集工程数据库。

务。经过他的勘察设计，带领"战士"们立即开工。选址、划线、挖地基，大家干得热火朝天。

为了既保证质量，又节约材料，他又带领"战士"们到河滩捡石头、筛沙子，利用废弃的建材搭棚子、盖屋顶、修门窗、垒灶台。干这些活，傅依备都很在行，其他科技人员处处还得请教他。在很短的时间内，连里就建起了食堂，成立了炊事班，大家吃饭的问题就不用愁了。每当全连"战士"吃上可口饭菜的时候，心里常念叨连里这位还在接受群众监督改造的傅依备。

连队吃饭的问题解决了，可是新的问题又来了。当年修"干打垒"的工号都不准修室内厕所，即使修了卫生间也不准使用，无论是严寒酷暑，还是刮风下雨，无论男女老少都要到室外上公共干厕所。否则，就会被认为滋生资产阶级的享乐思想，变成修正主义。为了尽快解决燃眉之急，连队又找到了傅依备，让他想办法。傅依备提出在办公区的河边建一个厕所。

傅依备又带领大家下河挑选鹅卵石，从几丈深的河沟里背石头上来备用。河沟有40—50米深，上下坡陡路窄。背着几十斤重的石头再爬坡，其难度可想而知。当时，室里的年轻人大部分都是二十多岁的小伙子，正值年富力强。傅依备已经是四十多岁了，身心一再受到摧残，腿上还有旧伤，走路一拐一瘸地，可他依旧同年轻人一起到河沟里背石头。没用几天的工夫，"干打垒"式的厕所就建成了。

20世纪70年代初期，国家经济困难，粮食、食油以及肉类等都要凭票供应，"战士"们的生活很清苦。

自从连队自办食堂以来，每天都要倒掉一些烂菜叶、淘米水、刷锅的泔水等，确实怪可惜的。傅依备出了一个主意并得到大家一致赞成：自己养猪。接下来，傅依备又带着大家下河里挑选鹅卵石，很快就盖起了猪圈。饲养员是从室里的科研人员中选派的，没有养猪的知识和经验。傅依备就主动悉心指导饲养员，讲授一些养猪的知识。养猪以后，大家的生活也改善了。[①]

[①] 刘中林访谈，2014年11月4日，四川绵阳。资料存于采集工程数据库。

傅依备还积极参加体力劳动，如挑粪、种菜之类的活。从他当时的日记可以看出，他参加这些劳动，不怕脏和累，感到很愉快，思想进步："今天挑了一天大粪，感到很愉快。身上沾了很多大粪，并没有感到臭，也没有想去洗一洗，换一换衣服，而是一直坚持到把粪上完（给土豆施肥）。这也是思想上的一个进步。"① "《五·七指示颂》：五·七指示放光芒，茶园沟里披新装。主席思想引新路，山上山下变农场。昔日文弱书生气，四体不勤脸色黄。工农结合康庄道，挑担大粪上山岗。"②

运动后期，所里决定在所处的山沟上面修建一座水电站，以便所里在大电网停电时可以应急。为此，要在接龙桥附近筑一道拦洪坝。1972年1月，隆冬飞雪，正值大坝合龙。有一天，正在修建中的拦洪坝合龙口越来越窄，河水也更加汹涌，将投入水中的石头等填料冲走。在这紧急关头，傅依备第一个跳进齐胸的河水中，用身子阻挡冰冷的河水，孙颖、张桂兴等六七个人也跳入河中，手挽手筑起人墙，很快大坝顺利合龙。③

1971年"9·13"事件后，二所的"清队破案运动"才逐渐降温，直到给所有的受害者彻底平反而告终。傅依备在获得"解放"后，捐弃前嫌，不计得失，抓紧基建工程收尾，尽快恢复了科研生产。

当时，221厂开始大规模地整体向四川搬迁过渡。傅依备被编在搬迁过来的五连一排三班，即原实验部32室3组。傅依备和大家在一起生活、学习和劳动，他从来没有感到这样开心，身体慢慢得到康复。

在得到平反和"解放"后，傅依备自己却很乐观地、能够正确认识这段受屈辱的历史，对曾经有些恶意整人的行为，傅依备是能够理解的。他以国防事业为重，不计个人恩怨和得失，继续精神抖擞地参加到科研工作和其他各项工作中去。

他在自己日记里写道："我是不记仇的人，不管人们对我如何。整过我、造谣中伤，甚至在'文化大革命'中动手打过我的人，我总是持原谅

---

① 傅依备日记，1971年4月29日。资料存于采集工程数据库。
② 傅依备日记，1971年5月4日。存地同上。
③ 《傅依备传》编写组：《中国工程院院士传记——傅依备传》。北京：航空工业出版社、人民出版社，2016年，第201-202页。存地同上。

的态度。我把这一切归结于当时的环境因素,从来没有把这些因素带到工作中去,更没有利用自己的地位和权力对人进行报复,而是一切秉公办事。对此,我心安理得。"[1]

20世纪70年代初期,九院体制调整后,为了加快进度,尽快开展科研工作,熟悉基建情况又精通放化测试科研的傅依备,被指定为放射化学研究室的技术负责人。作为主管放化研究室科研业务的傅依备,首先着手整顿被"文化大革命"破坏的研究室科研队伍。时值"文化大革命"尚未结束,放化研究室科研人员人心涣散,思想混乱,派性影响严重,部分科技骨干关系紧张;还有一部分科技骨干要求调离九院,不愿负责科研课题。

面对百废待兴的工作局面,傅依备坚持站在党性立场上,从事业发展的高度出发,全身心地投入到深入细致的思想工作中去,逐个找科研人员谈心。同时,他很注意以身作则,在处理问题上公正、公平,放化研究室很快就消除了由于"文化大革命"造成的群众之间的隔阂和思想混乱,科技人员有了工作积极性,愿意承担科研工作,放化研究室的队伍很快稳定了下来。

随后,傅依备与科技人员一道,调研、讨论并确定了放化研究室的科研主攻方向及关键技术,重新调整了科研行政组,设置了重要研究课题,提出实施的技术途径,组织研究解决科研中出现的各种问题。

由于受"文化大革命""左"的影响,902地区许多基建项目被砍,布局被破坏。二号地区四个放化诊断密不可分的工号分隔三处,使工作起来增加了许多不便和困难。工程质量降低,有的项目没有按期收尾,有的甩项停工,不了了之。

当时,傅依备接到任务后,感到压力很大:一方面,放化实验室没有交工,可公司人员已撤离,收尾工程量很大;另一方面,第二年就要承担核试验的放化诊断任务,迫在眉睫。面临两难的局面,傅依备毅然决定自己动手。他向全室科研人员讲明困境和出路,得到了大家的支持。

---

[1] 傅依备日记,1986年12月30日。存于二所档案室。

图 5-5　60—70 年代，傅依备五口之家的居住屋近照（十多平方米，左图门窗、墙面灯线等基本保持原貌，右图为另一搬家后的居住屋外景近照；现为老乡居住。2016 年 5 月 5 日，廖明强摄影）

放化研究室所属的四个工号，没有一个全部完工，更没有办理交工验收手续。化学实验台、通风柜都没安装，有的甚至未就位就已经弄得破烂不堪。现实逼迫着傅依备他们边学边干，一项一项地完成。没有图纸就自己设计；通风柜没有门就自己加工；学着割瓷砖、划玻璃、锯石棉板，电工、钳工、管工、木工、油漆工，样样学着干。在傅依备的感召下，不久前还遭受到歧视和伤害的科技人员，在国家任务面前没有半点含糊，大家按照分工，全身心地投入到各自的工作之中——下水道不通自己掏，淋浴间水排不出去自己修排水沟，没有车就自己用肩扛，实验室清理没有水就到小河用桶提。

傅依备组织全室的同事们用了半年多的时间，齐心协力地苦干实干加巧干，完成了工号的全部收尾工程，建成了放化实验室、化学分析实验室、放射性测量实验室等。在他的积极组织下，为二号基地建设后接受第一次国家试验任务的放化诊断分析任务创造了条件。

当核爆样品到达室里后，全室积极投入到紧张的放化分析工作中。在全所的支援、配合下，经过不到一个月的日夜加班加点，终于在新建的二号里第一次完成了国家核试验回收样品的分析工作，测出了所需要的数据。工作完成得很出色，得到了邓稼先等院领导的肯定。[①]

[①] 《傅依备传》编写组：《中国工程院院士传记——傅依备传》。北京：航空工业出版社、人民出版社，2016 年，第 202-204 页。资料存于采集工程数据库。

第六章
推动核武器相关科学技术的发展

傅依备在研究室、研究所和中国工程物理研究院科技委四十余年的任职期间，为我国核武器相关科学技术，特别是放化诊断技术和武器安全性技术的发展作出了奠基性和开拓性的突出贡献。

推进放化诊断技术的发展

核试验是发展核武器技术的重要途径。通过核爆炸试验获取表征核装置爆炸过程的信息以推算核武器特性参数的方法称为核试验诊断方法。其中，核试验放化诊断与一般放化分析方法有显著不同。放化诊断是核试验诊断方法中最直接、最准确的一种方法。我国的放化诊断技术是在没有外援、没有国外可借鉴资料的情况下，在极其困难的环境中，经历了从无到有、从粗到精的发展过程而发展起来的一种技术。

由于受"文化大革命"的影响，同时还深受"清队破案运动"的严重干扰，九院科研工作包括放化诊断工作在极不正常的工作环境中进行。"文化大革命"后期，傅依备获得"解放"后，积极恢复科研生产。在他的主持推动下，研究所开展探索放化诊断中多种深层次的科学技术问题并取得突破。

其中之一就是在实践中开展对分凝现象的研究。

为了深入开展分凝问题研究，他特地组织若干技术骨干到北京进行专门的文献调研，并系统地开展研究。因为，核试验固体样品的分凝现象，是核试验放化诊断中影响分析数据精度的重大课题之一。傅依备团队研究的重点，放在了"自然分凝"上。

图 6-1　1987 年，傅依备在二所老点办公室工作照

陈银亮讲述了这段经历：

"'文化大革命'运动后，刚组建的二所百废待兴，调整体制、恢复科研生产、准备核试验放化分析的工作异常繁重。就在这样繁重的科研生产任务下，傅先生还考虑到放化分析中一些有关数据可靠性的关键技术问题，例如分凝问题，就派调研小组到北京调研了近两个月。这次调研系统地查阅了文献资料，对分凝问题作了比较系统的了解。除了参加调研的人员外，室里对分凝研究感兴趣的人还有很多，许多人都参与到分凝问题的研究中来了。

"通过研究，得出了利用对数关联与线性关联对放化分析数据进行分凝处理的方法。线性关联的处理方法还在以后用到了地下核试验中。在分凝问题研究中，一些同志又提出了核素配对法，即选取彼此基本上不分凝的取样系数核素与裂变产物核素配对，利用所谓的好样品中的数据，得出待测核素的总量，避开了分凝的影响。这种方法成为后来我们处理放化分析数据的基础。"[①]

另外还积极组织探索内活化指示剂分析技术。利用指示剂的核反应测

---

① 陈银亮：亲切平和，诲人不倦。见:《傅依备院士八十华诞文集》。北京：原子能出版社，2009 年，第 78 页。陈银亮，研究员，曾任二所科技委主任。资料存于采集工程数据库。

量核爆炸产生的高能中子总数或威力等信息，始终受到院领导、理论设计部门的高度重视。王淦昌副院长一开始就对内活化方法十分关注，早期从原理、方法到数据处理，傅依备全都亲临指导，并与大家一起选定方案、分析结果。傅依备和其他领导负责组织了内、外活化法的技术研究与方案实施。在后来的多次核试验中，开展了多项技术研究工作。通过大量细致的研究，活化指示剂方法在放化诊断中发挥了重要作用，为核武器研制提供了丰富的信息。

但利用指示剂测定分威力总是不令人满意，也不能满足理论设计的要求。20 世纪 70 年代末，指示剂测试人员提出了一个采用气体指示剂测定分威力的创新设想。这个设想一经提出就得到了傅依备的全力支持。在他的指导下，大家对方案进行了深化研究，并与理论设计部门的同志进行了技术探讨。

这是一项复杂的系统工程，涉及理论设计、核部件加工等工作。由于条件不够成熟，这项工作在很长的一段时间里一直停留在"纸上谈兵"的状态。指示剂测试人员没有放弃。他们利用反应堆测定了指示剂的俘获反应与裂变材料的裂变反应截面比，完成了试验测试的相关准备工作。在傅依备和其他领导同志的推动下，采用气体指示剂测定分威力的设想获得了上级的支持。

到了 20 世纪 90 年代初，各方面的条件趋于成熟，理论设计部门在核试验装置设计中，给出了测定分威力的要求，加工单位积极研究，在核材料部件中按要求均匀地加入了指示剂材料。通过试验后回收样品的分析，放化诊断第一次采用指示剂测定了试验装置分威力数据，证明方法是成功的，也为理论设计提供了满足要求的诊断结果。后来，这个方法成为测定分威力的基本方法，成为每次试验都必须上的重要项目。

在此基础上，傅依备又大力推进对气体取样新方法的探索。

气体取样方法是在内外阻力都很大的情况下推出的。20 世纪 70 年代中期，有科技人员提出进行气体放化诊断的方案，在研究室里意见分歧很大。报到所里后，计划科负责人认为可以试一试。傅依备是主管计划的副所长，他认为利用气态裂变产物完全可以用来计算当量，是可行的，关键是如何快速可靠地获取到气体样品；他支持上这个项目。

通过一次地下核试验的检验，抢收了气体样品，经分析回收的气体满足放化诊断的要求。气体法第一次报出了有参考意义的威力数据。[①]

但气体取样的技术需要改进。傅依备积极组织科技人员探索一种新的取样技术。这种技术要求既能维持气体流通，又不会造成放射性气体严重泄漏。这是一项充满希望又有风险的复杂工程。在试验中上不上这种方法，当时有很大的争议。傅依备却对此全力支持。

图6-2　1984年，傅依备和于敏院士（左一）在实验室

为了在20世纪70年代中期的一次核试验中试用这种新的取样方法，提前四个月与相关协作单位签订了外协加工合同。受1976年唐山、四川平武大地震的影响，外协加工和交通运输受到了严重影响。

出场时间临近了，傅依备迅速组织协调，使取样系统关键部件按时到所。紧接着，傅依备紧急动员相关科室和车间人员加班加点加工接头，完成配套，并亲临现场和大家一起动手装配。新的取样系统在这次试验中得到试用，得到原理性考核。在另一次试验中，新的取样方法顺利通过了在更为复杂环境条件下的原理考核，最终使我国地下核试验有了快速、安全、简易、可靠的取样技术。[②]

葛凤鸣对气体取样方法进行了评价："气体取样和气体分析这两项工作，我们当年做得都挺好。通过试验证明，气体取样做出来的放化结果非常理想。领导们看到了气体放化分析的优越性很大，在外场试验中发挥着

---

① 孙颖：漫漫人生奋斗路，拳拳赤子报国心。见：《傅依备院士八十华诞文集》。北京：原子能出版社，2009年，第11-12页。孙颖，傅依备同事，研究员，曾任中物院科技委副主任。资料存于采集工程数据库。

② 郭高品：气体取样方法的诞生。见：《傅依备院士八十华诞文集》。北京：原子能出版社，2009年，第70-72页。郭高品，研究员，曾任二所科技委副主任。存地同上。

第六章　推动核武器相关科学技术的发展

图6-3 1990年，傅依备在核试验基地和葛凤鸣一起检查气体取样系统（资料来源：《傅依备院士八十华诞文集·照片选辑》，第35页）

独特的作用。"①

傅依备也说："到现在为止，我们已经把气体取样这个问题解决得很好了，可以说是得心应手，想怎么做都可以。这已经变成一种掌握得很好、已经达到了精通的地步。这是我们独自研发的一种方法，是我们的专利。"②

实践证明，气体分析法由于取样快速，速报威力误差小，在放化诊断中起到了独特的作用，成为一种必不可少的、快速的测定威力的常规方法。能取得这样的成功，是全体科技人员冲破重重阻力、克服一个又一个困难、不断开拓进取的结果。这其中，更包含着傅依备的科学敏锐、大力支持、积极组织、勇挑重担、亲赴现场带头实践的智慧和力量。

1979年4月，傅依备担任了国防科工委核试验放化分析专业组组长。在他的具体领导下，在研究提高放化分析测试技术水平、组织测试技术交流和数据比对方面开展了大量有效的工作。

当时国家核试验的放化测试分析任务分别由两家单位承担，加上理论设计部门，三个单位通过放化分析专业组的活动紧密地联系在一起。通过放化分析专业组的会议，组织理论设计部门和放化诊断的专家们一起讨论测试诊断的理论和技术问题，确定测试分析项目，分析评估试验测试结果，组织两家试验测试单位进行各种方式的测试技术比对，制定放化测试工作中共同遵守的规范，有效地解决了理论预测和试验测试存在的问题和不足，促进了放化诊断在诊断理论和核试验测试技术水平的提高。

通过大量而细致的工作，两家的放化分析测试技术水平互相促进、共同提高，测试数据的质量明显提高。后来，大部分重要的测试量，两家的

---

① 葛凤鸣访谈，2014年11月3日，四川绵阳。存于二所档案室。
② 傅依备访谈，2014年11月11日，四川绵阳。存地同上。

分析结果常常只相差百分之一甚至是千分之一。这对样品体系复杂、分析环节众多的放化分析而言，不能不说是一个了不起的成就。[①]

身先士卒抢核爆样品

核爆取样是探索建立气体分析方法的关键环节。从 1975 年开始，傅依备就把大部分工作精力放在某次试验的相关准备上，希望通过这项任务能把二所各方面的工作带动起来，同时对二所的整体能力水平也是一次考验。

二所参加这次试验任务的人员较多，编为第二测试队，院里指定傅依备为第九作业队副队长兼第二测试队队长。当时，试验场地生活条件差，参试人员大部分住的是帐篷，也有一些质量很低、卫生条件很差的土坯房子，十几人挤一间；厕所是在野外挖一个坑，周围用芦席一挡，天热时臭气熏人，苍蝇满天飞。

参试人员是从事科学研究的科技人员，又要干繁重的体力活，全所参试的许多仪器设备都要靠人工搬运。为确保成功，大家在工作上严肃认真，一丝不苟。一切安置就绪后，还要逐项检查了又检查，对每个环节想了又想，大家的心一直没有踏实过，直到看到数据才能安下心来。

图 6-4　1990 年，傅依备（右）在核试验场地与同事一起工作（资料来源：《中国工程院院士传记——傅依备传·照片选辑》，第 9 页）

[①]《傅依备传》编写组：《中国工程院院士传记——傅依备传》。北京：航空工业出版社、人民出版社，2016 年，第 222-227 页。资料存于采集工程数据库。

取样人员零时前的工作是安装和调试各项测试设备，同时练习穿戴防护服并进行实战演练。为了适应取样时的工作条件，他们平时就穿戴着防毒面具工作。他们穿着全身防护服和防毒面罩，从实战出发进行了数次综合演练，每次演练下来个个都浑身大汗，筋疲力尽。

试验零时确定后，所有参试人员都以激动的心情等待着这个时刻的来临。零时前两小时，气体取样回收人员都集中在洞口外指定地点待命。

参加第一批取样的有傅依备等五名科技人员。"起爆"后传出了"试验成功"的喜讯，指挥部命令傅依备等人员进场取样。

图 6-5　1990 年，傅依备（中）在核试验基地整装待发参加核爆气体取样（资料来源：《傅依备院士八十华诞文集·照片选辑》，第 35 页）

当傅依备带领的小分队到达离洞口一定距离时，发现取样间电源无信号。当时，洞口山石倒塌声响成一片。取样队到达取样间，发现取样间已湮没在巨石堆中，抽气泵电源已断，辐射监测报出所有人员照射剂量超过应急允许标准。此时，指挥部命令傅依备率队立即撤离现场。

刚撤回来后，傅依备等向在基地指导工作的领导汇报并提出第二次进场取样。但第二次取样未成功。第三次进场取样仍未取到样品。第二天，根据朱光亚副主任的指示，傅依备又组织了第四次取样。队员们冒着有害气体中毒和窒息的危险,快速地取了两瓶气体样品。经分析,回收气体的放射性物质浓度满足了放化分析的要求。朱光亚副主任后来特地称赞傅依备是"英雄"!

在这次冒险取样中,冲在最前面的是傅依备。在这些人当中,他年龄最大,又是两个项目的总负责人。在排除险情、修复被震坏装置的战斗中,他动作之快,判断之准,大家笑称他"老将出马,一个顶俩"。[①]

傅依备在一篇回忆参加这次冒险经历的文章中感慨地写道:"虽然我已年过半百,所剩时间无几,面对时代的要求已经有点力不从心了。然而,我绝不会辜负党和祖国对我们这一代知识分子的殷切期望,绝不会放过这个可以大有作为时代的每一寸光阴。我要立足本职,扎根山沟,为祖国的明天和国防事业释放尽最后一点光和热。"[②]

组织型号生产

20世纪70年代,傅依备负责二所科研生产的计划组织和调度管理工作,他组织力量,克服困难,创造条件,努力在山沟新科研基地开始进行型号任务生产,为国家核试验加工生产新的型号产品。

根据当时核试验工作的安排,从产品加工制造到核试验测试全由二所承担。从当时的加工条件看,加工的机械设备问题不大,主要是人的问题,队伍人心不齐。在恢复科研生产的初期,一些职工干活不听指挥;干部也心有余悸,工作推动不力。

在这种情况下,傅依备就一方面耐心做职工的思想工作,另一方面组织科技人员共同努力,积极创造条件,积极开展生产加工。

---

① 《傅依备传》编写组:《中国工程院院士传记——傅依备传》。北京:航空工业出版社、人民出版社,2016年,第210-213页。资料存于采集工程数据库。

② ZL-49-1,傅依备:在九院二十年的片段回忆。见:《事业回忆录汇编》。1984年。存于二所档案室。

当时，要加工首先得把机床调试好。这些机床安装后就没有调试过，而且还因为缺配件调试不出来。傅依备当时是负责组织生产的，所以这个担子都压在他的身上。后来，他找到机修车间主任李贵谦，这位老师傅是一个八级工，非常有经验，什么东西到了他手里，不能动的也能动起来，不好动的可以动得很好。傅依备就请李贵谦师傅去调试，搞了一两天就把这个机床运转起来了。

所需材料加工工艺比较复杂，其中液氮必不可少。傅依备费了很大力气去组织生产液氮。当时，生产液氮的车间处于停顿状态，人心涣散。傅依备去后发现，这个车间的职工精神状态不佳，机器不能开。傅依备亲自跑到车间主任家里做工作，然后去车间召集在场的工人师傅，讲清型号生产加工的重要性，要求人家积极工作，加快准备。在他的动员和组织下，这个车间的师傅们迅速行动起来，进行调试，最后把液氮生产了出来。随着液氮问题的解决，材料加工前所需要的条件也具备了。

这样很快把材料加工出来了。试验用的型号产品的加工，除一种材料在兄弟单位加工外，其他核部件全是二所完成的。①

傅依备当年的同事武胜（现为中国工程院院士）讲述了这段亲身经历："当时的型号产品部件大，加工以后切屑很多，切屑化学活性很强，易氧化，很不安全，容易造成切屑燃烧和放射性污染事件。傅先生、王志云（时任室党支部书记，后任所、院党委副书记）和我们车间的领导设计了一个土压机（类似于榨油机，就是用螺纹螺杆旋转升降挤

图 6-6 核部件加工切削压制机模拟图。1975 年，为解决核部件加工切削的安全处理问题，210 室职工自力更生，自制了核材料加工切削压制机。傅依备作为主管科研的所领导，每周去一次 210 室，与科技人员一起推动装填压制（根据武胜院士 2015 年 4 月 16 日接受访谈时回忆草稿示意图，由二所车间职工夏秀清绘制）

---

① 傅依备访谈，2014 年 11 月 11 日，四川绵阳。存于二所档案室。

压），没有机器带动，由人工来推动。我们每个礼拜做一次处理，每次傅先生都来跟我们一起劳动，把这个切屑放在模具里面，推磨似地旋转，把它压紧。当时这项工作在一个小平房里进行，没有先进的办法，就用这个土办法，因陋就简，解决问题。"①

开展核测试技术相关基础研究

宏观参数是核武器技术发展的重要基础之一。由于"文化大革命"的干扰和"清队破案运动"的破坏，二所宏观参数的研究几乎全部停顿。

傅依备担任副所长后，花大力气整顿、恢复和发展了宏观参数的研究工作。他力排众议，制定了宏观参数研究的具体规划，建立了相应的研究机构。傅依备敏锐地发现"三率"（造氚率、裂变率、穿透率）的研究是核武器技术发展的重要基础和手段，并身体力行，从无到有，克服种种困难，推动相关研究工作的开展，填补了技术空白。1975年，利用二所加速器条件，安排"三率"的测量工作，先后建立了一些大型装置，这些装置当时在国内外几乎是绝无仅有的。②

"三率"是核武器设计中所需要的最基础、最关键的宏观数据。九院在20世纪60年代就提出了开展"三率"测量的研究工作。造氚率和裂变率实验测量数据国外也有发表，问题在于国外发表的数据非常有限。傅依备他们研究分析后，发现国外发表的数据并不可靠。而我国的核武器研制靠这样的数据来设计，显然是不行的。时任九院院长邓稼先指出："裂变率这个数据很重要，理论计算与英国人实验值差别很大，要测出我国自己的实验数据。"

---

① 武胜访谈，2015年4月16日，四川绵阳江油。武胜，中国工程院院士，傅依备同事，时任210室主任。存于二所档案室。
② 孙颖：漫漫人生奋斗路，拳拳赤子报国心。见：《傅依备院士八十华诞文集》。北京：原子能出版社，2009年，第14页。资料存于采集工程数据库。

但在之后的十年,"三率"的实验研究工作进展缓慢。其原因是中子实验测量的技术比较复杂,短时间内难以掌握。一方面实验需要使用的核材料数量大,国内一时难以具备;另一方面当时国家财力有限,没有足额的科研经费来支撑这种课题。因此,九院搬迁到四川后,计划部门将该课题砍掉了。

1973年,傅依备担任二所副总工程师后,主要分管二所的科研计划和调度工作。在他的领导下,各项工作逐步走上正轨,"三率"的实验研究也就提上了日程。

他非常关心"三率"测量的工作,专门到实验室与课题组负责人进行交流讨论。在与相关科技人员讨论时,傅依备认为,不能满足眼前的成绩,应该看得远一点,视野宽一点,要拓展现有的科技领域,走出自己的路来,走国防科技创新之路,这就要加强基础学科的研究。"三率"宏观物理参数的实验测量很重要,不仅有现实意义,从长远看这是为以后的核物理基础科学研究迈出的第一步。因此,在测量方法、测量技术上要下功夫,努力提高测量参数的精度,争取获得高质量的参数值。为了解决这些问题,他专门跑到九院院部,找到了时任院党委书记刁筠寿,报告了二所所面临的困难,并着重向刁书记讲述了宏观核参数"三率"的内涵和在核武器研制中的重要性以及该项目中断的经过,明确提出希望恢复"三率"项目,并列入院科研计划下达到二所。

刁书记询问了相关的问题,傅依备一一作了简要介绍,考虑到院的承受能力,没有和盘托出,期望日后逐一解决。刁书记表示同意将"三率"测量研究列入院预研计划,并希望二所要有长期打算。

傅依备非常高兴,挽回了一个"被判了死刑"的基础研究大项目。回到所里后当天就与相关研究室的科技人员和科技委领导一同讨论研究实施计划和存在问题的解决途径。

此后不久,在傅依备的努力争取下,得到二机部刘西尧部长的支持,解决了实验所需材料问题。接着,发扬"没有条件创造条件也要上"的精神,又想办法基本解决了实验场所问题。在车间主任武胜的积极配合下,解决了实验所需的其他材料和轻材料加工成型及机加工的工艺等复杂问题。这样,"三率"的所有研究项目都可按计划分头进行了。

在新建立的装置上，相继完成了裂变率、造氚率和穿透率的测量工作，接着又完成了活化率、造钚率及其他多种反应率的测量，为我国核武器设计提供了重要的参数。这是具有完全自主知识产权的"三率"测量数据。

在傅依备的支持和具体指导下，二所科技人员充分利用"三率"测量所建立起来的装置，相继开展了"中子穿透模拟实验"和"反照中子效应实验"等系列重要课题的研究工作，后来还先后与美国、日本、俄罗斯合作进行了实验研究。通过这些国际合作，提高了二所的国际知名度和学术地位。[1] 1989年开展的中子反照实验所得的数据，可以用来检验射线对武器性能的影响，可用于评价历次地下核试验的测量结果。这些工作的开展，使二所成为国内唯一系统开展和有能力承担这方面任务的科研机构。

重视武器安全技术研究

1991年3月，傅依备开始专职任中国工程物理研究院（简称中物院，1985年1月30日，九院使用此名称）科技委副主任。在规划中物院化学学科发展的过程中，傅依备对武器安全性进行了新的设想和探索。他积极规划，组织开拓了一个全新的从化学角度研究老化问题的领域，对满足国家利益的需要作出了突出贡献。

图 6-7　2003年，傅依备在中物院科技委办公室工作照

1996年，随着《全面禁核试条约》正式签订生效，在全面禁核试的形势下，可靠性研究与维护管理已成为各核武器国家研究的重要任务之一。

---

[1] 《傅依备传》编写组：《中国工程院院士传记——傅依备传》。北京：航空工业出版社、人民出版社，2016年，第231-239页。资料存于采集工程数据库。

探索如何提高武器寿命，确保武器有效性、安全性和可靠性已成为各有核国家相关科研部门的一项重要工作。因此，如何提高武器寿命，确保安全性、可靠性和有效性也就成为禁核试后我国所面临的一个重大课题。

傅依备对安全性研究提出了新的设想。①

李幼平回忆说："傅依备在考虑如何延寿的问题，因为我们那个时候的经济虽然正在复苏，但仍然缺少经费；相对于物价上涨，我们的军费没有涨，还在削减。"②

傅依备对当时国外相关研究领域一直保持着高度的关注。他结合自己多年从事放射化学研究的工作积累，与同事们通过跟踪调研掌握国外相关研究资料。

傅依备还根据核环境下"弱辐射慢作用"的特征，提出并指导开展了用于核环境的有机高分子垫层、支撑泡沫以及黏结剂的辐射稳定性研究。通过研究揭示了这些材料在弱辐射场作用下，其组成、结构和力学性能的变化规律以及生成的低分子气体产物的危害性。

对于此项工作，傅依备回忆道："在1990年院里的一个科技报告会上，我作了一个报告，提出了一个与国外不同的研究方向。由于两种不同的物质在一起就会发生相互作用，结果就会使材料发生改变。所以我提出了小剂量长期辐射效应。"③

1998年10月，中物院召开了大型的国防科技发展战略研讨会。傅依备亲自收集资料，调研科技信息，整理出与可靠性相关的材料化学问题的前期研究成果，花了较长时间撰写论文，在会上作了报告。他在报告中凭着深厚的理论功底和科学实验数据，深刻地解析了材料的腐蚀、老化和相容性问题，从宏观、微观乃至原子分子动力学角度详细分析了导致材料化学老化、衰变老化的机理和环境因素。该项研究工作得到了院领导的肯定和高度重视，并在科技人员和实际应用中产生了广泛而深入的影响。

---

① 《傅依备传》编写组：《中国工程院院士传记——傅依备传》。北京：航空工业出版社、人民出版社，2016年，第335-336页。资料存于采集工程数据库。

② 李幼平访谈，2014年12月10日，北京。李幼平，中国工程院院士，中物院原科技委主任。存于二所档案室。

③ 傅依备访谈，2014年11月12日，四川绵阳。资料存于采集工程数据库。

围绕可靠性相关材料化学研究，傅依备先后指导多名博士研究生开展了大量的基础性研究工作，通过培养人才来促进和推动安全性和可靠性相关研究工作的持续与拓展。现任中物院科技委副主任的汪小琳，是傅依备的第一个博士研究生。在撰写博士论文阶段，傅依备将汪小琳领入辐射环境下的材料化学研究方向，打开了又一片更宽广的研究领域。

而在研究工作的切入点上，傅依备敏锐地捕捉到材料表面研究的信息与热点。战略研讨会后，傅依备将报告原稿给了汪小琳，并就报告中的一些重要问题向汪小琳进行了讲解。在他的支持与指导下，汪小琳不仅顺利地完成了基金课题，并且部分研究成果已经应用在实际工作中，现在已经取得了较好的成绩，并成为材料学科的重要研究方向。

含能材料的辐射效应研究是可靠性相关材料化学研究的另一个重要研究方向。傅依备对含能材料化学的发展也十分重视。

"十五"期间，傅依备一直希望把含能材料化学和辐射化学研究相联系，认为这种研究方式可以更好地与应用相关联。在具体研究内容上，傅依备针对高分子黏结剂多组分、多界面的特点，积极倡导开展含能材料表面化学与界面化学研究，并在能力建设上给予大力支持。傅依备指导研究的"氟橡胶辐射效应"，开创了此领域研究的先河，其研究成果对于材料配方设计以及辐射老化效应研究有着重要的意义。

因此，傅依备提出了"深入研究辐射作用下不同气氛中发生的变化，为进一步评估其对可靠性的影响提供技术支撑"。傅依备指导的博士研究生罗世凯在高分子材料研究领域开展了大量工作。罗世凯在分析总结了国内外相关研究工作的基础上，开展了 γ 射线对聚合物的辐射效应研究，研究了气氛、剂量和剂量率变化的影响规律，如降解产生的气体的定性定量、化学结构、微观形貌和性能变化规律。

傅依备还利用二所拥有的钴-60 γ 射线源和高功率电子束加速器等辐照装置，带领他的学生黄玮和钟志京等开展了有机高分子和聚合物材料辐射老化效应及其与金属相容性方面的系列研究工作。2002 年，该方向进入"十五"预先研究项目中。傅依备指导课题组成员完成了高分子材料在不同条件下（辐射、温度、气氛和外力等）的辐射效应研究和辐射老化机理探讨工作；提出了采用计算机模拟的方法计算高分子材料单体单元中各个化学键的断键概率的思路；建立了相应高分子材料在辐照前后性能和结构变化的较为科学的研究方法。经过傅依备和课题组全体成员的共同努力，该项目在结题时被评为院优秀预研课题。

此外，傅依备还指导研究小组成功申请到了国家自然科学基金重点项目"特种核环境中相关有机材料辐射效应的实验考察与计算化学研究"。2008年，该课题在结题时被评为优秀课题。

2011年，傅依备组织课题组成员采取逐步逼近剂量率的方式开展不同剂量率的辐射老化实验研究，探讨材料经大剂量率短时辐照与小剂量率长时辐照后材料性能和微观结构变化之间的差异性，提出电子学系统关键元器件——半导体材料的辐射损伤问题，建议深入开展半导体材料的辐射效应及无损评价方法的研究。

傅依备和他的学生以及课题组成员还完成了高聚物材料性能和结构影响的研究，成为对有机结构材料性能研究的良好开端。此后，该项目被确立为院预先研究项目，并一直延续下来，获得了包括国家自然科学基金重点项目在内的有关经费的资助，也因此建立了有关的实验研究与分析测试方法和能力，取得了若干有价值的科研成果。

李幼平院士这样评价傅依备："傅依备的历史贡献，更重要的是科学上的贡献，就是在国家最困难的时期如何保证我国核力量的持续性，做了很多细致的工作。对老化问题进行微观分析研究，尤其是在延寿上，他有不可磨灭的贡献。"[1]

谋求核科技新发展

傅依备担任中物院科技委副主任后，参与制定了中物院发展战略规划，推动全院化学与化学工程学科的发展，从宏观上、战略上推动核科技

---

[1] 李幼平访谈，2014年12月10日，北京。存于二所档案室。

图 6-8　1990 年 11 月 14 日，中物院第二届邓稼先青年科技奖评定授奖、青年科协先进集体个人"五小"成果表彰大会代表合影（前排左七为傅依备）

的新发展。

中物院科技委的任务之一，是要从科学技术的发展方向、方针、政策方面研究并提出科研规划和咨询意见。

傅依备在任职期间，一是参与制定规划，为我国核武器事业发展出谋划策。针对美国里根政府推出的"星球大战计划"和美、苏进行的军备竞赛的国际形势，结合我国的实际，参与制定了院"八五"规划；组织院内外跨学科专家分析讨论，提出了院"八五"发展战略规划。在中物院发展历史上，这两个规划是首次提出的，这些工作具有开创性和前瞻性。制定这两大规划的科学性、专业性和指导性很强，为院的行政决策提供了扎实可靠的依据。二是参与开启中物院职称改革和科技成果管理与评审工作。十年"文化大革命"期间，广大知识分子的技术职称评审等工作被迫停止，科技成果申报更是无从谈起。中物院科技委根据时代、事业与人才队伍发展的需要，筹划、启动了中物院专业技术职务任职资格评审和科技成果的评审工作。按照中物院科技委的分工，傅依备主要负责科技人员的高级技术职务任职资格评审和科技成果评审两项工作，还担任化学与化学工程专业学科委员会主任，负责化学与化学工程专业委员会的日常工作。

为充分发挥院科技人员的技术特长和智慧，把工作做得更精细，傅依备提出了一些建议，并积极参与讨论决策，主动去促进科技委的工作，使院科技委的工作有了新的创意并逐步走上规范化、科学化的轨道。经傅依备和院科技委委员们的共同努力，中物院按学科专业先后成立了冲击波与爆轰物理、核物理与等离子体物理、工程与材料科学、电子学与光电子学、化学与化学工程、计算机与计算数学等六个学科专业委员会，涵盖了全院各个学科专业领域。

学科专业委员会的任务是：制订本学科的发展方向和规划；组织开展学科专业的学术报告研讨会；制订各学科方向的基金指南，推荐国防基金申请项目；推荐和评审学科范围的科研成果；评议和推荐学科范围内的科技人员的高级职称申请；组织对院重大科研方向和专项的讨论。

图6-9　2007年7月23日，傅依备在银川参加2007年度NSAF基金项目评审会并与代表合影留念［一排左起：龙新平（左一）、孙锦山（左二）、傅依备（左四）、徐志磊（左五）、张维岩（左六）、武胜（左九）、彭先觉（左十一）、朱建士（左十二）］

院科技委负责全院性的科技活动：组织全院性大型科学技术报告和讨论会，包括全院年度学术报告讨论会、专题学术报告讨论会；评审推荐年度科研成果（部级和国家级两类）；制订和发布国防基金申请指南；评审高级专业技术职务。

对学科组的工作，学科委员分会主任主要抓本学科的基金、学术年会、科技论坛，制订该学科带有指南性质的研究方向。

对职称评审，根据中物院事业的特殊性和实际情况，制订规范，在一定的范围内进行调整。一是研究系列，二是工程系列，三是管理系列，区别对待，相互之间保持平衡。傅依备主要负责制订执行条例，负责高级工程师系列和研究员系列的评审把关。

对成果评审，院里评出来的成果奖一般都是部级奖，部级奖要报国防科工委审定。对于国家级奖，要获得部级一等奖或者二等奖才有资格往上报。①

对于院基金工作，傅依备回忆道："首先要制订基金指南，基金指南发布后科研人员根据指南申请基金，并报相关的专业委员会评审。编写指南时，内容、文字上都要反复斟酌，首先在专业委员会讨论，然后再修改，组长审查，最后确定下来，再变成院里总指南的一部分。基金申请书提交上来后要组织评审，多个专业委员会在一起讨论、审查，最后确定申请的课题。验收后要评出等级，最后评基金奖。设有一等奖、二等奖和三等奖三个等级。"②

他还主持设立了中物院"邓稼先科技奖"和"于敏数理奖"，起草制定了这两项奖励的评审制度，主持了这两项奖前几届奖励的评审工作。此项工作的开展，对于中物院选拔培养优秀科技人才具有开创性和引导性的

图6-10 1996年10月22日，傅依备（前排左二）参加国防科工委科技进步奖评审会并和评委合影

---

① 傅依备访谈，2014年11月12日，四川绵阳。资料存于采集工程数据库。
② 同①。

意义。

基于他在本专业的贡献和在科技管理方面的能力，1991年2月，傅依备被原国防科工委聘为科技成果进步奖评审委员会成员和国家科技成果进步奖、发明奖军工项目评审组副组长。1995年，被国家人事部聘任为国家工程专业技术资格评审委员会成员。

华欣生（傅依备的同事）通过多年对傅依备从事科研和管理工作的了解，对傅依备评价道："他是一位优秀的管理者，还是一位优秀的科学家，是一位具有战略思维的科学家。"[1]

时任中物院院长的胡仁宇院士评价道："当时科技委考虑的是长远的、基础性的、前瞻性的、战略性的问题。职称评定、评审项目等等，都是科技委的工作。傅依备思路很开阔，创新能力很强，敢想敢干，吃苦耐劳，工作也很认真，很勤劳，很用心，做事很认真，要做的事他一定会把它做好。院里交给他的任务，他也从不含糊。"[2]

图6-11 2003年8月，傅依备院士（右一）与中物院院领导合影（左一为赵宪庚研究员；左二为朱祖良研究员，左三为胡仁宇院士）

---

[1] 华欣生访谈，2014年11月18日，四川绵阳。华欣生，研究员，中物院原科技委秘书长。资料存于采集工程数据库。

[2] 胡仁宇访谈，2015年9月14日，四川绵阳。胡仁宇，中科院院士，中物院原院长。存十二所档案室。

第七章
拓展核科技发展新领域

傅依备在拓展核科技相关技术发展方面作出了重大贡献。他组织开展聚变－裂变混合堆的相关研究，推动激光聚变及制靶技术的发展，推进热中子反应堆、脉冲堆等的建设与应用，促进量子化学在科研中的实际应用。

曾任二所所长的赵永宽回忆说："一个科研所，所长对基础性研究的重视程度，决定了这个研究所后续的发展状况。傅依备就是很好地把握了二所发展的全局，从全局发展的基础上促进每一板块有不同侧重的发展。"[①]

开展聚变－裂变混合堆的研究

由于聚变能具有安全、清洁、资源丰富等优点，在新能源领域受到了广泛的重视。傅依备看到了这一点，就马上组织人员去调研、准备资料，主动去争取氚工艺方面的课题。在课题申请的过程中，大到课题的

---

① 赵永宽访谈，2014 年 11 月 21 日，四川绵阳。赵永宽，傅依备同事，研究员，原二所所长。资料存于采集工程数据库。

研究方向，小到每次与对方谈判的策略，傅依备都和大家进行了具体的讨论。

1987年2月，傅依备派时任二所科技委副主任的郭高品和研究室的曹小华，到中科院合肥等离子物理所与时任该所所长的邱立俭商讨课题申请事宜。两人回所后，召集五个相关研究室的科研人员讨论课题的申请事项，并明确每个人的分工。对于氚工艺课题，傅依备与有关科技骨干讨论后，决定申请产氚回路研制、产氚实验研究、固体增殖剂研制和氚回收技术研究等方面的课题。

氚工艺的课题竞争甚为激烈。国内有能力的相关三家单位参与了竞争角逐。在傅依备的领导下，经过一番充分的准备和努力，二所终于拿下了氚回路研制、产氚实验研究、固体增殖剂研制和氚回收研究等课题。

产氚回路由辐照盒、载气系统及氚分析系统构成。辐照盒是小型化的含有固体增殖剂的包层模拟装置。在研究堆上建立在线产氚回路是当时演示聚变堆包层产氚、研究氚的释放和回收规律的有效方法。在课题实施过程中，傅依备紧紧把握着研究的大方向，协调全所的科研资源。1988年4月，二所开始了回路总体、辐照盒、热工计算等方面的专题调研，12月成立了"产氚回路研究"项目组。

王立校是傅依备的同事，他回忆说："在线产氚研究的实验，是要建设一套比较复杂的装置。这些对于我们来讲都是新课题。傅依备所长为了二所的发展，为了国家聚变－裂变混合堆的发展，鼓励我们下定决心要干。后来这个工作取得了阶段性的成果。"[1]

到1990年10月完成了辐照盒、分析系统、控制系统最终设计和落实外协加工计划。经过研究人员三年的不懈努力，于1991年12月上旬，建成了我国第一条产氚演示回路。产氚回路的产氚率达到了国际上20世纪80年代中期的水平，可以和美国的TRIO回路、加拿大的CRITIC回路相比拟。该在线产氚回路为我国混合堆包层产氚研究提供了实验数据和经验，该研究成果荣获1993年国防科工委科技进步奖一等奖。

---

[1] 王立校访谈，2011年11月19日，四川绵阳。王立校，研究员，傅依备部下，曾任院副总工程师。资料存于采集工程数据库。

图 7-1　1990 年，傅依备（右一）和科研人员在一起

产氚回路中采用的固体增殖剂的研究，在傅依备的支持下，经过多次实验，二所的科技人员探索出了 γ-LiAlO$_2$ 超细粉的制备工艺，课题组成员还在美国陶瓷年会上作了学术报告。

有了 γ-LiAlO$_2$ 超细粉，接下来就是如何把它变成陶瓷环了。经过反复实验，陶瓷模具终于设计并加工了出来。1990 年，开始正式压制 γ-LiAlO$_2$ 陶瓷环。在 50 吨液压机上压出陶瓷坯。把这些压好的陶瓷坯放入可以烧到 1600℃的烧结炉中，经过连续几天的烧结，γ-LiAlO$_2$ 陶瓷环终于做出来了。这些陶瓷环后来放到了在线产氚演示回路上进行辐照，并在 1992 年到 1994 年间，先后进行了产氚和氚释放实验。在此基础上，继续开展了增殖剂的研制工作。在 1994 年至 1996 年先后研制成功不同尺寸的 γ-LiAlO$_2$ 和 Li$_2$ZrO$_3$ 增殖剂小球。

随后，傅依备带领他的团队开展了对氚回收项目的研究。氚回收研究的目的是将混合堆燃烧室里排出废气中的氘和氚回收出来，并进行氢同位素分离，以便作为燃料继续使用。

氢同位素分离的方法很多，经过多次论证，在我国聚变-裂变混合

第七章　拓展核科技发展新领域

堆再处理工艺中我们选择气相色谱法为主和热扩散法为辅的技术路线。在傅依备的支持下，科技人员凭借在核试验放化诊断中气体分析中积累的经验，建立了颇具特色的色谱分离氢同位素方法——低温热色谱法。实验装置可以直接实现废气的纯化和氕、氘、氚的分离，处理量可以达到0.1～0.2立方米/天，流程气体的总回收率大于99%，投资和运行费用是国内外当时色谱法最低的。这是一项具有实用意义的创新成果。

1989年4月，加拿大负责聚变燃料计划的K. Wong和壳可河实验室的Hotslander参观二所氚工艺实验室时，对色谱法分离氢同位素产生浓厚兴趣，提出希望与二所合作开发工业规模低温色谱法分离氢同位素项目（处理量30—40立方米/天）的想法。

1992年，二所和加拿大正式合作，与加拿大开展合作研发。在接下来的几年里，他们申报了相关的专利，向德、意两国供应了色谱法分离氢同位素设备，并将色谱法扩展到分离碳同位素。后来，该技术不断发展，最大处理量达到了50立方米/天，远远领先世界同类技术水平。[①]

王和义至今从事氚工艺的研究工作。他回忆说：

"傅先生跟当时中科院等离子体所副所长邱励俭一起合作一个项目——聚变-裂变混合堆（863-614-306课题）。二所那时候由傅先生牵头拿下了四个课题。当时的经费也很少，一个课题大概就是20万左右。1990年左右，我们的固体增殖剂也都入堆了，建成了中国第一条在线产氚回路，这是在反应堆上建成的第一条回路，并在上面进行了放氚演示实验。在项目结题的时候，固体增殖剂这个课题被评为优秀课题。

"在氢同位素分离方面，由翁承文老先生发明的一种氢同位素色谱分离技术，当时做得很小，大概是0.1立方米/天。后来加拿大的壳可河实验室的研究人员到我们二所来参观，看上了这套技术，就跟我们二所合作。最后做到0.7立方米/天。这个技术，二所与加拿大合作申请了专利。

"到了'九五'的时候，由院里牵头，拿到一个3000万左右的国防预研重点项目，由二所、七所共同承担，经费各占一半。这个时候我们的氢

[①]《傅依备传》编写组.《中国工程院院士传记——傅依备传》. 北京：航空工业出版社、人民出版社，2016年，第286-288页. 资料存于采集工程数据库。

同位素色谱分离系统就做得比较大了，在 0.7 立方米／天的基础上做到了 8 立方米／天，后来又发展到了 50 立方米／天。一直到现在，50 立方米／天这个处理量也是世界上最大的。后来我们又发展了一套汽－液催化交换技术，建立起了实验装置，这个装置的处理能力就是每天 20 多公斤，当时参与这项工作的人员规模已经达到 20 多位。后来，我们这个项目申请了军队级一等奖。

"这个项目一直在做，到 2009 年左右，科技部也开始支持国家磁约束聚变，因为我们国家也参与 ITER 项目了，所以这时候国家投入就更大一些，我们所里也陆陆续续拿了不少跟氚这个方向相关的国家项目。

"2014 年 3 月，二所将做聚变、裂变等能源相关的人员全部抽出来，成立了一个'聚变裂变混合能源研究中心'，简称'核能中心'。这是一个创新团队，每年跟氚相关的研究经费都在 2000 万元左右。"[①]

开拓 ICF 研究新领域

强激光驱动惯性约束聚变是一项很有前景的军民两用技术。早在 20 世纪 70 年代末，在以王淦昌为代表的老一辈科学家的关心指导下，在于敏、胡仁宇、王世绩等人的积极筹措下，九院统一规划，二所制定了"惯性约束聚变（简称 ICF）研究规划"。

傅依备在任二所所长期间，正值 ICF 研究工作的初创阶段。面对这个世界科技前沿性课题、我国国防科技研究重要的全新领域，地处大山深处而信息匮乏、院内外协作基础有限、制靶和高功率激光技术的经验甚少、人才短缺等诸多实际问题，考验着傅依备等人的决策胆略和智慧。

ICF 研究是一项复杂的、综合性极强的前沿科学研究，它需要激光驱动器、制靶、诊断和理论的密切配合。我国高功率激光器件输出功率小，

[①] 王和义访谈，2014 年 11 月 19 日，四川绵阳。王和义，傅依备学生，研究员，曾任研究室主任。资料存于采集工程数据库。

诊断设备少。1985年之前，二所的激光聚变实验研究是利用上海光机所的六路钕玻璃激光装置作为驱动源，没有自己的研究平台，没有富有经验的团队。

1982年7月，高潮副院长代表九院，委托上海光机所为二所研制了一台输出功率为10^{11}瓦的单路掺钕硅酸盐玻璃激光装置，激光器代号为LF-11号。①

此时，傅依备负责组建了我国第一个激光驱动聚变微靶研制实验室，在二所的一个研究室成立了激光靶研制小组。1982年6月，傅依备主持成立新的研究室（207室），负责氚工艺和激光聚变物理测试工作。

图7-2 1983年，傅依备（左三）与科技人员一起讨论星光-I激光装置方案

随后，ICF研究的科研架构全面铺开，在原基础上，逐步成立了以靶制备与研究为专业方向的研究室和以高功率激光装置运行与研制为专业方向的研究室，并将研究室的专业方向由ICF物理研究为主，拓展到了X光激光的研究。

胡仁宇院士是傅依备的同事，时任二所副所长。他回忆道："20世纪70年代末，我还在二所的时候，当时制靶还没有做。制靶是从无到有搞起来的，现在制靶套用件是从那个时候创造出来的，制靶的炉子是我们和川大联合设计的。"②

傅依备回忆说："这项工作慢慢发展，从一个组到一个室，这个靶球的路子已经走出来了，发展到现在这样的水平（已发展成一个研究所）。如果说我做了些什么，那就是帮助起家，建立了实验室，带了一些研

---

① 《傅依备传》编写组：《中国工程院院士传记——傅依备传》。北京：航空工业出版社、人民出版社，2016年，第281-285页。资料存于采集工程数据库。

② 胡仁宇访谈，2015年9月14日，四川绵阳。胡仁宇，中科院院士，中物院原院长。存于二所档案室。

究生。"①

由此，ICF 研究进入了一个崭新的时期。

激光装置在所内开始安装时，当时从事激光技术研究的人员中，只有两名激光技术专业毕业的新大学生，其余都是核物理、脉冲功率技术专业的转行人员。面对这样既无基础更无经验的队伍，如何开展工作，衡量着一个科研领导者的自信心和执行力。

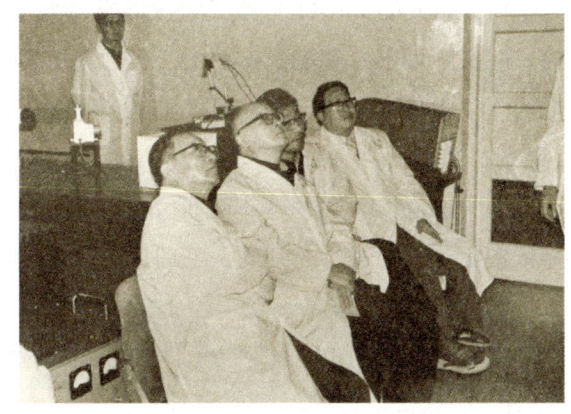

图 7-3　1985 年 10 月 5 日，傅依备（左四）与王大珩（左一）、王淦昌（左二）、胡仁宇（左三）在实验室

1982 年到 1985 年，他先后派出五名技术骨干，到上海光机所跟班工作学习、调试维护，从基本概念和基本技术学起。经过他们全身心的投入和学习，每个人都掌握了一种或多种单元技术。短短的两年，这些青年人就自主研发了多项单元技术，并且全面负责 LF-11 号的运行，在国内率先实现了 LF-11 号激光装置大口径二倍频输出，其高功率倍频性能达到了同期国际先进水平。

1985 年，LF-11 号激光装置正式提供打靶实验。至此，二所拥有了第一台用于激光聚变研究的高功率钕玻璃激光装置，并拥有了一支初步的大功率激光装置运行和研制队伍。

为了提高 LF-11 号激光装置的综合性能，从 1986 年开始，在满足物理实验打靶要求的同时，对 LF-11 号激光装置进行了完善和升级。张小民、魏晓峰等青年科技工作者研制了晶体相位匹配最佳化的自动控制系统、多路激光能量检测仪，改进了黑洞靶孔定位的电视监控系统等。经过改进，提高了 LF-11 号激光装置的稳定性，获得了物理实验中 90% 以上

---

① 傅依备访谈，2014 年 11 月 12 日，四川绵阳。资料存于采集工程数据库。

的高注入率，实现了 LF-11 号激光装置大口径 KDP 晶体的高效率二倍频激光输出。

自主研发的 LF-11 号激光装置，成为当时国内功率最高、指标最先进的、能实际用于打靶的、唯一的二倍频激光系统，达到 20 世纪 80 年代末期的国际水平。为此，国防部长张爱萍将军将 LF-11 号激光装置命名为"星光"装置。

为了加快核武器物理实验研究的步伐，"星光"装置需要进一步升级。傅依备组织人员进行充分的论证后，向院里递交了"星光"装置升级申请报告和升级方案。

1989 年 11 月，"星光"装置升级方案通过了中物院科学技术委员会的论证，批准从 1991 年开始在三年内完成"星光"装置的升级工作。升级后的"星光-Ⅱ"激光装置已经成功应用于激光-等离子体相互作用实验和 X 射线激光实验研究。国防科工委在实验后发来的贺电中称："二所的实验实现了我国 X 光激光领域内零的突破"。

图 7-4　1987 年，傅依备（前排左二）陪同李觉副部长（九院第一任院长，前排左一）参观实验装置

1986 年到 1990 年的五年间，在 ICF 的研究中，先后取得了两路激光直接驱动出中子达 10^5 量级、间接驱动出中子达 10^3 量级和黑腔辐射温度 150 万℃的可喜成果。能在 100—500 焦耳的小能量水平上取得这样的成果，引起了国际业界的关注。

这些成绩的取得，不仅为 ICF 研究做了大量的人才和技术储备，同时也对外树立了这支研究队伍"敢于攻关、勇于探索、奋发向上"的精神风貌，为 1991 年中物院申请高温高密度等离子体物理国家重点实验室创造了有利的条件，同时也为后来的激光聚变研究中心（2000 年从原二所独立出来，成立了该中心）承担多种型号激光装置的建设奠定了基础。

图 7-5 1989 年 4 月，傅依备（左二）陪同朱光亚（前排右一）参观激光装置

推动氚工艺和氚靶制备技术

氚靶是核物理研究不可或缺的材料。早在 1964 年以前，我国加速器用氚靶都是从苏联进口，不仅价格昂贵，而且规格尺寸不符合要求，必须自力更生创造条件开展氚靶研制。1960 年 9 月，组建了脉冲中子管组，并成立了氚靶课题组。借助于 401 所的工作条件，附设在以何泽慧为主任的二室开展工作。经过多年的艰苦努力，在 1964 年 5 月，研制出第一块氚靶。经加速器试用检测，完全符合预定指标，组装的脉冲中子管在实验室测出了 14 MeV 中子。

1968 年，九院召开了有院领导和专家参加的专题会议。会议决定继续生产氚靶，供应九院和国内加速器用氚靶。1969 年年底向四川搬迁前，氚

第七章 拓展核科技发展新领域

靶课题组把部分设备和制备工艺技术转移给了 401 所 16 室，同时把两名制靶人员调到了 401 所，以便继续氚靶的生产。按照时任副院长朱光亚的指示，在组织需要和自愿情况下，将胡润章、李宏发、何定荣、段秀琴调到二所，胡润章、何定荣等同志都是当年参与第一块氚靶研制的技术骨干。

根据院专业分工的部署和当时规定，二所停止了氚靶的相关研究，仅提供氚离子源片，由 401 所向九院提供氚靶。

1982 年年初，九院急需高质量的氚靶，而当时国内唯有 401 所能够生产氚靶。但由于氚靶的广泛应用，产品已经供不应求。在这种需求急迫的情况下，傅依备在所里召开的一次会议上，作出了立即开展氚靶研制工作的决定。1982 年 5 月，傅依备亲自主持召开氚靶研制工作会，决定从所内四个科研室抽出部分科研人员和技术工人成立研制攻关小组。

研制工作遇到的第一个困难就是没有氚。于是傅依备亲自主持和具体负责，将存于放射性废物库中的废氚靶调出来，提取出了氚。1982 年年底，由他领导研制的氚靶试制成功。经加速器试用，质量达到要求。

在他的主持下，为加强氚靶的研制工作，在原攻关协调小组基础上成立了氚靶研制组。傅依备找到胡润章、何定荣和李宏发等技术人员，与他们一起研究氚靶的制备工艺。他们将已废弃的放射性工号进行清理，除去了残存的放射性污染，以便作为实验场地。又在库房里找了一个玻璃系统来代替不锈钢系统。经过持续努力，他们终于试制出了第一块合格的氚靶。

傅依备立即向院里作了汇报。邓稼先院长得知消息后，表示要全力支持二所的氚靶生产工作。通过院里的协调，从 401 所调回了在北京时留下的氚。经过两个多月的安装调试，设备和仪器都达到了氚靶生产的要求。为了确保安全，又制定了氚

图 7 C 1007 年，傅依备向宋健副部长（右）介绍二所科技成果

的操作规程。在操作氚之前，又进行多次冷试验操作，以做到万无一失。1984年10月，生产出第一批氚靶样品，经过加速器对氚靶的检验，完全符合加速器用靶的要求。

氚靶的生产受到了院里的重视。邓稼先院长批准给二所一笔经费用于氚靶的研制，加大了投入力度，更新了仪器设备，增加了科技力量。

后来，院有关部门将401所和二所提供的氚靶进行了对比试验，发现二所研制的氚靶有明显优势。经院领导和有关部门决定，将氚靶的研制生产任务列为二所的科研生产计划。

在此基础上，傅依备等所领导又决定，进一步加强对氚化学与工艺的研究步伐。在完成科研任务的基础上，开展玻璃微球充氚、氚回收和氚废气净化等的研究，最终构建起了二所的氚化学与工艺研究体系。

进行激光模拟用玻璃微球氚靶的研制，需要进行高压充氚。高压充氚是一个极其重要又危险的环节。

在傅依备的主持下，抽出技术骨干组成了高压充氚攻关小组。为满足该研究过程中氚的监测和工艺尾气中氚的净化，傅依备安排人员对玻璃微球氚靶制备中的氚监测和氚净化技术进行调研和方案编制。

由于玻璃微球制靶过程中操作氚量大、操作过程处于高温高压状态，对氚的现场监测、取样、氚工艺气氛中氚量超标的净化等均是前所未有的事，国外能够借鉴的资料也很少。为获得满足玻璃微球制备所需的氚监测和净化技术，傅依备多次听取课题组汇报，参加课题组人员的讨论，对一些问题给出自己的建议。

经过近三年攻关，二所终于获得了满足玻璃微球靶制备所需的辐射监测方案和尾气净化技术。在1985年建立了一套用于玻璃微球高压充氚手套箱的废气净化装置，先后7次成功处理了充氚工艺产生的废气。

1989年，含氚废气净化研究纳入计划课题，经过长期努力，研制出了大颗粒的疏水催化剂，该催化剂对氚的处理效率和使用寿命都较过去的催化剂大大改善，已经用于氚净化装置中，改进后的废气净化装置已在多次的高压充氚实验中成功处理氚污染废气。

为了满足国内众多单位对氚靶的需求，二所先后生产出各种规格的氚靶，为科学研究、工农业生产作出了一定的贡献。国内十多家单位都用过二所的产品。二所成为当时国内民用氚靶的主要供货单位。①

目前氚靶研制和生产已成为二所的一个重要研究方向。

推进大型核设施科研平台建设

1973年，傅依备从担任二所副总工程师开始，就组织201室邓门才等人编写了建造两用堆设想方案。二机部批复同意二所建造两用堆。

1976年12月，两用堆达到缓发临界，进行稳态低功率运行。1982年1月4日，在傅依备等所领导的组织领导下，两用堆经过调试，达到瞬发临界，爆发了第一次脉冲。这是我国自行设计建造的第一座脉冲堆，为一维中子学参数研究和核辐射效应研究发挥了重要作用。②

王立校回忆说："第一个脉冲堆的建设还是比较顺利。建设以后开展了一些研究工作，院所两级技术领导也感到很满意。后来，研究室的同志又提出了建造一个性能更好的脉冲堆。方案提出来以后，傅依备所长很支持，下决心要干。他对这个研究堆的建设，起到了最关键的作用。"③

1984年3月17日，傅依备主持召开了所学术委员会，听取研究室关于改建快中子脉冲堆的汇报。

1985年5月10日，在北京远望楼举行的国防科工委抗核加固专业组会议明确提出"必须建立一个快中子脉冲堆"，并确定"由中物院二所负责筹建"。

在所领导的关怀和研究室职工的努力下，开始紧锣密鼓地进行CFBR-Ⅱ堆的建设。

---

① 《傅依备传》编写组：《中国工程院院士传记——傅依备传》。北京：航空工业出版社、人民出版社，2016年，第277-281页。资料存于采集工程数据库。

② 同①，第288-289页。

③ 王立校访谈，2014年11月19日，四川绵阳。存地同上。

1987年3月14日，申庆恩等顺利地完成了多壳层快中子脉冲堆的检验实验，为CFBR-Ⅱ堆的设计提供了可靠的参数。

1987年10月9日，《关于CFBR-Ⅱ堆改建的设想方案》经过傅依备和胡仁宇先后签署意见，报送到了中国核工业总公司。

1988年8月，开始了脉冲堆改建任务的落实。1989年12月29日凌晨3点，改建的脉冲堆达到了缓发临界，正式宣告脉冲堆改建工程取得成功。

1993年6月4日，召开了CFBR-Ⅱ堆验收会，验收组一致肯定CFBR-Ⅱ堆的性能指标达到了合同要求。

对二所来讲，另一座更大型的核装置，就是300号反应堆。

早在1965年年初，在研究九院在绵阳地区的建设规划和布局时，时任九院副院长的朱光亚就根据九院在核武器研制和试验中对辐射源和同位素（包括裂变产物和超铀元素）的需求，提出了要建造一座仿苏ИРТ-100型池式热中子研究型反应堆的设想，以便为九院的核武器研制服务。

图7-7　1992年8月31日，傅依备在办公室伏案工作

1966年年初，傅依备率队来到绵阳，领导和具体组织300号反应堆、脉冲堆和加速器等项目的建设工作。

在300号反应堆的建堆时期，正处于"文化大革命"的高潮阶段，反应堆的设计工作无法正常开展。傅依备等请示二机部并得到同意，决定将300号堆的设计任务交北京194所继续完成，六院、九院和二院协助。

1967年2月，经九院和二机部主管部门批准，确定24公司和23公司分别承担300号反应堆的土建和设备安装工作，各工艺设备全部由国内厂家提供。

1971年7月，由于设计失误所造成的隐患，发生了反应堆重要部件——堆池铝壳的池底腐蚀穿孔，并进一步发现整个堆池铝壳的焊接及一些工艺系统都存在质量问题。

王立校回顾道："300号堆建设期间遇到了很多问题。以至于到20世纪70年代，也就是'文化大革命'后期，发现这个反应堆已经建设不下去了。参加建设的23、24两个公司也处于比较混乱的状态。在建设过程中几乎没有真正的技术人员在现场，都是工人师傅按照图纸来干。当时出现最严重的问题就是核心部件几乎都是不合格的。"[1]

1973年，已担任二所副总工程师的傅依备，对二所的大型核设施的建设和300号堆的整治工作做了全面的部署。

1974年11月，吴当时等人写出了《关于300号堆建设情况及存在问题的初步调查》的汇报材料，呈报核工业部。

1975年，已担任二所副所长的傅依备，对300号反应堆的整治工作更加关心，亲自到工程现场，组织力量，与吴当时等室领导商量，向核工业部汇报，努力促进300号堆的全面整治工作。

1975年11月18日，二机部根据李觉的指示，组成300号反应堆工作组，到九院二所进行调查。

1978年4月17日，傅依备、吴当时再次请二机部派工作组到二所，对300号反应堆的整治进行初步技术鉴定。工作组由国内10个单位的32名工程技术人员组成。

鉴定工作组通过现场查看、听取汇报和讨论，鉴定会认为："300号反应堆经过两年多整治，各工艺设备满足安全运行的要求"。

王立校回忆道："胡仁宇、傅依备这两位院士当时就是二所的主要技术负责人。在他们的推动下，请二机部组织专家队伍到我们这个地方来会审。傅所长领着我到附近的几个厂去跑，亲自领我们跑加工，请人家给我们一些支持。在反应堆启动的阶段，傅所长几乎是每一天都要到现场，来支持我们的工作，给大家一些具体的技术指导。他虽然是一个化学家，但

---

[1] 王立校访谈，2014年11月19日，四川绵阳。资料存于采集工程数据库。

图7-8 1976年，300号反应堆整改验收会专家领导合影（二排左四为傅依备）

是长期在二所做领导工作，他对反应堆的认识，对反应堆技术的了解，掌握的水平已经是相当高的。300号反应堆从1975年开始实施工程的改造，一直到1978年才建成。"①

自此，300号反应堆开始进入调试和物理启动阶段。

1979年6月28日凌晨1点50分，300号反应堆首次达到了临界。

1979年6月28日下午，在傅依备等所领导的陪同下，时任院党委书记刁筠寿、副书记孙维昌、副院长邓稼先等到300号反应堆上参观指导，并为300号反应堆剪彩、召开庆功会。

为了确保300号反应堆的安全运行，1980年8月5日，傅依备等所领导，第三次请求二机部派专家来现场检查和指导300号反应堆的提升功率实验。

300号反应堆安全地达到了3.5兆瓦（额定功率2兆瓦）的加强功率。从此，二所在反应堆应用方面翻开了新的一页。

---

① 王立校访谈，2014年11月19日，四川绵阳。资料存于采集工程数据库。

1985年，"839工程"（即九院现在搬迁到绵阳市区的建设工程）开始建设，傅依备与二所领导又提出了300号反应堆"异地改造"的意向。

　　王立校回忆说："我也写了一个初步的建议书，对于这个建议书，傅所长看了之后做了认真的修改，后来我们就报到院里。当时我们还没有更大的愿望，提出的方案就叫异地改造。"①

　　1985年10月31日，九院召开了300号反应堆异地改造论证会。300号反应堆异地改造建设获得院立项评审通过。

　　1986年9月，核工业部科技委听取了"关于在839地区建堆必要性和设想意见"的汇报；10月，核工业部科技委致函军工局，同意在绵阳改建300号反应堆。

　　1987年1月，军工局向核工业部转呈九院的《300号反应堆易地改造论证报告》和《立项建议书》，同意在绵阳改建300号反应堆。

　　300号反应堆"易地改造"因经费渠道难以落实，虽经多方努力，仍被搁置下来。这一拖，就是五年。

　　1989年10月，时任九院院长的胡仁宇根据"839工程"建设现状和发展规划，考虑到科研和生活的需要，提出了在839地区建一座实验研究与供热兼顾的反应堆（两用堆）的设想。

　　傅依备知道后，要求所领导和研究室抓住这个好机会，力争在绵阳建个新堆，并于1990年3月成立了"两用堆预研小组"。

　　王立校讲述说："傅所长积极性非常高。他觉得我们作为一个核物理研究所是应该有自己的当家装备，有处于国内领先地位的装备。1989年，我们就正式地提出了一个新堆的建设建议书。傅所长一字一句地修改，想办法得到国家的支持。傅所长当时不仅仅是给院里反复汇报，领着我反复去论证，同时他自己也到国家机关去陈述理由，花了很多的心思。"②

　　在傅依备等所领导的主持下，二所于1990年12月提出了建一座"多功能研究堆"的设想，并写出了《设想方案》在二所内进行了讨论。

　　国防科工委领导对九院提出的在绵阳建造"多功能研究堆"的设想给

---

① 王立校访谈，2014年11月19日，四川绵阳。资料存于采集工程数据库。
② 同①。

图 7-9　1992 年，傅依备与有关专家领导合影（前排左起：宋宝增、傅依备、陈能宽、张兴钤、钱绍钧、胡思得、尚林盛；二排左起：王润民、经福谦）

予了热情的关注。

1991 年 8 月，二所向院里呈报了《关于绵阳研究堆技术研究纳入预研计划的申请报告》。此时，傅依备已不再担任二所所长职务，专职任中物院科技委副主任。他代表院科技委对《申请报告》进行了审查和修改，得到中物院批准，进入了"八五"国防预研项目的"笼子"。

王立校回忆说："傅所长的指导工作主要在今后的应用方面，今后到底开展哪些方面的工作。因为这个反应堆的应用工作大致可以分为两个方面：一个是利用它的射线开展物理研究工作，一个是利用它强大的中子源开展放射化学和同位素的研究生产，包括堆心要装什么装置？生产出来的放射性物质该怎么样把它转移出去？建设什么样的实验室或者厂房？要建设一套完整的同位素生产线。这些思路主要靠傅所长，因为他是真专家。后续的配套工作是由傅所长组织二所从事同位素生产和放射化学的科技人员搞起来的。"[①]

[①] 王立校访谈，2014 年 11 月 19 日，四川绵阳。资料存于采集工程数据库。

第七章　拓展核科技发展新领域

1992年4月，由傅依备主持，清华大学校长王大中、国防科工委科技部三局的李景参谋、计划部三局辛毅参谋、二所陈涵德所长、王立校主任等领导和专家，对绵阳研究堆选型报告进行了评议，取得了一致的意见。

后经院领导审批同意后，1992年1月，绵阳研究堆的预先研究工作正式开始。

1993年4月，由傅依备主持，组织中物院专家组对清华大学核研院编制的预可行性研究报告和建堆必要性论证报告进行了评审，报告获得了通过。

2009年12月28日，绵阳研究堆物理启动成功，达到了临界。

图7-10　中国绵阳研究堆

促进量子力学计算的应用

傅依备是一位富有灵感、思维敏锐，有着独到见解和勇于开拓新研究方向的专家。令人钦佩的是，对在科学研究中不断出现的新问题和疑虑，他总是能作出令人满意的解答。

为了解决实际工作中遇到的问题，傅依备倡导将大学教育与国防科研生产相结合。在他的倡导和支持下，1985年4月，由成都科技大学（后合并到四川大学）与九院二所联合成立了研究所（以下简称联合所）。联合所成为有实验室、有实验设备、有研究人员和研究任务的实体。在当时，这种实体联合所是不多见的，受到了高教部的表扬。

傅依备为联合所签署的第一个合作研究项目是"核泵浦氦氖系统的激光研究"。他指派金行星作为合作项目的技术指导，曾经有黄整、蒋刚和谭明亮等三位研究生参与此项工作。

在1992年四川省江油市召开的一次学术会议上，傅依备感受到量子力学计算方法在锕系元素铀与钚化合物分子结构研究中的应用前景，他积极支持在这方面开展研究工作。

根据他和朱正和教授的意见，联合所在国内首先开始了用原子分子反应静力学理论和量子力学从头计算研究重元素钚铀化合物的分子结构，联合所的大部分研究生也都参与了这项科研工作。

经过几年努力，联合所计算了铀、钚与氧、氢、碳和氮等化合而成的30多种化合物的电子状态、几何构型、力学和光谱性质，为铀钚的实验工作奠定了理论基础。

2010年后，在傅依备和朱正和教授的带领下，联合所又开展了锕系元素5f电子的离域效应研究、超锕系103—112号元素6d电子的离域效应研究、正电子能级的计算等研究，大大促进了量子力学计算在化学中的应用。

贮氢材料对国防和能源有重要意义，研究其热力学性质，如热力学函数以及吸附氢同位素的平衡压力与温度的关系，这些工作特别重要。联合所采用了"振动+电子运动近似方法"，通过实际运算，证明这是一种可行的理论方法。[1]

随后，傅依备又要求研究在给定气氛下金属铀和钚的抗腐蚀问题。在这样的需求牵引下，联合所又进一步发展了热力学和分子反应动力学研究方法，从理论上提出了"二氧化铀钝化层"模型。随后这一模型在实验上得到了证实，确实能够生成二氧化铀钝化层，从而可以提高金属铀的抗氧化能力。

联合所还创立了计算惯性约束聚变中金等离子体平均电荷分布的第一性原理方法，傅依备指导联合所的研究生直接参与了该项研究工作。劳伦斯·利弗莫尔国家实验室根据光谱拟合，得到了单一的平均电荷。联合所不仅得到平均电荷，而且得到了平均电荷分布以及与等离子体电子温度与

---

[1] 《傅依备传》编写组：《中国工程院院士传记——傅依备传》。北京：航空工业出版社、人民出版社，2016年，第336—338页。资料存于采集工程数据库。

压力的关系[①]。

以上这些研究工作,一方面拓展了国防科研人员的视野,提高了研究手段;另一方面也使理论研究与工程应用得到了完美的统一,探索出了一条可供借鉴的产、学、研相结合之路。

[①] 傅依备,朱正和:《原子与分子工程研究所(联合所)小结——联合所成立29周年》。2013年。资料存于采集工程数据库。

第八章
"职工信得过的所长"

傅依备在"文化大革命"后期获得"解放"后,以积极进取的心态和崇高的使命感,尽快组织恢复科研生产,狠抓科研基础管理,建章立制,规范管理;大胆创新,敢于改革,推进所长负责制和室主任负责制;关心职工,不断为职工解决实际困难,赢得广大干部群众的交口称赞;建立符合"一所三点"实际的新管理体制,调整研究室结构,构建新的科研体系,推进事业全面、持续发展。

力推科研管理改革创新

到 20 世纪 70 年代末期,我国开始进入以经济建设为中心的新的历史时期。在九院的统一领导下,二所开始探索用制度管理科研生产的模式。傅依备于 1975 年 7 月任二所副所长后,他从稳定科技人员队伍、注重科研、狠抓基础入手,推进管理创新,强化制度建设,加强计划和调度协调;按照科学研究的规律,大力推行改革,有步骤地对科研室进行调整,出台多种激励办法,极大地调动干部职工积极性,保证了重点科研生产任务尤其是国家试验任务的完成，有效地促进了各项事业的发展。

1973年到1974年，驻所军代表撤离，二所取消军队编制，恢复科研所建制。傅依备负责全所科研生产计划与调度工作后，提出在所机关设计划科加强计划调度，使科研生产组织管理工作逐步走上正轨，每年制订科研生产计划，并在计划中反映九院指令性任务和科研室分工承担的项目、进度、仪器设备及协作要求等。在实施过程中，对计划科的人员按任务的不同要求及所熟悉的专业作了明确分工，各负其责。

1979年，傅依备又提出将科研生产计划科调整成综合计划科和总调度室。综合计划科重点抓综合计划的制订和统筹。傅依备还提出全所要以科研生产为中心，各项工作都要纳入为科研生产服务的轨道，从而使科研生产时间得到比较充分的保证。与此同时，他主持建立了一系列计划工作管理制度和办法，包括科研生产管理办法、计划管理条例、统计工作条例等；在课题和项目的管理上，要求凡是计划中列出的课题，就要有调研报告、实施方案、工作总结报告等。

在他的倡导下，从1982年开始，二所每年年初都要召开科研成果报告会。这既是科研成果的交流，又是对科研工作的督促检查。同时，加强课题经费管理，制订科研经费管理办法，按需划拨经费，对全所科研经费管理起到积极作用。

进入20世纪80年代，二所承担的科研生产任务越来越多，涉及的科研领域不断扩大。傅依备等所领导决定将计划科与调度室合并成立科研生产办公室，主要职责是制订全所年度计划、综合计划、综合统计分析、科研生产的组织调度等。计划管理方面，主要是制订所的中长期发展规划（包括"六五""七五""八五"规划）、年度计划、综合计划、经费预算管理等。加强调度管理，主要是强化对各项目各课题间的组织协调，将每项计划逐一落实，确保按进度完成任务。20世纪90年代初，根据国防科工委对武器装备研制管理方式进行改革的要求，在军品科研项目管理上，实行了合同制管理，其核心是打破以前的计划经济体制下的行政命令管理模式，建立以市场经济环境下的合同管理方式，以合同的法制行为取代行政命令行为[①]。

1983年5月25日，核工业军工局党组批准任命傅依备任二所所长[②]。他当所长是众望所归。王方定院士曾两次致信谈及此事。1982年12月29日，王方定在致傅依备的信中说："听说你即将担任二所的主要负责人，这是二所之幸。但你将更辛苦了，……你的能力是全面的，做全面负责工作是适合的。"[③] 1983年8月17日，王方定致信傅依备，对傅依备当二所所长一事予以肯定："你担任二所所长是十分合适的。二所实在缺少一位真正想把二所搞好、经常动脑筋又有魄力的所长，你是有这些长处十分合适的干部，又对二所的历史最为了解，你上任确是二所之幸！"[④]

"我们提倡按劳分配，对有特别贡献的个人和单位给予精神奖励和物

图8-1 1983年3月，二所领导班子成员合影
（左起：张福源、傅依备、柴心善、王志云、张仁贵、刘长波）

---

① 《二所发展史》，2000年，第479-483页。存于二所档案室。
② 《二所发展史》，2000年，第652页。存地同上。
③ 王方定致傅依备的信。资料存于采集工程数据库。
④ 同③。

第八章 "职工信得过的所长"

质奖励；也提倡一部分人和一部分地方由于多劳多得，先富起来。这是坚定不移的。"① 根据邓小平的改革思想和中央关于改革的政策，傅依备积极思考着二所的改革方略。

1984年3月19日，傅依备所长主持召开各单位主要负责人会议，讨论制定二所岗位责任制，二所改革工作由此拉开序幕。

1984年7月13日，傅依备在二所干部会议上发表讲话，重点谈了对二所改革的思路。

图8-2 1989年，傅依备和院党委李英杰书记在珠海合影

1984年10月4日，傅依备、时任副书记的刘长波向九院党委和院体改委汇报了二所的改革方案。九院决定在二所试行所长负责制，并原则同意二所的改革方案。11月3日，九院党委下发对九院二所改革方案（试行）的批复。②

九院党委同意二所率先试行所长负责制。这是二所领导制度上的一项重大改革（以前是实行所党委领导下的所长负责制）。

1987年11月18日，傅依备主持召开所长办公会，讨论深化二所改革问题，并提出了六条指导性意见：一是发展承包制，要把"包"字深入各个领域和各条战线，同时要研究承包的指标、考核和奖励办法；二是加强宏观管理，把部分权力下放给基层单位，使基层单位能相对独立地工作，把工作搞活；三是处理好横向之间的关系，特别要处理好责任的划分和利

---

① 邓小平：目前的形势和任务。见：中央文献编辑委员会：《邓小平文选（二）》。北京：人民出版社，1994年，第258页。

② 九院党委〔84〕院委字第618号文件。资料存于采集工程数据库。

益分配的关系；四是在分配上要制订军品、民品、机关、后勤、一线、二线、三线有差别，体现按劳分配、多劳多得、奖勤罚懒、奖优罚劣的分类管理办法；五是处理好党、政、群的关系，主要是党政关系；六是改革和加强思想政治工作。

根据他提出的这些改革思路，二所又多次召开座谈会，于12月初制订出二所1988年改革实施办法①。后来又在1988年1月29日召开的所科研生产计划会上进一步对改革办法进行了强调。

通过实行所长负责制等一系列改革措施，健全完善了新的领导体制和管理体制：实行"一所两制"（即军品实行指令性计划下的合同制，民品实行企业化管理的运行机制）、三个"三结合"（即军品、民品、高技术三结合；技、工、贸三结合；科研、开发、生产三结合）的军民结合新体制，大大激发了干部职工的工作积极性和创造性，促进每年的军、高、民任务的圆满完成，科研和人才队伍建设取得丰硕成果，壮大了研究所的实力，把二所变成出效益、出成果、出人才、出经验的先进所。

从1978年到1989年，二所获得的科研成果有：全国科学大会奖9项，国家发明奖14项，国家科技进步奖13项，国防重大科技成果奖102项，部（委）级科技进步奖325项。②1983年1月，二所被四川省政府评为先进科研所；1991年11月29日，二所被四川省委授予"1990—1991年度思想政治工作优秀企业"。

1989年3月26日，九院所长负责制暨民品工作经验交流会在二所召开，傅依备在会上介绍了实行所长负责制与科技体制改革、开展军民结合与发展民品、加强民主管理与增强民主意识、发挥党委保证与监督作用、保证所长在科研生产中的统一指挥地位、所长负责制与增强研究室的活力等方面的经验。③

1985年11月，在推荐傅依备为核工业部劳动模范④的推荐材料中，

---

① 《二所发展史》。2000年，第687-688页。存于二所档案室。
② 《二所发展史》。2000年，第491页。存地同上。
③ 《二所发展史》。2000年，第700页。存地同上。
④ 9-2-8，对傅依备同志的考察材料，第1-3页。存于中物院人事教育部档案室。

图 8-3 1988 年，傅依备在科技研讨会上

评价如下："他担任二所所长后，积极带领全所职工狠抓改革，在全所范围就科研体制、行政管理等方面逐步实行改革；他亲自起草了所里的改革方案和有关条例；认真贯彻军民结合的方针，积极开发民品，工作扎实细致，步子稳妥，能集思广益，有较强的科研组织领导能力和行政组织指挥能力。科研生产和民品开发成绩显著。"

推动军民两用技术快速发展

1980—1991 年，傅依备带领一班人积极倡导、群策群力，以核技术开发应用为中心，在军品科研体系中萌芽、培育一批民用主导产品，建立一些有一定规模的生产线，取得可喜的科研成果和经济效益。

1978 年，我国走上了以经济建设为中心的轨道，改革开放活跃了人们的思想。随着二所反应堆整治工作的结束，傅依备等二所领导明确认为，反应堆投入运行后，应充分利用其能力发展一项军民两用技术——放射性同位素生产与应用。于是，1978 年 5 月安排 205 室张昌英、刘中林、王建中三人组成同位素生产筹备小组，开始研发同位素的准备工作。

1979 年 2 月 9 日，傅依备主持起草了关于开展放射性同位素生产的报告，并上报九院，明确同位素生产的任务是在确保满足二所军品科研需要的前提下，尽量满足四川及西南地区对放射性同位素的需要，包括堆照同位素、放射源、医用放射性药物以及中子活化分析等。

1979年5月，在205室组建了同位素研制生产组，组长张昌英。1980年4月，第一次生产了放射性同位素共20种，混合裂变产物13件。1980年12月，成功研制第一批同位素放射性药物注射液，提供给四川医学院附属医院和四川省人民医院临床试用，效果良好。1981年6月，成立208室（同位素研制室）筹备领导小组，组长赵鹏骥。1981年6月，成功研制用碘-131标记的碘化钠注射液和小颗粒胶体金-198注射液。

1982年3月15日，在二所党委扩大会上，主持二所工作的傅依备要求全所各单位积极贯彻军民结合方针，充分利用本所设备和技术力量，开展民用科研和民品生产，为国民经济发展多做贡献。

1982年，在所计划科内成立民品办公室（刘顺元、洪德文相继负责）。1982年3月，二所正式成立同位素研制室（208室），主任赵鹏骥，副主任张昌英、翟国良、刘中林。该室承担堆照同位素生产、医用放射性同位素药物研制、放射源研制和反应堆中子活化分析。在同位素生产方面，208室根据用户要求供应各种堆照放射性同位素和混合裂变产物。

1983年9月，九院向绵阳市城区集中的"839工程"立项。按国防科工委早期的规划，二所1500多名职工，大约一半职工不能搬出山沟。这对二所领导和职工形成巨大压力，也加深了对"军民结合"方针的认识。

1984年，208室的同位素用户达96家，全年发货1700件左右，产值15万元，成为西南地区中、短寿命放射性同位素的重要生产单位。[①]

1984年9月21日，傅依备主持召开所长办公会议，讨论了民品的发展和管理问题，决定成立所技术开发咨询公司，主要任务是负责对外的民品推销订货、收集和甄别市场信息、对内外洽谈业务、签订合同和协议。10月初，成立公司董事会，由各研究室、机关各部门及所领导共27人组成。傅依备任公司董事长，副董事长为罗德勤、宋宝增、王世绩、赵鹏骥和陈涵德。

1985年9月14日，成立民品办公室，归口管理全所民品工作（主任刘顺元），作为技术应用开发公司常设的办事机构，管理开发、营销、对

---

① 《二所发展史》。2000年，第420-422页。存于二所档案室。

外联系、财务核算和提成分配等。

1985年，辐照单晶硅1.6吨，创产值35万元；同年电子束辐照形成小批量辐照能力，年辐照服务收入16万元；全年全所民品总产值达199万元，比1984年增加近4倍。①

1985年11月28日—12月1日，军工局系统第二次民品工作会议在九院二所召开，核工业部副部长武连元、部计划司军转民办、部科技开发咨询中心、四川省核工业局、九院、221厂、903厂等单位的负责人参加会议。参会代表参观了二所民品展室、有关研究室和车间；总结交流了经验，研究了1986年民品计划和"七五"工作初步设想，对在1985年民品开发工作中取得显著成绩的集体和个人进行表彰奖励。九院二所荣获"先进集体"称号，二所电子辐照热缩套管、单晶硅中子掺磷获"先进项目"，傅依备等五名同志被评为"先进个人"。②

1987年4月中旬，傅依备提出要建立辐射加工产业，生产通信、石油及其他部门使用的热缩制品。这一年，第一代（非气压维护型）通信电缆热缩附件（管、片、热熔胶及铝衬套、卡条、分歧卡等配件）取得了突破性进展，并开始开发电力电缆附件，203室负责生产工艺研究，205室承担材料配方研究。

1987年，全所实现民品产值430万元，同位素、镅-241源、掺杂单晶硅、热缩制品形成支柱产品。

由于民品的迅速发展，需要调整1984年成立的技术开发咨询公司的组织结构。1988年10月25日，傅依备主持召开所长办公会，决定成立"四达科技发展公司"，管理民品的开发、生产和销售，让基层单位人员集中精力从事科研生产。傅依备任公司董事长兼总经理，黄华庆（后任副所长分管民品、院军转民管理部部长）、赵鹏骥（后任所科技委主任）、杨建国（后任所副所长、绵阳市科技副市长）任副总经理；下设经理部、经销部、开发部、供应部。1989年，经理部演变为民品综合办公室，经销部演变为民品经营办公室。

---

① 《二所发展史》，2000年，第422-423页。存于所档案室。
② 核工业部军工局文件〔85〕核军字95号，1985年，68号卷宗。存地同上。

1989年1月，所决定206室挤塑工艺及设备移交212车间。1989年，203室和205室先后研制出火灾报警器。1989年前后，209室研制出反光路牌，制作了少量样品，其反光率达到国外产品的80%左右，后因无力投资和技术力量不足而终止开发。

1990年，列入所科研生产计划的民品开发项目达25项，其中新型离子感烟火警报警器、热熔胶、纺织物接枝技术、聚四氯乙烯超细粉、在线自动控制钢板测厚仪、三基色荧光粉六项列入四川省新产品开发计划。从事民品的集体所有制工人有115名。

1990年，二所民品产值达到1537万元（其中热缩制品800多万元），突破人均万元大关。这在当时是个了不起的成绩，被中物院评为"民品工作先进单位"。

1990年，二所决定组建第二代通信电缆热缩附件开发小组。10月，206室开发的铁路信号电缆地下热缩套管通过了铁道部建设司组织的评审，并批准使用。1991年投入批量生产，当年实现产值230万元。

图8-4 1983年5月19日，中央军委副秘书长张爱萍等领导在二所接见傅依备（前排左一为国防科工委主任陈彬，左二为四川省委书记谭启龙，左三为张爱萍，左四为傅依备）

在放射性药物研制方面，在前期工作的基础上，208室形成了一支卓有成效的研发队伍，掌握了当时国内各大医院中常用显像剂的生产工艺；经过广泛临床试用，治疗药物开发研究在国内颇具影响力和良好实效。1980年至1990年，研制出17种药物；1991年至1997年，研制出12种药物。在国内首先开发出治疗骨癌的钐-153注射液，临床试用效果显著，先后获1994年国防科工委进步奖二等奖、1995年四川省科技进步奖一等奖、1995年中国青年第二届科技博览会银奖。[①]

在傅依备主持二所工作期间，还开创性地开展了氚靶、大磁环研制、反应堆中子照相、核微孔膜等项目的研究与研制工作，取得了可喜成果。

在傅依备主政的九年间，民品产值增加109倍，并为后续发展打下坚实基础。

其中之一就是利用反应堆开展黄玉改性。

傅依备的老部下、202室主任王立校回忆了当年跟傅依备一起开展黄

图8-5 1985年，傅依备向王淦昌院士介绍二所工作业绩
（前排左一为王淦昌，左二为傅依备）

① 《二所发展史》。2000年，第445页。存于二所档案室。

玉改性的经过:"二所利用反应堆来开发了一些民品项目。这些民品项目是当时建设这个堆的时候没有想到的,当时世界技术发展也是没有提到过。其中之一就是单晶硅的生产——普通的单晶硅经过中子辐照以后变成半导体。这项工作是作为民品发展搞起来的,在全国当时有三个同类型的反应堆,都是在做这方面的工作,我们算是做得比较好的,生产的规模、产品的质量都是领先的。傅所长在这方面是花了非常大的力气。还有一个项目也是在傅所长的鼓励下搞起来的。有一种叫黄玉的宝石,它本身是淡黄色或者是乳白色的,经过中子辐照之后就变成了蓝色,提高了它的价值,可获得较好的经济效益。傅所长鼓励我们坚持搞下去,最后还是搞成了。"①

再有就是利用反应堆大力发展医用同位素产业。早在1979年任副所长时,在讨论制订全所科研发展规划时,傅依备就在会上提出:"应充分发挥二所大型实验设施反应堆的作用,在确保完成军品实验任务的同时,拓宽应用领域,开发医用放射性同位素,以满足医疗界的急需,使核技术为民造福。"②

陈涵德研究员讲述了医用同位素的发展历程:"当年,我所的反应堆一个月开好几次,方式比较灵活方便,可以生产少批量的同位素。傅所长很重视很支持。20世纪80年代初,他把205室的骨干调出来,新成立了一个组,也就是后面的208室。该室的任务就是搞民用同位素生产,也包括其他科研需要的同位素。开始因为没

图8-6 1988年11月5日,傅依备在二所民品公司成立大会上讲话

---

① 王立校访谈,2014年11月19日,四川绵阳。资料存于采集工程数据库。
② 《傅依备传》编写组:《中国工程院院士传记——傅依备传》。北京:航空工业出版社、人民出版社,2016年,第266页。存地同上。

实验室，所以用的都是205室的实验室。1984年，205室全部搬迁，傅所长安排把物理测量、弱放测量、强放测量、废水处理、放化分析的实验设施设备，包括手套箱、工作箱、热室等全部留给了放射性同位素研究室。从这个角度看，他对同位素的支持是非常大的。当时202室作为反应堆运行研究室，运行的安排要服从于放射性同位素的生产。在90年代，我所的放射性同位素无论从哪个方面看都是可以与国内同行互相竞争的。"①

另外，还利用二所的电子加速器等核设施发展热缩制品产品。

1986年6月，傅依备主持召开所长办公会议，决定引进工业型电子辐照用加速器，自行研制通信电缆接续用热缩套管，并决定打破科研室界限，发挥研究所的综合优势，组建联合开发小组，协力攻关辐射交联热缩制品技术，并兴办生产企业。

陈涵德研究员讲述了这段历史："1981年左右，傅所长考虑，反应堆能力有限，仅靠它不可能把所的民品产值做得很大，所以还要干点其他的事。后来，我所就利用加速器等设施开始搞热缩制品，就是通过电子束对一些高分子材料进行一定的剂量辐照后产生一种热收缩性能。傅所长和所领导决策，采取鼓励竞争的方式和激励办法来调动大家的积极性。当时二所搞热缩制品最多的时候有七个研究室参与。大家积极性非常高，每一个室都是主任亲自带头干。所里有些激励政策，年底有提成，且提成比例较高；出去搞营销的人奖励政策也到位。二所1982年的民品产值才十多万元，到1991年就过1200多万元了。"②

二所"经过十年的努力，民品产值达到5700万元，效益达2100万元。这些成绩的取得都与傅依备所长的指挥紧密相关。十年创业，不仅创造了可观的物质财富，而且也创造了非常可贵的精神财富：弘扬了自力更生、艰苦创业，能吃苦、能战斗、知难而进的精神；锻炼了广大职工的意志和毅力，形成了二所人团结一致、以所为家的巨大凝聚力；树立了一个引人注目、自强不息的群体形象；造就了一支坚忍不拔、求实创新的军民结合

---

① 陈涵德访谈，2014年11月18日，四川绵阳。陈涵德，研究员，傅依备同事，曾任二所所长。资料存于采集工程数据库。

② 同①。

型科技队伍。"①

1990年3月,傅依备应《中国核工业报》约稿,谈在军转民工作方面的经验体会。他写道:

"国防科研单位走军民结合的道路,建立军民结合的体制,这是非常英明而正确的决策,是国防科研机构体制改革的根本方向。

"二所自1980年以来,根据中央关于军民结合的方针突破了单一军品的模式,朝着军、高、民结合的方向发展。十年来,我们不仅完成了指令性的军品任务,而且在军品科研的深度和广度上有了较大的提高。此外,我所又承担了大量高技术的研究项目,并取得了很多很好的成绩。与此同时,在民用科研、民用产品开发研究及生产上有了很大的发展。事实证明,以军为主的科研单位,走军民结合的道路是行得通的。"②

图8-7 1988年11月,二所民品工作会代表合影(前排左七为傅依备)

---

① 黄华庆:保军转民,迁出深山。见:《傅依备院士八十华诞文集》。北京:原子能出版社,2009年,第55页。黄华庆,研究员,曾任九院二所副所长、九院民品管理部部长。资料存于采集工程数据库。

② 傅依备:《中国核工业报》编辑部"我谈转民"栏目约稿信函。存地同上。

第八章 "职工信得过的所长"

图 8-8　1991 年，傅依备（左九）和张爱萍（左八）等领导合影（左七为胡仁宇）

图 8-9　1989 年 11 月 23 日，二所第一次党代会代表合影（前排左十为傅依备）

图 8-10　1986 年，二所职工代表大会代表合影（前排左九为傅依备）

"不为职工谋福利的领导不算合格的领导"

傅依备在任期间，始终把关心职工生活放在管理工作的重要位置来抓，想尽办法为职工谋福利，解决职工后顾之忧。通过这方面长期的努力，二所职工的福利待遇一度走在各单位前列，大家为此而自豪。二所职工队伍的凝聚力和向心力大大增强，促进了全所各项事业的蓬勃发展。

傅依备曾提出："领导要为职工谋福利，不为职工谋福利的领导不算合格的领导。"① 他是这样说的，也是这样做的。

通过多种渠道收集（反映）的比较集中的有关职工群众切身利益的意见，他都责成机关部门或相关单位及时解决，或主持所长办公会来讨论决策。

1983年6月6日，傅依备主持本年度第9次所长办公会议，所领导柴心善、胡仁宇、张仁贵及有关部门负责人参加会议，傅依备就新大学生座谈会提出的一些具体问题进行讨论并提出了具体的解决办法，如新来大学生见习期奖金发放问题，大学生转正问题，报考研究生问题，大学生学习条件改善问题，大学生生活条件改善问题。会议指出对新大学生的培养、使用、管理和考核等问题，是关系到事业兴旺发达的大事。各级领导都要重视，把工作做细做好。②

这些决策意见用所行政文件形式下发，可见已引起所领导的高度重视，解决问题很及时、具体和认真。

1984年11月12日，傅依备主持召开本年度第25次所长办公会，重点研究解决机关及后勤部门为科研生产一线服务、为职工生活服务的问题，并就一些事项作出了具体的安排，如报纸、杂志、电报和普通信件收发问题、简化发放手续问题，改造食堂供应问题，图书阅览问题、器材采

---

① 1989-12-1，二所档案·综合类。存于二所档案室。
② 二所文件〔83〕所办字第34号，1983年，4号卷宗。存地同上。

购问题，发展第三产业问题。① 如此繁杂的事务，均以公文形式下发，体现了对民生的重视。

陈涵德讲述了自己所知悉的情况：

"傅所长不光抓大，对小的方面也重视。他在所里（任职）时经常会下基层去走走，礼拜一到礼拜五他都是深入到所里的工号去，包括每个科研室和每个车间。那时候还是一周六个工作日，礼拜六一天他就会到财务、矿办、基建、房产这些部门去看看，还包括医院、学校等等。每个地方他都要去坐上半个小时到一个小时，随便聊一聊，了解基层的一些实际情况，这项工作他是雷打不动的。平时在办公室几乎找不到他的，但他也不会干预下面的工作。

"最早所里职工生活（做饭）都是烧煤饼，后来他算了一笔账，感觉烧电更合算，因为电也够用（修了水电站），烧电又干净、又方便。改造以后，很快生活区家家户户都烧上了电，而且还给每家发了一个电炒锅。

"山沟里体弱的职工子女没有鲜牛奶喝，他就想办法办一个养牛场，办起以后牛奶分配给职工家属中的小孩和老人。二所还办了养鸡场，鸡蛋也是分配给职工家属中的小孩和老人。还办了一个家具厂，职工可以到那儿去定制家具，木材是到甘肃和川西地区去买回的。可以说，他在关心民生方面做得非常突出，而且都是些实实在在的好事。"②

傅依备在任期间，还大力推进"一所三点"布局及建设。

1988年2月1日，傅依备带队到院部参加九院绵阳办事处创办集体所有制工厂的投标论证会并一举中标。1988年3月2日，傅依备带队参加院召开的"绵办承包接管大会"，并在会上代表二所讲话，谈了承包接管绵办后的设想。③

1988年2月6日，傅依备在二所1987年度表彰大会上的讲话中说："二所还面临向839搬迁准备和统筹建设新点问题，要建设一个科研生产、经营和生活相结合的综合基地。这是为更好更大规模地发展民品生产，安置

---

① 二所文件〔84〕所办字第99号，1984年，6号卷宗。存于二所档案室。
② 陈涵德访谈，2014年11月18日，四川绵阳。资料存于采集工程数据库。
③ 《二所发展史》。2000年，第691页。存于二所档案室。

更多的待业青年，同时要为短期或数年内搬不出山沟的职工和家属解决住在绵阳、工作在山沟的问题。要实现此愿望光'等和靠'是不行的，还要靠自己的劳动来创造。这确实不是一件容易的事。要把绵阳综合基地（绵办）办成三厂（磁性材料厂、热缩制品厂、电子产品厂）和一门市部（商品）、一维修部、一旅馆，投资1000万元，年产值达到1000多万元，建房2.5万平方米。"[①]

绵阳综合基地（绵办）建设是按傅依备提出的四条原则进行的：第一是要把绵办这个点建成一个民品生产基地，不能是一个单纯的消费基地；第二是必须要兼顾一部分职工能够搬出山沟，必须建一部分生活用房，以解决一部分职工的居住用房；第三是抓紧时间，在三年内建成这个点，跟绵阳科学城建设要同步；第四是一定要勤俭节约，要把钱花在点子上。[②]

绵办基地与科学城同步建设完成，使二所全体职工家属如期搬出了山沟。

随着科学城和绵办新基地的建成，三个车间和热缩制品厂以及配套的技术、后勤保障单位相继搬迁到绵办；需继续留在"老点"工作的几个研究室的职工都顺利地居住到绵办，客观上形成了"一所三点"的新格局（即科学城、绵办和"老点"）。特别是绵办新基地的争取中标和建设，凝聚着傅依备的大量心血，解决了一半职工搬出山沟的愿望，使全所职工消除后顾之忧，过上稳定、富裕的生活。

傅依备在任职期间，虽然大权在握，找他办事的人也不少，也帮助不少职工解决一些实际困难，但他严格要求自己，公正无私，不谋取任何一点私利，一身正气，两袖清风，赢得干部职工的拥戴和敬意。

1989年5月15日，二所纪委把傅依备收到的美国能源代表团赠送的一批礼物全部退还给傅依备本人。经所纪委鉴别，这批礼物属小宗的个人纪念品、日常用品和一般书刊，按有关规定，可个人留用。所纪委在致信中说："您在外事活动中所表现的以身作则、廉洁奉公和高度的组织纪律

---

① 二所党委文件〔88〕所委字第12号。存于二所档案室。
② 熊瑞林访谈，2014年11月6日，四川绵阳。熊瑞林，傅依备同事，研究员，曾任二所党委书记。资料存于采集工程数据库。

性,值得党政干部和全体党员学习,对此我们表示钦佩。"

所纪委附礼物退还清单:计算器 fx-300A 1 只;笔 uclA 2 支;单放机 PADIO TAPE CASSTTE 1 个;美国国会 1789 年权利宣言(复制本)1 份;美国 1987 年宪法(复制本)1 份;书一本;棒球 1 个;录音磁带 4 盒;带温度计华盛顿纪念塔 1 个;钢卷尺 2 个;激光全息相片 1 张;凉帽 2 顶。①

他曾自信地说:"我当所长时,主管财务,过我手的钱无数,我是干干净净的,这点我很自豪,目前也很舒服,什么时候要查我,我都高兴。"②

身为所长,涉及自身利益时,他总是客观淡然对待,不是首先考虑自己,或者不让自己吃亏。1980 年 8 月 19 日,傅依备在北京(出国前补习英语)致信他夫人,说道:"所里新楼的分配问题,听说意见很多,我们不要介入,由所里定。"③

他自己曾总结道:"从主持所长办公会到任所长近 8 年的时间里,我在二所取得了全所职工的信任,我的工作得到了上下级的好评。我想之所以得到这点成绩,是因为:我没有私心,我想得最多的是工作、是二所、是全所职工,这是我的动力;我懂得,要做好工作靠一个人是不行的,必须团结和动员全所职工和干部去完成;决策正确,这是来源于我对形势、对所情的了解,来源于我对全所职工的信任。"④

他曾在日记中对自己近二十年的工作进行总结:"今天正式宣布我不兼任二所所长。我从 1973 年任所副总工程师,1975 年任副所长,1983 年任所长,到离职共计 18 年。在任职期间,我把全部精力和心血投入二所的工作,得到的报答是军、民、高协调发展,军品、科研年年圆满完成任务;高技术从无到有,取得了一些重大成果,得到了院内外的赞誉;民品起步最早,发展顺利,从 1982 年算起累计民品产值达 4000 多万,1990 年突破人均一万元,提前五年完成了院的计划指标,被评为民品开发先进集体。全所上下团结,职工以所为家的思想得到加强,我从中得到了安慰,也获

---

① 二所纪委致傅依备的信,1989 年 5 月 15 日。资料存于采集工程数据库。
② 傅依备访谈,2014 年 11 月 12 日,四川绵阳。存地同上。
③ 傅依备致谢冬心的信,1980 年 8 月 19 日。存地同上。
④ 傅依备日记,1989 年 1 月 29 日。存地同上。

得了荣誉。我感谢全所职工在我工作期间给我的支持，否则是不能取得这样大的成绩的。"

1988年2月5—6日，二所召开首届职工代表大会第三次全体会议。参会的253名职工代表一致通过决议，授予傅依备为"职工信得过的所长"荣誉称号。①

在获得的所有荣誉中，他最看重的还是这个称号。因为他为二所这个团队倾注了几十年的心血，与干部职工建立了血肉联系；得到全所干部职工的认同是他最为欣慰的。

他曾经说过："别人说我是什么什么样的人，但在我心目当中，我永远是二所人。"②

---

① 《二所发展史》。2000年，第692页。存于二所档案室。
② 彭述明访谈，2016年1月28日，四川绵阳。彭述明，研究员，二所所长。存地同上。

第九章
力推学术交流合作

傅依备从20世纪70年代主事的四十多年间，一直重视所内外、院内外学术交流，注重营造浓厚的学术氛围，热心推进对外学术交流与合作，主要目的是培养造就一批批科技人才，促进科技成果的不断涌现，促进核科学与技术更加广泛地应用于国民经济建设，更好地为国为民服务。

推动院内外学术交流

1975年7月，傅依备被任命为二所副所长。他迫切地感受到，研究所地处穷乡僻壤，经过"文化大革命""极左"思潮的严重干扰，人才资源断层，科学技术水平滞后。要从活跃研究所科研学术氛围入手，提升科技人员的能力和水平，更好地开展科研工作，须建立二所科技交流平台，成为展示科研成果的载体。为此，他一直在思考谋划：到底如何才能活跃学术氛围呢？

第一件事就是推动创办所内学术刊物，使之成为所内学术交流平台。1978年年初，全国科学大会在北京胜利召开，神州大地迎来了科学的春天。

这时，傅依备开始组织所图书情报资料室等有关部门，筹划创办所内学术刊物。他认为，图书情报资料室经过几年的发展，职责和定位不应仅限于为科研人员提供图书和情报资料，还应根据自身的特点优势，结合所科研交流需求，负责创办属于研究所自己的学术刊物。

他与时任所副总工程师的王方定一起商定，将图书情报资料室分为图书和情报两个组，由王方定在业务上指导图书情报资料室工作。其中图书组从事图书采购、编目以及将原科学分类法转变为统一分类法的书刊编目、分类的工作；情报组的工作则以配合核试验中的核物理与放化诊断为主线，开展专题情报调研，不定期地向所领导以及相关研究室的科技人员提供译文、动态、综述、综合报道和快讯，为创办刊物奠定基础。

当时所内并没有从事刊物工作的专业人员，大家也都没有办刊经验。傅依备亲自组织召开了多次专题会议，与大家一起研究创刊方向、内容、交流范围，包括版面的设计等。

在他的努力和组织下，1978 年 7 月，所刊《国外核技术》编印成册。不过，当时该刊物还属于研究所内部交流季刊，仅以翻译国外核科技文献为主，刊登一些国外核科技动态和进展。这为技术人员全面系统地查阅参考文献提供了便利，但还不能完全满足科研工作和开展科技交流的需要。

随着办刊经验的积累和二所科研方向的逐步拓展，傅依备意识到：是时候创办一本刊登二所科研进展和科研成果的刊物了。

1979 年 7 月 27 日，在《国外核技术》办刊的基础上，傅依备又组织创办了《科学实验与技术》刊物，[①] 专门用于刊登二所科技人员的科研动态和成果，他亲自担任刊物总编，对稿源进行审阅把关。他鼓励科技人员踊跃投稿，分享自己的研究工作和成果。所内学术氛围和科技交流逐渐活跃起来。

一年之后，在他的主持下，研究所又相继创办了《科技年报》和《年度科研工作进展报告》。刊物办起来了，学术氛围活跃起来了。但新

---

① 《二所发展史》。2000 年，第 644 页。存于二所档案室。

的问题又来了：编辑部同时办多个刊物，人手紧张，刊物质量难免不受影响。

傅依备考虑，为了整合科技资源，集中力量将刊物办得更好，提议将《国外核技术》和《科学实验与技术》两刊合一，合刊后的名称仍为《科学实验与技术》，在内容上涵盖两刊内容，印刷质量也由打字油印改为排字铅印。他仍担任刊物编委会主任，负责对所刊质量进行整体把关。编委会还制定出台了刊物的征文办法、校审和送审等制度。他除了倡导大家自由投稿外，还组织编辑部面向研究室主任、副主任或技术骨干约稿，撰写综述性文章，同时要求外出参加学术活动的同志写会议报道。

在傅依备担任主编期间，他多次为刊物撰写前言。在其中一期的序言中，他对青年寄予厚望，深情地写道：

> 青年的成长，像一切植物的萌芽一样，需要充足的阳光雨露、肥沃的土壤、适宜的气候和耕耘者的汗水。作为年长的科技工作者，我们有责任、有义务为青年们创造健康成长的条件，就像秋天的落叶一样化为腐殖质，为幼苗的成长壮大提供沃土，我们要像爱护每一棵刚出土的萌芽一样，关怀他们；像园丁不停地浇灌耕耘一样，给他们每个人以宽松的竞争机会。广义讲，在我们的国度里，社会主义为每个青年开辟了广阔的前景，人人大有作为，个个都有脱颖而出的机遇。然而，正如刚出土的萌芽一样，不是每颗种子都能茁壮成长，开花结果成材。这里除了不可预料的因素外，在同等条件下自身内在的素质起着决定性的作用。社会的责任是要造就这样的环境，使得一切有希望的苗子成长壮大，成为社会有用之才。
>
> 科学来源于实践。离开了实践，科学就成了无源之水，无本之木，科学就没有了生命力。科研实践是科学发展的唯一途径，它是检验真伪的唯一标准。在科学领域里绝对的科学"权威"是不存在的。反思过去，我们走过不少弯路，有过许多教训，应该有所悔悟，抛弃"权威"的专制和束缚，使一切科学园地里的萌芽在自由的天地里竞

相争辉夺艳，使科学之花开遍祖国大地，科学的春天永放光芒！①

在这些朴实而优美的字里行间，洋溢着一位科学家对科研工作的关注和热爱，对研究所青年科技人员成长成才的无尽关怀、呵护与殷切希望。

随着所刊的创办，所内学术氛围从"文化大革命"创伤后的一片寂静中渐渐复苏，所学术交流会和科研成果报告会陆续开展起来。

紧接着，就是通过举办科技成果报告会来促进学术交流。

1979年1月8日，二所学术委员会成立并召开第一次会议，靳同轩（时任所党委书记）任主任，胡仁宇、傅依备任副主任。②

从1982年开始，在傅依备的倡导下，二所每年都召开科研成果报告会，其目的一是展示科研项目的完成情况，二是给科技人员提供相互交流与学习的平台，三是推荐优秀成果申报部委级科技进步奖，四是促进优秀人才特别是青年人才的快速成长。

同时，还特别重视青年科技人员的学术交流，以便促进青年科技人才和科研成果的不断呈现。

二所从建所起，在职工队伍年龄构成中，青年就占有较大的比例，是全所科研生产、技术保障和后勤服务的生力军。在20世纪80年代以前，全所35岁以下的青年职工占职工总数的30%有余；在"八五"期间，青年职工占职工总数的比例上升到40%有余；在"九五"期间，全所青年职工占职工总数的比例上升到50%有余。由此可见，做好青年工作，发挥好青年科技人员的作用是一个很重要、很迫切的工作。

1985年5月2—3日，在傅依备的倡议下，二所举办了首届青年科技成果报告会，出席报告会的有200余人，62名青年科技人员交流了66篇科技论文，评审出一等奖6篇，二等奖18篇。傅依备亲自向获奖者颁发了证书和奖金。

1987年二所青年科协成立。从1988年1月第二届青年科技成果报告

---

① 《傅依备传》编写组：《中国工程院院士传记——傅依备传》。北京：航空工业出版社、人民出版社，2016年，第249-252页。

② 《二所发展史》。2000年，第644页。存于二所档案室。

图 9-1　1985 年，傅依备（前排左四）等所领导与二所第四届青年科技报告会获奖青年合影

会起，除 1990 年到 1992 年由于二所从山沟往绵阳 839 地区调整搬迁过渡而未举办外，每年都举办青年科技成果报告会，至今，已举办了 30 届（后改为青年科技交流会）。[①]

目前，二所青年科技交流会已打造成了提升科技水平、促进青年科技人才成长的重要平台。据二所青年科协统计，近十年来，共有 823 篇科技报告参与交流，内容涉及物理、化学、机械、电子等多个领域，涵盖了二所全部相关专业。同时每年参与各分会场、主会场和特邀会场的人数在 400—600 人次，35 岁以下青年每人平均参与率超过 1.3 次 / 年。参会文章和人数屡创新高，论文质量稳步上升，青年科技交流会这个平台最大范围地使青年科研成果得到了交流和展示，其影响的广度和深度也越来越大。

同时，傅依备也很重视青年人的成长。他曾在日记中写道："二所青年科技工作者和青年工人在 35 岁以下的有 700 多人，其中大专以上文化程度约有 350 人，占全所科技人员 50% 以上。1982 年以后来所的本科和硕士研究生约有 260 人。由于青年人大量增加，二所人员的年龄结构和知识结构

[①]《二所发展史》。2000 年，第 594-595 页。存于二所档案室。

日趋合理，有不少人已成为科研和生产中的骨干，有的已做出了突出的成绩。……"

1984年9月，傅依备提出，为庆祝我国第一颗原子弹试验成功20周年，作为九院的一个专业研究所，最好举办一次学术报告会，以反映二所在我国第一颗原子弹爆炸成功20年来所取得的成就。

根据傅依备的思路和要求，科研生产办公室（简称"科生办"）的工作人员从当时研究所科研活动领域的分布情况，按核爆诊断、应用物理、工程物理、放射化学及标记化学与同位素生产、保健物理六大块向基层约稿，而且距离庆祝活动时间很近，就抓紧与基层商量，确定选题和报告撰写人，请基层领导或科研骨干撰写学术论文。不久，16篇报告形成，赶在庆祝活动前完成了学术报告论文的整理、油印和手工装订结集；傅所长亲自撰写了一篇约2万字的报告。①

1984年10月中旬，二所庆祝我国第一颗原子弹试验成功20周年学术报告会如期举行。傅依备在他作的学术报告——《20年来九院二所科研工作成就与进展——为庆祝我国第一颗原子弹试验成功20周年学术报告会而作》中，从我国第一颗原子弹爆炸成功20年来，二所在大型设备建造、近区物理测试、放射化学分析测试、核爆模拟的实验研究、核参数的研究、保健物理与环保研究、同位素与核技术应用等七个学术领域，简洁、清晰、完整地阐述了二所在20年里所取得的成就与进展。在报告的最后，他说道："20年来，我们在核科学与核技术领域取得了很大的成绩，为我国核武器的研制从不同方面和角度做出了应有的贡献。这是我们引以为自豪的。但是，在当前我国国民经济大发展、大改革的时代，在国际新技术革命的大好时机面前，我们决不能满足已取得的成就，安于现状，固步自封。我们必须最大限度地调动科技人员的积极性，加强所的技术改造和技术人员的知识更新，加速对年轻科技人员的培养，鼓励科技人员大胆创新，广泛采用新技术，在现有学科和科研方向上扩展和充实研究课题与内容，开拓新的科研方向，把二所科研工作面搞宽些、搞活些，使二所真正

---

① 陈涵德：一件往事。见：《傅依备院士八十华诞文集》。北京：原子能出版社，2009年，第51页。资料存于采集工程数据库。

图 9-2　1990 年 9 月，傅依备（前排左三）在绵阳同日本专家进行学术交流时合影

成为西南地区具有较高科学水平和自身特色的核科学与技术研究的基地，为核武器的研制，为实现'七五'宏伟规划和 2000 年的宏大目标，开创新局面，做出新贡献。"[1]

1991 年 3 月起，傅依备不再担任二所所长职务，专职任中物院科技委副主任。为促进研究院浓厚学术氛围的形成，特别是针对涉及战略性的重大科技问题，院科技委每年要组织全院性大型科技报告会，院科技委专家带头作学术报告。

傅依备多次主持和参加院级科技讲座和报告会，先后作院级讲座报告有：《核武器研制中的化学问题》《核武器贮存中的化学问题》《武器材料的表面化学问题》《武器材料的相互作用》《核辐射对材料的损伤》等。[2]

在活跃内部学术氛围的同时，傅依备也积极推进国内、国际的学术交流。

1979 年 9 月 21 日，傅依备、郭高品、赵鹏骥等 15 人参加了在成都召开的"中国化学会核化学与放射化学第一次论文报告会"，二所提交 9 篇

---

[1]《庆祝我国第一颗原子弹试验成功 20 周年学术报告会论文专集》。1984 年，第 1-34 页。存于二所档案室。

[2]《傅依备传》编写组：《中国工程院院士传记——傅依备传》。北京：航空工业出版社、人民出版社，2016 年，第 334-335 页。资料存于采集工程数据库。

论文。这是二所首次对外学术交流。①

1980年8月24—29日，傅依备还参加了在美国举行的北美第二次化学会议。② 在这次出访活动的筹备过程中，由于当时处于改革开放初期，又是与美国同行打交道，大家对是否参加此次学术交流是有顾虑的。

图9-3 1991年10月22日，傅依备（右）带队去日本访问，在日本原子能研究所作学术报告

1980年5月25日，傅依备在致杨承宗教授的信中，主张积极参与中美化学家的学术交流会，加强与国际同行间的学术交流，体现了他的开放视野和远见；同时，他非常尊重前辈，希望杨承宗教授能带队参加活动。他在信中说道："为了加强中美化学家的联系，朱永毅教授热心奔忙，Viola教授又亲自一个一个发邀请信，这表明美国人对增强两国放射化学家合作的愿望是真诚的、强烈的。我们认为面对这种情况，如果我们还采取冷淡态度是很不应该的，难道这不是'四人帮'时期的关门主义吗？杨先生为我的事（指参加中美化学家学术交流活动）也劳神不少，对此我衷心感谢；我不一定要去，但杨先生一定要去，因为杨先生是此事的组织者，联合座谈会是由两国核化学学会发起组织的，您是中国核化学与放射化学学会筹备组负责人，不去是不行的，而且从更好地吸收和了解美国放射化学界的情况出发，您们老一辈放射化学家去是有利的。"③

最终这次出访，经过我国著名放射化学家、中国核学会核化学和放射化学学会理事长杨承宗教授的联系，中国放射化学学会统一组织了国内放射化学代表团，并由傅依备任代表团团长，率领核工业部第二研究院、原

---

① 《二所发展史》。2000年，第645页。存于二所档案室。
② 《二所发展史》。2000年，第648-650页。存地同上。
③ 傅依备致杨承宗先生的信，1980年5月25日。资料存于采集工程数据库。

第九章 力推学术交流合作

图 9-4　1983 年 11 月，傅依备（右一）和放射化学元老杨承宗教授（右二）在一起

子能研究院、中科院高能所等单位的同行前往参加。

　　在五天的时间内，代表团辗转参观了美国的费米、橡树岭、爱达荷和劳伦斯伯克利国家实验室。代表团行程匆匆，与美国科技人员少有交流，粗略地参观了美国实验室的装置。

　　傅依备十分清楚，即便时间充裕，当时美国人也瞧不起中国的科技水平，对中国人存有戒心，也不会与我方进行更深入的技术交流，以便防止中国人了解掌握更多的科技信息；代表团所能了解的，也只是美国大致具有什么样的装置，能开展哪方面的研究等。尽管此次交流了解的信息十分有限，但他第一次看到美国实验室里巨大的热室、中子照相等一系列先进的科研装置和设施，对比国内相对落后的科研装置和实验条件，更不用说中国与国外在该领域研究工作的差距，傅依备仍然感受到了不小的震撼，感到身上的重任，作为二所领导必须带领和培养更多的科技人才，尽快提高核科学技术水平，追赶国际先进水平。①

---

① 《傅依备传》编写组:《中国工程院院士传记——傅依备传》。北京：航空工业出版社、人民出版社，2016 年，第 255-256 页。资料存于采集工程数据库。

图9-5　1980年8月，傅依备（左二）带队到美国橡树岭国家实验室参观考察

在这种背景下，傅依备非常重视对外的学术交流，同时也不断推进对外科研合作。陈涵德研究员讲述了当时的情况：

"在20世纪80年代末到20世纪90年代初，傅所长带领二所高技术队伍不断推动我所的国际合作。其中一件事情就是在聚变能源研究中关于铍材料的相关研究。铍材料用到先进能源研究里需要一些参数。当时，这个参数在国际上有分歧。因为需要用到铍材料这些参数，我们通过国家'863'项目专家组把这个项目争取过来了，后来我们就搞了一次国际合作，有中国、苏联、日本和美国四家参加（这是我们二所首次也是当时唯一的一次国际合作）。当时我们所有一部分加工好的铍部件，同时美国和俄罗斯也有，但是大家都不配套，做出来的数据不完整，四家一合作就把它配套了，就可以从一个很小的尺寸做到一个很大的尺寸，范围做得很宽，数据做得很全。这个参数实验研究需要很薄的铍部件，有了不同厚度不同形状后就可以做多种核参数测量，因为之前这三家都不配套，专门去加工这个材料也比较贵。另外美国、俄国、中国、日本要测量每一个形状下的实验数据，既有相同的地方，也有不同的地方。当时国际原子能委员会希望用多种技术方法来测同样条件下的一个数据，互相佐证和比较，用不同的方法测量得到同样一个数据就比较可靠了。我们四家大概做了半年，这个过程中我们派人到日本去做，同时美国人也来讨论这些数据。

"这次国际合作持续了三年左右。我们采用这样开放式的做法做完了这套数据。后来国际原子能委员会的一个核数据评价组专门在成都开了一次国际会议来评价这些数据，认为是最好最全的一套数据。

"通过这次合作，我所的科研人员一方面开阔了眼界，另一方面也证实了我们的技术实力。而当时这都是在傅先生倡导下才能做这样的工作。这是真正的国际合作，是实实在在地做实验和做数据。不仅是学术的问题，而且是用不同的方法或者用同一种方法大家一起做，来验证这个数据是否相符，期间的数据也共享，核数据库就把它放进去了，世界上都可以共享这个数据。"[1]

从下表可以看出，二所在 20 世纪 80 年代就开始进行对外科技交流活动了，达到 42 项 59 人次。正因为有这样的基础，才使二所在 20 世纪 90 年代的对外科技交流与学术交流异常活跃，达到 271 项 554 人次。

二所 20 世纪 80—90 年代对外科技交流一览表

	1980—1989 年	1990—1998 年	合　计
参加国际会议	17 项 17 人次	61 项 100 人次	78 项 117 人次
出国考察访问	10 项 13 人次	44 项 108 人次	54 项 121 人次
出国接受技术培训	5 项 7 人次	40 项 83 人次	45 项 90 人次
出国进修、工作、留学	4 项 4 人次	16 项 18 人次	20 项 22 人次
邀请外国专家来访	6 项 18 人次	110 项 245 人次	116 项 263 人次
合　计	42 项 59 人次	271 项 554 人次	313 项 613 人次

---

[1] 陈涵德访谈，2014 年 11 月 18 日，四川绵阳。资料存于采集工程数据库。

搭建核学会学术交流平台

傅依备在任职期间，积极参加中国核学会学术活动，积极筹办成立四川省核学会并推动学术交流活动的开展。

20世纪70年代末，四川省涉核单位数量已位居全国之首，成为我国核科技和核工业大省。这其中，九院二所是川内重要的核科学技术研究单位之一。70年代末至80年代初，随着形势任务的不断变化，傅依备带领二所开始谋划学科领域的拓展，逐步参与从事更多的核科学技术应用研究工作，与省内外同行单位之间的科技交流与合作也逐渐增多。

在交流合作过程中，各单位都逐步意识到，为求得更好的发展，还需建立起更密切的交流渠道和合作机制，把核科技资源充分整合利用，发挥更大的作用。

1980年年初，经中国科协批准，核科学技术领域的全国性学会——中国核学会成立，邓稼先、胡仁宇、傅依备等九院的领导专家出席了成立大会。在会上，大家都觉得有必要抓住中国核学会的契机，把四川省的核科学力量组织起来，成立四川省核学会。同年12月25日，四川省科协学术部冯彬彬部长邀请了包括川内8个核科技单位12名科学家聚集到成都座谈，酝酿成立四川省核学会筹备组。

1981年3月30日，四川省二机局和四川大学720所联合向四川省科协申请成立"四川省核学会筹备小组"，同意学会挂靠省二机局。

1981年4月7日，省科协批复同意成立筹备小组。筹备小组由川内的15家单位的16名同志组成，省二机局李锐处长担任组长，四川大学万鸿声老师为副组长。后来，在筹备小组之上成立了一个领导小组，李锐请傅依备担任领导小组组长，负责学会筹备的组织领导和统筹策划等工作。

傅依备相当重视这项工作。尽管工作繁忙，交通不便，但他都尽量挤出时间，几乎一次不落地赴成都参加筹备会，为学会筹备出谋划策。傅依备还负责学会章程的修改审定。在修改审定过程中，他一条一款，逐字逐句，反复斟酌修改。在经费不是很宽裕的情况下，他想办法挤出一部分经费给予支持。

在傅依备、李锐、万鸿声等人的鼎力支持和共同努力下，经过近一年的筹备，1981年12月10—16日，四川省核学会第一次会员代表大会在成都军区第四招待所如期召开。四川省核学会宣告成立。这是国内成立最早的地方核学会之一。

会上，九院院长邓稼先当选为副理事长之一。在学会机构设置和专业划分上，大家一致采纳了傅依备的建议，设立9个学科专业委员会，其中放射化学与化工专业委员会挂靠在九院二所。同时，傅依备也被推选为省核学会放射化学与化工专业委员会主任，二所205室主任郭高品任放射化学与化工专业委员会第一副主任。①

"四川省原子核科学技术学会（简称四川省核学会）是由四川省内的核科学技术工作者和从事核科学技术设计、研究、生产、教学、应用、管理的企事业单位自愿结成、依法登记并具有法人资格的民间社会团体组织，其业务主管单位是四川省国防科学技术工业办公室，登记管理机关是四川省民政厅，办事机构现挂靠中国核动力研究设计院（初期挂靠四川省

图9-6 1981年12月10日，四川省核学会成立大会暨首次年会代表合影（坐排右八为傅依备，左十二为邓稼先）

---

① 《傅依备传》编写组：《中国工程院院士传记——傅依备传》。北京：航空工业出版社，人民出版社，2016年，第257-259页。资料存于采集工程数据库。

二机局），接受中国核学会、四川省科学技术协会、四川省国防科学技术工业办公室、四川省民政厅的业务指导和监督管理。"①

1984年11月，邓稼先当选为第二届理事会（在成都召开）理事长，傅依备当选为副理事长；1987年10月7日，胡仁宇（核物理学家，曾任中物院院长，1991年当选为中科院院士）当选为第三届理事会（在都江堰召开）理事长，傅依备当选为副理事长；1991年11月，傅依备当选为第四届理事会（在温江召开）副理事长。②

傅依备作为四川省核学会副理事长和专业委员会主任，带领二所科技人员积极参与学会的各项业务工作和学术活动。

1982年10月25日，中国科学技术大学杨承宗教授致信傅依备。信中说："上月四川省核学会放化及化工专业委员会举办的放射性三废处理学术交流会报告三册（上、中、下）收到。你会以一个省属的力量，做出如此重要、有意义、数量又多的工作，令人钦佩。"③

1982年5月，傅依备代表四川省核学会负责拟定了在成都主办的全国第一届原子核科技展览会方案和展出提纲，并在展览会实施过程中任技术总编和展览馆馆长。同年11月，在他的组织下，二所作为承办单位和参展单位之一，成功组织筹备了此次展览会。其中，二所208室在展览会上展出了放射性同位素产品，为促进二所同位素技术在国民经济中的应用起到了积极的作用。

1983年11月，傅依备作为四川省核学会副理事长主持了在峨眉山举行的"放化分析成果报告会"。二所205室孙颖等科技人员参会并作了学术报告，提高了二所在四川省放化分析领域的影响力。

1987年9月22日，在傅依备的主持安排下，四川省核学会放射化工与同位素专业委员会在二所举行年度学术交流会，其中二所在会议上交流

---

① 胡明刚：四川省核学会简介。见：四川省核学会：《四川省核学会成立30周年纪念册（1981—2011）》。2011年。资料存于采集工程数据库。
② 四川省核学会：《四川省核学会成立30周年纪念册（1981—2011）》。2011年。存地同上。
③ 杨承宗先生致傅依备的信。存地同上。

图 9-7　1988 年，傅依备（中）参加中物院化学化工专业委员会学术讨论会（左为罗顺火，右为董海山）

论文 16 篇。①

1993 年 10 月，傅依备在江油参加第四届核燃料与聚变材料学术交流会。

2000 年 11 月 16 日，傅依备作为特邀代表出席在郫县召开的四川省核学会第六次代表大会；2004 年 11 月 5 日，傅依备作为特邀代表出席在峨眉山召开的四川省核学会第七次代表大会。

2001 年 10 月 18 日，傅依备出席在金堂召开的四川省核学会成立 20 周年庆祝大会。2011 年 4 月，傅依备为四川省核学会成立 30 周年题词："促进核科学技术发展造福人类。"②

由于傅依备在核学会工作中的积极努力和在其中发挥的重要作用，以及他对推动四川省核科技发展作出的突出贡献，1983 年 1 月，傅依备出席了四川省科技战线先进代表大会。同年 11 月，他被评为四川省科学技术协会系统先进工作者。1986 年 9 月，被任命为四川省科技工作者协会第三届委员会委员。③

---

　　①《傅依备传》编写组：《中国工程院院士传记——傅依备传》。北京：航空工业出版社、人民出版社，2016 年，第 259-260 页。资料存于采集工程数据库。

　　② 四川省核学会：《四川省核学会成立 30 周年纪念册（1981-2011）》。2011 年。存地同上。

　　③《傅依备传》编写组：《中国工程院院士传记——傅依备传》。北京：航空工业出版社、人民出版社，2016 年，第 261 页。存地同上。

2011年9月26日，中国核学会在给四川省核学会成立30周年的贺信中说："四川省是我国核工业大省，西南部核科技研发重镇。四川省核学会成立30年来，继承了优良的核工业传统，聚集了本省最优秀的核领域专家学者，是我国最有影响力的核科技学术团体之一，在学术交流、科学普及、科技咨询服务、科技人才培养、国际合作与交流等方面做出了大量卓有成就的工作。"[1]

力主与高校开展科技交流与合作

傅依备在任职期间，胸怀天下，心系教育，成功与成都科技大学（现四川大学）联合办学，热情参与西南科技大学的建设与发展，为重庆大学、北京理工大学等多所高校指导学生。他于1987年任重庆大学兼职教授；1987年任成都科技大学兼职教授；1991年任中国原子能研究院兼职博士研究生导师；1992年任北京理工大学兼职教授；1998年任四川大学兼职教授。[2]

1985年，为加强与大学的合作，充分发挥各自的人才和技术设备优势，促进教育、科技的发展和科学技术为国民经济服务，在傅依备和朱正和教授的共同倡导下，二所与成都科技大学化学系经过协商，准备成立"应用化学与理论化学研究所"（联合所）。[3]

1985年4月4日，傅依备与成都科技大学王建华校长签署联合办成都科技大学应用化学与理论化学研究所协议书，标志着该联合所的正式成立。其协议书主要明确规定：

---

[1] 四川省核学会：《四川省核学会成立30周年纪念册（1981—2011）》。2011年。资料存于采集工程数据库。

[2] 《傅依备传》编写组：《中国工程院院士传记——傅依备传》。北京：航空工业出版社、人民出版社，2016年，第371页。存地同上。

[3] 傅依备，朱正和：《原子与分子工程研究所（联合所）小结——联合所成立29周年》。2013年。存地同上。

"联合所设在成都科技大学校区内，以成都科技大学化学系为依托。在科大化学系和九院二所共同领导下，开展科研及学术活动，根据平等互利、协商一致的原则处理各项事务。

"联合所领导机构由双方派出人员组成。设所长二人，双方各派一人。所长全面负责研究所工作，下设办事机构，在所长领导下处理行政、日常工作。联合所设科学技术委员会，在所长领导下进行工作，其任务是审议联合所的发展方向，审查课题、课题经费预决算和评议成果供所长决策。联合所的科研人员以双方兼职为主，也可有一定数量的专职人员。

"联合所实行研究、教育和生产单位联合的原则，侧重应用研究和开发研究，同时开展理论研究，逐步发展成为应用化学和理论化学科学研究及学术活动的中心，并结合研究方向双方共同培养研究生。

"联合所的任务是：承担双方认为必要的应用基础研究课题，大、中、小企业提出的应用研究和技术开发课题，双方认为有意义的技术开发课题，为双方及时提供经济、技术信息，为双方人员联系培训、进修、实习、参加有关学术交流活动，合作培养研究生。

"联合所的研究方向：辐射化学、放射化学、食品化学、材料科学、理论化学、光化学（含激光化学）、标记化合物及其应用。

"为加强学术交流，促进学科间渗透，双方为专家定期到对方讲学，参加对方进行的基础研究和应用技术研究提供方便。"[1]

1984年11月17日，钱学森致信成都科技大学物理系苟清泉教授（《原子与分子物理学报》主编），提倡原子与分子物理今后的主要方向应从理论转向应用，发展应用原子与分子物理，成为工程师们设计产品的工具，也就是要建立"原子与分子工程"，希望有一部分原子与分子物理学家转为原子与分子工程师。[2]

根据钱学森的倡导，1990年12月7日，成都科技大学发文，将"应

---

[1] 成都科技大学化学系、核工业部九院二所合办成都科技大学应用化学和理论化学所协议书。资料存于采集工程数据库。

[2] 钱学森：关于发展应用原子与分子物理的建议，《原子与分子物理学报》，1987年第1期。存地同上。

用化学与理论化学研究所"更名为"原子与分子工程研究所",隶属关系及研究所负责人不变。①

1992年1月16日,成都科技大学发文任命傅依备为成都科技大学原子与分子工程研究所(联合所)所长(同为所长的还有朱正和教授)。②

根据1985年联合所协议书中明确的"实行研究、教育和生产单位联合"的原则,在30年的联合办学过程中始终注意并做到了三点:

一是抓住培养人才为基本出发点,实行培养或联合培养硕士、博士研究生,配合短期一个月、三个月、半年和一年到联合所研修方式,培养研修人员数十人。据2005年统计,联合所培养硕士生23人,博士生37人,联合培养硕士、博士研究生15人,为中物院培养或输送硕士、博士研究生11人;联合培养和为中物院培养的科技人员有9人;向中物院输送的博士和博士后有3人。这些人员现都已成为中物院的科技骨干——通过他们,使科学研究工作取得了一系列成果,同时使学校走出了书斋,改变过去单纯从文献到文献的研究方式。

二是对于有实践经验的科技人员,加强基础理论学习是一项首要任务。在培养硕士、博士和研修生过程中,始终注重进一步提高理论基础。他们都认真学习了量子力学理论和各种理论计算方法,学习了分子结构、分子势能函数和某些热力学理论,对硕士、博士生,还学习了群论、原子分子反应静力学、分子反应动力学和原子结构论,其中部分同志还学习过量子统计和量子场论基础。现在,这些同志都能结合自己的研究实际,自如或基本自如地进行分子结构的量子力学计算。

三是改变为学习理论而学习理论的方式,在学习中结合研究实际,在研究中不断学习。联合培养的硕士、博士生的论文题目,都来自他们自己的实际研究,研究积极性高,都取得了重要成果。

20世纪90年代以后,联合所的所有研究生、论文题目和研究课题都出现了面向国防科研这一喜人的新局面。30年来联合所运行取得一系列科研成果有:出版专著4部,发表论文250多篇(国外40多篇),SCI

---

① 成都科技大学文件〔90〕成科发行字第2号〔Z〕。资料存于采集工程数据库。
② 成都科技大学文件〔92〕成科发行字第5号〔Z〕。存地同上。

图9-8 2004年9月，傅依备（二排左八）参加中物院化学与化工学科第八届学术年会并与代表合影

收录100多篇，获国防发明专利1项，军队科技进步奖1项，省部级二、三等奖共13项。在金属铀钚表面抗腐蚀性、贮氢（同位素）材料研究方法和金属离子平均电荷分布的第一原理方法等项目中获得创新的理论研究成果。

2002年1月，西南科技大学聘请傅依备为特聘教授。2004年9月，又聘请他为西南科技大学环境工程专业咨询专家。2005年春，西南科技大学提出筹建国防科技学院，培养国防科技人才，满足西部国防科技工业对人才的需求。初期，学校面临诸多棘手难题：如何规划国防学科发展方向，如何整合现有资源、突出国防办学特色等。

当学校提出请傅依备为学校出谋划策时，他没有推辞，欣然接受。在详细地分析了当时国防科技工业发展形势和国家能源发展战略后，他提出"组建国防科技学院，要立足于学校和董事单位的现有资源，着眼于核工业和核电发展的需要"；建议学校将"核物理与核化学"作为国防科技学院的基石，重点建设好"核工程与核技术""辐射防护与环境工程""应用化学（含能材料）""信息与对抗技术"等专业。

2006年12月，在傅依备的指导下，西南科技大学经过一年的努力，成功签署了《委省共建西南科技大学》协议，为学校的发展迈出了跨越性的一步。

2007年春，西南科技大学决定筹建国防重点学科实验室。傅依备得知这一消息后，主动为筹建实验室献计献策，并接受了该实验室学术委员会主任的聘书。他分析了当时国内同类实验室的建设情况和学科发展优势，建议突出四个研究方向，将实验室命名为"核废物与环境安全国防重点学科实验室"，从而为实验室的申报、建设和未来发展确定了方向。为帮助西南科技大学申报重点实验室，傅依备专程赶往北京参加汇报；在专家组到校现场考察期间，他又到场接受业务方面的咨询，消除专家们的顾虑。

2007年7月，倾注了傅依备大量心血的"核废物与环境安全国防重点学科实验室"获批建立。

同样倾注傅依备院士大量心血的还有西南科技大学国防学院的专业建设和人才培养。当年，西南科技大学在国内高校中，是第一批申报核学科的辐射防护与环境工程专业的学校。西南科技大学多次邀请中物院的相关专家参加论证，也多次向傅依备请教。对辐射防护与环境工程专业人才培养方案，傅依备提出，辐射防护与环境工程是一门实践科学，要坚持实践办学，重视思维方法和动手能力的培养。学校必须建立专业性原理实验室，如辐射测量实验室，开展射线能谱、射程、半衰期、穿透能力、屏蔽材料的实验，等等。还要培养一批实验人员。学校要本着循序渐进的原则，把这个专业办成精品、品牌专业，不要辜负企事业单位对学校的期望！

2006年7月，辐射防护与环境工程专业即将招生之际，为加强宣传、扩大影响，提高招生效果，中央电视台拟作一期专业介绍节目。接到学校的电话邀请后，傅依备不顾旅途劳累，专程赶到中央电视台录制节目。9月21日下午，傅依备作为特邀嘉宾，在中国教育电视频道《国视导航》栏目，向全国观众现场直播新专业介绍。直播节目题为《为生命筑起一道防护墙——辐射防护与环境工程专业》。这次节目播出后，激发了许多考生和家长对辐射防护与环境工程专业的浓厚兴趣，当年报考西南科技大学该专业的第一批录取志愿填报的考生十分踊跃。

傅依备还挤出时间，为西南科技大学学生作专题学术报告，介绍相关学科的前沿动态与信息,激发了学生的创新思维和科研兴趣。①

傅依备对西南科技大学国防学科的筹建与发展,倾注了大量心血和智慧,赢得学校和社会的广泛赞誉。正如西南科技大学原校长肖正学教授所说:"傅院士的严谨治学态度,折射出老一辈科学家的人格魅力和精神境界;他乐于奉献的精神,体现了中物院情系高校的优良传统。"②

热情参与地方企业技术合作

傅依备在热心参与高校的交流、咨询与建设的同时,还以极大的热情奔赴院内外、省内外企业,为企业提供科学技术咨询与合作支持。其中,在浙江宁波建立了傅依备院士工作站,获得较大经济效益和社会效益。

2011年9月17日,由傅依备院士领衔的宁波球冠电缆股份有限公司院士工作站在宁波国际会展中心正式授牌。

宁波球冠电缆股份有限公司傅依备院士工作站是以球冠电缆股份有限公司发展需求为牵引的高端科技创新攻关和科研合作平台,在加快企业科技创新、提高企业科技水平和加强高层次科技人才队伍建设等方面,为我国电线电缆事业的发展作出贡献。其主要职责是:组织院士、专家对企业科技攻关和战略发展的重大问题进行调查研究,提出建设性意见和决策预案;对企业重大工程及技术项目,进行

图9-9 宁波球冠公司院士工作站站牌近照(2015年9月21日,罗本祥摄影)

---

① 《傅依备传》编写组:《中国工程院院士传记——傅依备传》。北京:航空工业出版社、人民出版社,2016年,第371-374页。资料存于采集工程数据库。
② 肖正学:身献国防,情系教育。见:《傅依备院士八十华诞文集》。北京:原子能出版社,2009年,第37页。肖正学,教授,西南科技大学原校长。存地同上。

专题咨询论证，提出对策和建议；根据企业的科技进步和技术创新需求，组织院士及其团队与企业研发人员开展应用基础和工程技术研究，培育具有自主知识产权的引领行业前沿的产品和品牌；发挥院士及团队的作用，引进具有自主知识产权的科技成果，共同进行转化和产业化；开展高层次学术或技术交流活动。①

几年来，傅依备在院士工作站平台上，为浙江一些企业提供技术咨询，献计献策。

2011年9月18日，傅依备率领创新团队，到宁波球冠电缆股份有限公司参加"院士企业行"活动，与企业高级管理层、技术人员进行面对面的交流对接。球冠公司希望通过院士工作站平台，将傅依备及其团队的技术优势与企业的战略需求有机结合，开展多个短期和长期合作项目，开发出更多的新技术、新产品。

傅依备认为，我国经济发展已经处于一个新的时期，企业发展一定要创新，不创新就落后，这是市场经济的必然规律。宁波市采取一系列政策，扶持企业科技创新，使宁波成为新产品、新技术、新工艺相对集中的城市。他表示，他和他的创新团队非常愿意与企业合作，希望院士工作站今后努力与企业联合开发新产品，多出成果、出好成果。随后，他对球冠公司在材料、工艺改进、产品开发领域提出的11个合作项目逐一进行了可行性分析，并就企业当时在开发新产品过程中遇到的难题进行现场答题。他十分肯定宁波在院士工作站建设方面所做的工作，认为宁波院士工作站建设已经走在了全国的前列。② ③

2012年9月22日，傅依备到宁波球冠电缆股份有限公司，与企业高层领导和科研人员面对面地交流了三个多小时。傅院士对球冠公司依托院士工作站而承担的"十二五"国家"863"计划项目——"超高压直流电缆

---

① 宁波球冠公司项目部：宁波球冠电缆股份有限公司傅依备院士工作站章程。2015年。资料存于采集工程数据库。

② 北仑区球冠院士工作站成立。共产党员网·全国党建联盟·北仑党建·北仑区委组织部，2011年9月19日。存地同上。

③ "宁波这条路子走对了"——傅依备院士"企业行"活动侧记。《宁波日报》，2011年9月19日第2版。存地同上。

用聚合物基纳米复合绝缘料及电缆和附件的研制"的立项与进展给予高度评价，并指出：直流输送发展前景广阔，具有创新性，研发工作要把好源头关，大项目要进行反复的小实验，不要着急上马，否则会浪费很多的人力、财力和物力。①

2012年9月23日下午，傅依备到余姚工业园内的宁波华丰包装有限公司考察，提供技术咨询服务。他从高分子谈到核辐射，从X射线谈到太阳能产业发展；他建议该公司可以利用目前的技术条件开展攻关，进军防核辐射胶膜研制领域——目前我国核能发电量大约占发电量的2%，到2020年要提高到4%。因此，防辐射胶膜有很大的市场需求。②

院士工作站建站几年来，围绕辐照技术改性材料科学等领域开展业务工作。还进行了一些科技创新项目研发，取得良好进展。比如共同研发了额定电压450/750V及以下分相互套易分离型双芯平行电缆和内置测温光纤高压电缆，此二项目已完成全部研发工作，并实现销售；同时承担了国家"863"项目超高压直流电缆用聚合物基纳米复合绝缘料及电缆和高压电缆涂层新材料及应用技术的部分研发工作。

2011年至2015年，院士工作站共申请专利26项，授权22项，其中发明专利授权2项，实用新型专利授权20项；参与制定行业标准2项、国家标准2项。

傅依备还指导球冠公司研制无卤低烟阻燃电缆绝缘材料，实现重大技术突破。傅依备提出，实现材料分子交联通常有两种方法，分别是化学方法和物理方法；在电缆绝缘材料领域使用化学方法很难差强人意，因而必须使用物理方法。在他的这一启发和帮助下，宁波球冠公司研究团队迅速调整思路，改变研发方向，双方共同确定了"无卤低烟阻燃聚烯烃电缆护套料辐照改性母料研制"和"辐射交联乙丙橡皮电缆绝缘料"两个项目。这两个项目的实施，解决了电缆绝缘体具备在高温下不熔化的特征

---

① 顾新国：傅依备院士亲临球冠公司，为企业科技创新献计献策。北仑区科技局网站，2012年9月24日。顾新国，宁波市北仑区科协秘书长。资料存于采集工程数据库。
② 黎欣刚：院士一落座企业就抛出技术难题。《宁波日报》，2012年9月24日第2版。存地同上。

（阻燃）和耐热耐温耐化学腐蚀，抗张强度、耐磨性、抗压性、抗冲击、抗撕裂和抗剪切等机械性能大为提高。

宁波球冠公司副总裁吴叶平坦言："在研发过程中，有时候有些问题冥思苦想而不得其解，但经傅院士稍一点拨，一下子就茅塞顿开了。"

傅依备还为球冠公司的纳米技术"指点迷津"，提供方向性技术指导，当材料研发过程中遇到技术困难时为其指出问题的关键所在。[①]

几年来，傅依备院士工作站除了促进该企业社会效益的提升外，更主要的是带来可观的经济效益。如，2014年，公司通过一系列的技术改进和经营策略上的转变，给公司业绩带来巨大的提升，全年实现销售收入1.214亿元，实现净利润4010万元，同比增长303%；超高压直流电缆用聚合物基纳米复合绝缘料及电缆和附件的研制项目，以及高压电缆护套涂层新材料研制及应用技术项目的成功研发，给企业带来1.46亿的销售收入，未来该项目的发展潜力巨大；220kV交联聚乙烯绝缘电力电缆在2014年实现销售收入1950万元，这为该公司在特高压电缆打入国家电网领域迈出了重要

图9-10 2011年9月17日，宁波球冠公司院士工作站揭牌仪式人员合影（左起：中物九鼎陈雪梅经理，二所彭述明所长，傅依备夫人谢冬心女士，傅依备，球冠公司温尚海总师，中物院科技委原副主任孙颖研究员，球冠公司项目部沈卫强经理，原二所雷家荣副所长。资料由球冠公司项目部提供）

---

① 静秋，肖立群：宁波球冠电缆股份有限公司院士工作站速写．《宁波院士工作》，2013年第6期，第33-37页．资料存于采集工程数据库．

第九章 力推学术交流合作

一步。①

院士工作站还为球冠公司重大战略决策提供技术咨询，参与制定了2014—2016年三年规划；开展行业专题研讨交流会或技术鉴定会，为产品技术审查把关。②

宁波球冠电缆股份有限公司已发展成为国家级高新技术企业、浙江省质量奖荣誉企业、浙江省电线电缆行业协会常务理事单位、宁波市综合百强企业。该企业主导产品220kV及以下各类电力电缆已广泛应用于国家电网、南方电网建设，并在三峡电站、石化、钢铁、轨道交通、联合国部队建设工程等国内外高端领域占有一席之地，优异的产品质量和服务受到用户好评。③

2015年8月19日，傅依备为运行4年的宁波球冠电缆股份有限公司院士工作站作出总结评价："自2011年与宁波球冠电缆股份有限公司合作建立院士工作站以来，工作站依据公司生产的需要承担了一些电缆相关材料的科研项目，就公司提出的新电缆研发中的科技问题以及解决的途径进行了讨论和交流。双方合作愉快，并取得了一定成绩。"

---

① 宁波球冠公司项目部：宁波院士工作站绩效考核材料。2015年。资料存于采集工程数据库。
② 同①。
③ 宁波球冠公司项目部：球冠电缆资质文件。2015年，第1页。存地同上。

第十章
学术成就与人才培养

傅依备是我国当代较早从事放射化学研究并取得丰硕学术成果的科学家之一。20世纪50年代，他在苏联攻读副博士学位期间，就在导师的指导下潜心研究核燃料后处理工艺，并发表了数篇独具创新价值的论文。1963年，他奉命调到九院（现中物院）工作之后，与其他同志一起负责钋-铍中子源的研制，并取得成功；从第一次核试验起，他就主持并参与核试验放化诊断方法和技术的研究工作，在大气层核试验气体取样及放化测试、地下核试验放化诊断及气体取样等研究工作中取得了许多创新性的成果；他善于开拓创新，在核武器相关技术及核技术应用等领域也取得了一系列研究成果。

他把学术研究与国防科研生产、学术传承与培养人才紧密地结合在一起，既取得了骄人的学术成果，又培养了大批人才，促进了核武器科技事业的持续发展。

学 术 贡 献

傅依备先后在放射分析化学、氚化学与氚工艺、同位素药物化学、材料表面化学、辐射化学、聚变靶材料化学、环境化学及计算化学等学科方面开展了科学研究，取得了大量的学术成果，促进了核武器科技事业的持续发展。

傅依备在放射分析化学方面作出了开创性的贡献。

早在 20 世纪 50 年代，傅依备就采用电化学方法系统地研究了核裂变产物（^{91}Y、^{140}La、^{144}Ce、^{147}Pm、$^{152\sim154}$Eu、^{169}Yb、^{177}Lu）在汞阴极的电化学行为，实现了这些核素的汞阴极沉积和分离。发展了汞阴极方法，首次将该方法应用到超微量放射性裂变产物的分离。

他通过汞阴极电解法研究了稳定铕（Eu）、镱（Yb）和钐（Sm）的提取方法，系统研究了该方法的机理，发展了该方法用于其他稀土元素的化学提取和分离。这些研究结果对于汞阴极法提取铕工艺的建立具有重要意义。[①]

傅依备还用汞阴极电化学法系统研究了提取三价稀土元素的可能性。通过该研究，进一步提出了碱金属与稀土元素的电化学势能电位匹配与后者产率并联的学说。[②]

傅依备进一步研究了汞阴极法中多种因素对提取铈（Ce）的影响，获得了汞阴极法从铈的醋酸、柠檬酸溶液中提取铈的最佳条件；当铈的浓度为 2.42×10^{-3}M 时，电解 70 分钟后，铈的收率达到 99.0%。[③]

为了找到分离钷（^{147}Pm）的最佳配位质点，傅依备使用了电化学汞

[①] В П Шведеов, Фу И-бей. Выделение радиоактивных изотопов на ртутном катоде Ⅰ. изучение злектрохмческого поведния европия[J]. Радиохимия, 1960, 2（1）：57-64. 资料存于采集工程数据库。

[②] В П Шведеов, Фу И-бей. Выделение радиоактивных изотопов на ртутном катоде Ⅱ. изучение возможности выделения редкоземельных злементов, не имеющих устойчивото двухвалентного состояния[J]. Радиохимия, 1960, 2（2）：231-233. 存地同上。

[③] В П Шведеов, Фу И-бей. Выделение радиоактивных изотопов на ртутном катоде Ⅲ. изучение выделения церия[J]. Радиохимия, 1960, 2（2）：234-238. 存地同上。

阴极法并采用了柠檬酸、酒石酸、琥珀酸和特里龙 Б 作为络合剂进行实验研究，找到分离 ^{147}Pm 的最佳条件，在此条件下可以分离出 99% 的 ^{147}Pm。[1]

傅依备进一步研究了汞阴极分离非稀土元素铌的条件，找到了用汞阴极法分离析出铌的最佳条件，在这种条件下 30 分钟内，可以分离析出铌 98.3%。[2]

为了进一步证明汞阴极法可用于稀土元素的分离，傅依备采用汞阴极法开展了混合物中分离钆（Gd）、镱（Yb）和镥（Lu）的研究，证明了 ^{177}Lu 完全可从 ^{91}Y 和 ^{169}Yb 中分离出来。[3]

傅依备还研究了从 Lu 中分离 Ce 和 Pm、从 Ce 和 La 中分离 Eu 的方法，得到了汞阴极法自 $^{152\sim154}$Eu 中完全分离 ^{140}La 和 ^{144}Ce 的条件，提出了部分稀土用汞阴极法分离的工艺流程。[4]

傅依备在汞阴极法用于稀土元素提取和分离的研究中，作出的贡献有以下几点：否定了西方学者认定的汞阴极法只能用于具有稳定二价的稀土元素的观点，把该方法推广到用于全部稀土的提取和分离；系统研究了汞阴极法中汞齐组分、电解液添加络合物种类的

图 10-1　1996 年 8 月 31 日，傅依备在中国科技会堂和杨振宁教授交谈

---

[1] В П Шведеов，Фу И-бей. Выделение радиоактивных изотопов на ртутном катоде Ⅳ. изучение выделения ^{147}Pm [J]. Радиохимия，1960，2(6)：715-719. 资料存于采集工程数据库。

[2] В П Шведеов，Фу И-бей. Выделение радиоактивных изотопов на ртутном катоде Ⅴ. изучение выделения 95Nb без носителя [J]. Радиохимия，1960，2(6)：720-722. 存地同上。

[3] В П Шведеов，Фу И-бей. Изучение разделения радиоактивных изотопов редкоземельных элементов на ртутном катоде Ⅰ. разделение Y，Yb и Lu [J]. Радиохимия，1962，4(4)：451-457. 存地同上。

[4] В П Шведеов，Фу И-бей. Изучение разделения радиоактивных изотопов редкоземельных элементов на ртутном катоде Ⅱ. отделение Ce и Pm от Lu；Eu от Ce и La [J]. Радиохимия，1962，4(4)：457-461. 存地同上。

影响因素，提出了汞阴极法提取分离化学元素的机制，利用这一化学原理描述了汞阴极法提取分离微量元素的过程，并得到了实验的验证；第一次实现汞阴极法对稀土元素的分离；首次实现汞阴极法提取非稀土元素铌。傅依备的研究为列宁格勒化工学院人工放射性化学教研室开拓了一个崭新的科研方向，并相继成为该教研室研究生和大学本科生的研究领域。

到20世纪60年代初，他在清华大学工程化学系指导研究生和大学本科生，开展了核燃料后处理工艺流程中最难处理的裂变产物 ^{95}Zr 和 ^{103}Ru、^{106}Ru 的水溶液化学研究，前者具有多种水合物形态，后者具有多种价态。其络合物结构多变，是核燃料后处理中影响铀钚纯度的重要核素。

在此期间，他编写了我国第一部较为完整的《人工放射性物质工艺学》（核燃料后处理工艺），并由北京大学铅印成册。该讲义系统地介绍了核燃料循环的全过程及相关的化学问题（全书共十章），重点讨论乏燃料元件的解体和溶解、溶剂萃取工艺（含 Purex 流程、Thorex 流程、MIBK 萃取、TTA 萃取）、多种沉淀和共沉淀法、离子交换法以及氟化蒸馏法等，全面介绍了当时国外在核燃料后处理领域的最新研究成果。

20世纪70年代，傅依备等人对我国低空核爆形成的放射性微粒进行了研究，用飞机携带空气过滤器，以过氯乙烯作为过滤材料收集烟云微粒和气溶胶样品，用地面布盘收集近区沉降的大粒子样品。通过实验研究，发现核素在每个核爆沉降粒子中的平均含量随微粒粒度的增大而增加，经过对数关联法处理，可以得到在 60—200μm 的球形微粒中，^{95}Zr、^{99}Mo、^{147}Nd 和 ^{239}Pu 呈体分布即均相分布，而 ^{89}Sr、^{147}Nd 和 ^{239}Pu 呈面分布即非均相分布；^{95}Zr、^{99}Mo、^{147}Nd 和 ^{239}Pu 的平均放射性含量对微粒的平均粒度变化不灵敏，^{89}Sr、^{140}Ba 和 ^{237}U 则变化较大，在 60—200μm 的粒度范围内，除了遵循前面的规律外，在 200—600μm 范围内所有核素在微粒内呈体分布。因此，在低空核爆烟云凝结成微粒的过程中，由于其化学和物理性质的差异，核素在微粒中的分布有的呈体分布，有的呈面分布。而这种分布规律与核爆条件和微粒粒度有关。对于不同的核爆条件形成上述微粒中核组分分布类型的粒度范围也不同。这些研究结果对于监测核爆所造成的环境污染状况具有重要指导意义。①

冠醚作为大环多醚类化合物，已在碱金属的溶剂萃取中得到应用。与其他冠醚萃取剂相比，苯并 18-冠-6 从苦味酸的碱金属水溶液中萃取铷表现出极高的选择性。生物及环境介质、岩石及地质样品中铷的定量分析已有较多的研究，四苯基硼酸钠已在岩石样品中铷的样品准备中得到应用，无机离子交换剂比如磷酸锆也被用于铷的选择性固定。傅依备指导学生汪小琳通过选用苯并 18-冠-6 研究了从苦味酸水溶液中定量萃取铷的流程，以便建立冠醚溶液萃取岩石中铷的快速、有效的放化分离与测量方法。②

他们还选用苯并 15-冠-5 的硝基苯溶液分别从氢氧化钾溶液中定量萃取铼，以便建立冠醚溶液萃取的中子活化分析流程来分析地质样品中的铷和铼。③ 选用苯并 18-冠-6 和苯并 15-冠-5 的硝基苯溶液分别从苦味酸水溶液或氢氧化钾溶液中定量萃取铷和铼，以便建立冠醚溶液萃取的中子活化分析流程来分析地质样品中的铷和铼。④ 选用苯并 15-冠-5 的硝基苯溶液从氢氧化钾分解岩石试样溶液中定量萃取铼，同时研究了影响定量萃取的各种因素以及定量反萃的实验条件。⑤

这些研究结果的获得，对于促进当时核试验放射分析化学的进步具有重要的指导意义。

傅依备在氚化学与氚工艺研究方面不断探索。

根据国家"863"计划中的聚变-裂变混合堆专题计划，为演示混合堆包层产氚的可行性，傅依备所领导的研究团队于 1991 年 11 月在中

---

① 傅依备，赵鹏骥，陈涵德，等：核爆烟云微粒的放射性核素组分的研究。《科技学报》，1981 年第 3 卷第 31 期，第 31-37 页。资料存于采集工程数据库。

② Wang Xiaolin, Liu Yinong, Fu Yibei. Solvent extraction separation of rubidium with a crown ether for neutron activation analysis in rock samples [J]. Journal of Radioanalytical and Nuclear Chemistry, 1995, 189（1）: 127-132. 存地同上。

③ Wang Xiaolin, Liu Dongyan, Fu Yibei. Radiochemical separation of rhenium with crown ether for neutron activation analysis in rocks [J]. Journal of Radioanalytical and Nuclear Chemistry, 1995, 199（2）: 151-158. 存地同上。

④ 汪小琳，傅依备，刘亦农，等：冠醚在 Rb 和 Re 中子活化分析中的应用研究。《核化学与放射化学》，1996 年第 18 卷第 1 期，第 21-26 页。存地同上。

⑤ 汪小琳，刘亦农，傅依备，等：岩石中痕量铼的中子活化分析。《核技术》，1998 年第 21 卷第 4 期，第 31-33 页。存地同上。

国工程物理研究院的 300 号反应堆上建成国内第一条在线产氚回路。在线产氚回路于 1991 年 12 月 18 日首次产氚演示成功，截止到 1994 年 4 月下旬暂时移出堆芯，随后一直随堆运行，辐照盒表面受照中子注量 $9.36 \times 10^{19} \mathrm{cm}^{-2}$，累计收集到的总氚量为 1.49×10^3 GBq。1992 年 10 月和 1994 年 4 月做了两次共 7 轮放氚实验。该在线产氚回路属于国内第一，达到国际同期最高水平。[1]

他指导的研究团队还进行了 γ-$LiAlO_2$ 多孔陶瓷芯块的研究，找到了制备 γ-$LiAlO_2$ 超细粉的简单方法——喷雾干燥-热分解法。该 γ-$LiAlO_2$ 陶瓷芯块有望成为未来聚变-裂变混合堆的氚增殖剂。[2] 还采用"行星式"滚动法探索了制备 γ-$LiAlO_2$ 陶瓷小球的工艺，该制备工艺简单、投资少、可用于很多球形材料的制备，具有一定的可推广性。[3]

图 10-2　2010 年 5 月 19 日，傅依备参加博士研究生学位论文答辩会（左起：龙兴贵、舒远杰、杨通在、朱正和、傅依备、魏洪源、彭述明、刘宁）

---

[1] 傅依备，沈文德，曹小华，等：在线产氚回路及其在混合堆包层研究中的应用。《高技术通讯》，1995 年第 5 卷第 6 期，第 52-54 页。资料存于采集工程数据库。

[2] 傅依备，赵君科，罗阳明，等：氚固体增殖剂偏铝酸锂多孔陶瓷研究。《高技术通讯》1996 年第 6 卷第 1 期，第 50-52 页。存地同上。

[3] 干和义，傅依备：偏铝酸锂陶瓷小球的制备与性能。《硅酸盐通报》，1999 年第 18 卷第 6 期，第 68-72 页。存地同上。

他还指导学生王和义采用沉淀－乳化法研究了二氧化锆纳米粉末的制备工艺。该研究结果对于二氧化锆纳米粉末制备工艺的建立以及不同晶型二氧化锆形成机理的理解具有重要指导意义。①

他们进一步采用压制－烧结法制备多孔氧化铝陶瓷载体，并采用溶胶－凝胶法在多孔氧化铝陶瓷载体上依次沉积孔径逐渐减小的氧化铝陶瓷膜、氧化锆陶瓷膜和氧化钛陶瓷膜，从而得到具有非对称性结构的多孔复合陶瓷膜。此多孔复合陶瓷膜可作为气体及液体的过滤材料，也可以作为渗氢膜的多孔陶瓷支撑体。②

在此基础上，他们采用浆料涂敷法和化学镀技术分别研究了多孔陶瓷膜表面钯银合金膜的沉积技术，并将浆料涂敷法和化学镀技术结合起来，得到了光洁度较高、合金化较完全的钯银合金膜。这对于钯合金膜制备工艺的发展及氢同位素应用具有一定的意义。③

傅依备在同位素药物化学研究方面取得可喜的学术成果。

肾放射性药物应是以 ^{99m}Tc 作为标记核素，其生物性质应类似或优于邻碘马尿酸（OIH）。傅依备指导学生罗顺忠在国内首次合成了三酸胺单巯基配体 MAG$_3$，采用金属锡直接还原法，MAG$_3$ 与 ^{99m}Tc 络合，产额 >98%；动物实验表明，^{99m}Tc-MAG$_3$ 显像质量优良、肾排泄快，是一种理想的取代 ^{131}I-OIH 的肾放射性药物。同时，还合成了一种新型配体巯基乙酰基双甘氨肽（MAG$_2$），研究了其与 ^{99m}Tc 络合的影响因素，给出了络合产额 ≥ 98% 的反应条件；动物实验表明，^{99m}Tc-MAG$_2$ 的肾显像质量以及肾排泄速度都大大优于目前临床上常用的 ^{99m}Tc-DTPA，而稍次于 ^{99m}Tc-MAG$_3$。在合成出 ^{99m}Tc-MAG$_2$ 的基础上，采用萃取、阴离子交换和同位素示踪等分析方法，研究了 ^{99m}Tc-MAG$_2$ 的结构；实验结果表明，配位化合物表观电荷为 −1，^{99m}Tc 与 MAG$_2$ 络合时形成结构与 ^{99m}Tc-MAG$_3$

---

① 王和义，傅依备：沉淀－乳化法制备二氧化锆纳米粉末技术研究。《硅酸盐通报》，1999年第18卷第4期，第66-68页。资料存于采集工程数据库。

② 王和义，傅依备，邢丕峰：非对称性微孔复合陶瓷膜制备技术研究。《化学学报》，2000年第58卷第8期，第1015-1021页。存地同上。

③ 王和义，傅依备，邢丕峰，等：陶瓷基钯银合金膜制备技术及性能研究。《化学学报》，2001年第59卷第3期，第388-393页。存地同上。

和 ^{99m}Tc-DADS 类似的 1∶1 型配位化合物 Tc（V）ON$_2$SO，缩短 MAG$_3$ 肽链引起配位化合物的结构变化，如配位原子改变、分子量减小和亲水性降低，是产生生物性质差异的根源。① ② ③

放射性示踪剂或者它们的标记化合物已被用于缓解因骨转移扩散而引起的急性骨骼疼痛，但是任何一种都没有达到临床应用。他们研究了 ^{153}Sm-EDTMP 的制备、结构、生物学评估和体外骨吸附模拟，提出了配合物在羟基磷灰石上的吸附有两种可能的模型。④ ⑤ ⑥

博莱霉素（BLM）是一种结构复杂的糖肽类化合物，具有抗肿瘤活性，并已用作某些肿瘤的化学治疗药物。他们选用 β 发射核素 ^{186}Re，采用 Sn（Ⅱ）还原法，系统研究了反应体系 pH 值、配体和还原剂浓度以及保护剂等反应条件对 ^{186}Re-BLM 生成的影响，同时建立了 pH=3—4.5 时产额达 98% 的制备条件。⑦ ⑧

这些研究结果的获得，对于放射性药物以及显影剂的设计与应用具有重要的指导意义。

---

① 罗顺忠，刘中林，赵鹏骥，等：新型 ^{99m}Tc 标记肾显像剂的研究 Ⅰ：^{99m}Tc-MAG$_3$ 的合成和初步生物学评价。《同位素》，1989 年第 2 卷第 3 期，第 137-143 页。资料存于采集工程数据库。

② 罗顺忠，刘中林，赵鹏骥，等：新型 ^{99m}Tc 标记肾显像剂的研究 Ⅱ：^{99m}Tc-MAG$_2$ 的合成及 ^{99m}Tc-MAG$_3$ 和 ^{99m}Tc-DTPA 的显像比较。《同位素》，1991 年第 4 卷第 3 期，第 137-142 页。存地同上。

③ 罗顺忠，刘中林，张昌英，等：新型 ^{99m}Tc 标记肾显像剂的研究 Ⅲ：^{99m}Tc-MAG$_2$ 的结构测定。《同位素》，1993 年第 6 卷第 1 期，第 7-12 页。存地同上。

④ Luo Shunzhong, Pu Manfei, Qiao Jian, et al. A potential bone tumor therapeutic agent ^{153}Sm-EDTMP: its synthesis and preliminary structure analysis [J]. Journal of Radioanalytical and Nuclear Chemistry-Articles, 1992, 160（2）：443-448. 存地同上。

⑤ Luo Shunzhong, Pu Manfei, Qiao Jian, et al. Preparation of bone tumor therapeutic radiopharmaceuticals ^{153}Sm-EDTMP [J]. Nuclear Science and Techniques, 1995, 6（3）：146-149. 存地同上。

⑥ Luo Shunzhong, Qiao Jian, Pu Manfei, et al. Adsorption of ^{153}Sm-EDTMP on hydroxyapatite [J]. Nuclear Science and Techniques, 1995, 6（4）：241-245. 存地同上。

⑦ 罗顺忠，蒲满飞，谯健，等：^{186}Re 标记博莱霉素的研究。《核技术》，1995 年第 18 卷第 4 期，第 231-234 页。存地同上。

⑧ Luo Shunzhong, Pu Manfei, Qiao Jian, et al. Formation of a potential tumor therapeutic pharmaceutical ^{186}Re-bleomycin [J]. Nuclear Science and Techniques, 1998, 9（1）：26-28. 存地同上。

傅依备在金属表面化学方面开展了首创性的探索研究，并取得了丰硕成果。

金属铀在不同气体环境中的表面氧化反应研究一直是核材料相容性和抗腐蚀研究的重点和难点，这是因为核材料相容性研究必须从机理和微观上去观察并研究解决材料表面和界面的诸多物理化学问题。由于环境气氛中存在大量的 O_2 和 H_2O（g）等，核材料的表面总会发生吸湿、氧化、腐蚀等物理和化学过程，导致的力学效应使材料失效、老化，从而影响了核材料的性能和质量。因此，必须探索一种有效的气体环境，能使核材料的表面钝化或缓解腐蚀，以达到保护和长期贮存的目的。

傅依备指导学生汪小琳在室温下用 X 射线光电子能谱（XPS）和气相色谱（GC）分析研究金属铀的表面氧化物和 CO 对其表面氧化层的影响，U_3O_8 的表面结构以及 CO 对 U_3O_8 表面结构的影响。研究发现，金属铀的外表层氧化物主要成分为 UO_2 和 UO_{2+x}；U_3O_8 为 UO_2 和 UO_3 组成的混合价化合物 $U_2^{VI}U^{IV}O_8$，其组成符合 $U_2^{VI}U_{n-2}^{IV}O_{2n+2}$ 模式；CO 在表面氧化层上的吸附反应导致了 U^4f 峰向低结合能方向位移，表面氧化物和 U_3O_8 中氧含量减少，原子比（O/U）分别下降了 7.2% 和 8.0%，体系中 CO_2 体积分数增大 11.0%，同时 UO_3 的量减少了 16.6%；CO 与金属铀表层氧化物作用的反应机理可能为 $CO+ UO_2 \rightarrow CO_2+UO_{2+x}$；CO 可将 U_3O_8 还原为 UO_{2+x} 和 U_4O_{9-x} 或 U_3O_{8-y} 的混合物；CO 气氛对金属铀氧化物有一定的还原作用，可抑制其进一步氧化。① ② ③ ④

他们还用 XPS 分别研究金属铀在 CO 气氛中 25℃、80℃和 200℃时的表面反应，以及温度和铀试样表面组成对表面反应的影响。研究发现，

---

① 汪小琳，傅依备，谢仁寿，等：一氧化碳对金属铀表层及氧化物的影响。《中国核科技报告》，1996 年增刊 1，第 26 页。

② Wang Xiaolin, Fu Yibei, Xie Renshou. Effect of CO on surface behavior of U_3O_8 [J]. Journal of Radioanalytical and Nuclear Chemistry, 1997, 218（2）：243-245.

③ 汪小琳，段荣良，傅依备，等：CO 对金属铀表面氧化层影响研究。《核化学与放射化学》，1997 年第 19 卷第 1 期，第 18-22 页。（见：《傅依备院士八十华诞学术论文集》，第 48 页。）资料存于采集工程数据库。

④ 汪小琳，傅依备，谢仁寿，等：八氧化三铀的 X 射线光电子能谱研究。《核技术》，1997 年第 20 卷第 4 期，第 210-214 页。存地同上。

CO 气氛对金属铀表面的还原效应随温度和表层氧化程度的提高而加强，同时可使金属铀表面具有一定的抗氧化性，进而抑制其表面的进一步氧化。① ② ③ ④

他们进一步采用 XPS 和 GC 分析研究铀在 H_2 气氛中 25℃和 200℃时的表面反应、200℃时 H_2 中一定含量的 CO 对表面氢化反应和氧化反应、温度和 CO 对氢化反应、不同氧化层结构的铀金属试样在 CO 和 H_2 气氛中的表面反应以及表层结构对表面反应的影响。研究发现，在 25℃条件下，铀金属表面主要发生氧化反应，氢化反应非常缓慢；在 200℃时发生氧化反应的同时，还发生氢化反应，并且氢化反应随 H_2 进气量的增加而加强；CO 与铀金属表面反应后，氧化物中氧含量逐渐减少，当铀试样表面氧化程度越来越高、氧化层逐渐加厚时，CO 的还原效果也随之加强；H_2 与铀金属表面反应后，当表层氧化物少、氧化态较低时，主要发生氢化反应和氧化反应，氧化物中氧含量逐渐增加，当表层氧化程度越来越高（如 U_3O_8）时，表面主要发生还原反应，氧化物中氧含量则随 H_2 进气量的增加而逐渐减少，且在高温下还原效应更为明显，但其还原效果要弱于 CO；CO 与 U_3O_8 表层反应后，导致 U4f 峰向低结合能方向位移，氧含量逐渐减少，O1s/U4f 比值分析显示其中氧的含量在 25℃时通入 4.8×10^{10} L CO 气体后减少了约 10%，在 80℃时通入 5.1×10^{10} L CO 气体后减少了约 16%，而在 200℃时通入 4.56×10^{10} L CO 气体后减少了约 20%；当 H_2 中含有一定量的 CO 气体时，金属铀表面的氢化反应和氧化反应均受到抑制，

---

① Wang Xiaolin, Fu Yibe, Xie Renshou. Effect of CO on surface oxidation of uranium metal [J]. Journal of Radioanalytical and Nuclear Chemistry, 1997, 220（1）: 113-116.

② 汪小琳，傅依备，谢仁寿，等：铀金属与一氧化碳200℃时表面反应的XPS研究。《中国核科技报告》，1997年增刊1，第17页。

③ 汪小琳，傅依备，谢仁寿：金属铀在CO气氛中表面反应的X射线光电子能谱研究。《核技术》，1998年第21卷第4期，第233-237页。(见:《傅依备院士八十华诞学术论文集》，第58页。)

④ 汪小琳，傅依备，谢仁寿：铀在CO气氛中表面抗氧化性研究。《原子能科学技术》，1999年第33卷第1期，第1-7页。(见:《傅依备院士八十华诞学术论文集》，第70页。)

有利于铀的防腐蚀和贮存。①②③④

傅依备在辐射化学方面进行了多项探索研究。

多官能团单体（PFM）是某些聚合物辐射交联应用中所需的添加剂之一。添加特定的PFM后辐射交联反应得到敏化，可在相当低的剂量下达到预期的交联密度，从而降低材料的辐射降解程度，避免其物理性能产生劣化。聚氯丁二烯（CR）具有优异的耐油、耐热以及抗臭氧特性，作为重要的特种橡胶已使用多年。

傅依备指导学生许云书分别将9种多官能团单体（PFM）混炼入聚氯丁二烯中，然后用加速器产生的电子束辐照引发其交联反应。研究结果表

图10-3 2014年4月5日，傅依备85岁生日和部分研究生在一起（左起：李波、刘秀华、钟志京、谢冬心、傅依备、钟发春、彭汝芳、王宇光、黄玮）

---

① 汪小琳，傅依备，谢仁寿：铀金属在H_2+CO气氛中表面反应的XPS研究。《中国核科技报告》，1997年增刊1，第19页。

② Wang Xiaolin, Fu Yibei, Xie Renshou. Surface chemical behavior of triuranium octaoxide in the atmospheres of carbon monoxide and hydrogen [J]. Journal of Nuclear Materials, 1998, 257 (3): 287-294.

③ 汪小琳，傅依备，谢仁寿，等：H_2气氛中铀金属表面反应的XPS研究。《核化学与放射化学》，1998年第20卷第2期，第85—89页。（见：《傅依备院士八十华诞学术论文集》，第53页。）

④ 汪小琳，傅依备，谢仁寿：氧化层结构对铀在CO/H_2气氛中表面反应的影响。《分析测试技术与仪器》，1998年第4卷第1期，第29—35页。（见：《傅依备院士八十华诞学术论文集》，第63页。）

明，用 PFM 敏化的辐射交联 CR，其力学性能与单体的分子结构密切相关。该工作对相关研究具有一定的指导作用。①

他们还利用加速器产生的电子束（EB）在空气中辐照聚碳硅烷（PCS），以使之形成交联结构，然后经高温热解转化成 SiC 陶瓷。这对于简化制造工艺以及提高 SiC 陶瓷性能指标等具有重要意义。②

他们还通过溶液共混的方法将只含有 C、H 元素的低分子量聚丁二烯（LMWPB）加入聚碳硅烷（PCS）中，用直线加速器产生的能量为 9.0MeV 的电子束在 He 气氛中辐照，然后在高温下热解转化为 SiC 陶瓷。探讨利用该体系制备高纯度 SiC 陶瓷材料的可行性。③

有机硅氧烷材料由于具有优良的耐酸碱性和耐热性而被广泛用于线缆材料、隔离材料、密封材料和垫层材料等。傅依备指导学生黄玮采用扫描电镜、傅立叶红外谱仪、热失重仪和气相色谱－质谱仪等手段研究了辐照前后甲基苯基乙烯基硅泡沫（MPVSF）材料的物理化学行为。发现 MPVSF 材料的最大热分解温度有别于甲基乙烯基硅泡沫，受吸收剂量变化的影响不大，其辐射稳定性和热稳定性以及力学性能都优于后者。这些优良性能决定了甲基苯基乙烯基硅泡沫材料替代现用垫层材料的可能和潜力。④

他们还讨论了经电子束作用后聚醚聚氨酯泡沫塑料的辐射降解规律。采用傅立叶转换红外分析、热分析和气相色谱技术，研究了材料经辐照后其化学结构和微观相分离的改变以及辐解产物的种类和生成量。气体生成

---

① Xu Yunshu, Fu Yibei, Fumio Yoshii, et al. Sensitizing effect of polyfunctional monomers on radiation crosslinking of polychloroprene [J]. Radiation Physics and Chemistry, 1998, 53 (6): 669-672.

② 许云书，宋永才，傅依备，等：电子束辐照聚碳硅烷热解合成 SiC 陶瓷材料 I：空气中辐照产物的热解特性研究。《辐射研究与辐射工艺学报》，1998 年第 16 卷第 1 期，第 1-4 页。资料存于采集工程数据库。

③ 许云书，傅依备，黄瑞良，等：电子束辐照聚碳硅烷热解合成 SiC 陶瓷材料 II：低分子量聚丁二烯对不熔化反应的敏化效应。《辐射研究与辐射工艺学报》，1999 年第 17 卷第 3 期，第 129-134 页。存地同上。

④ Huang Wei, Fu Yibei, Wang Chaoyang, et al. A study on radiation resistance of siloxane foam containing phenyl [J]. Radiation Physics and Chemistry, 2002, 64 (3): 229-233.

量的总体趋势是随吸收剂量的增高而增大。根据实验结果推断了材料的辐射降解机理。[①]

硅橡胶有耐低温、耐老化、耐气候和优良的电绝缘性能等优点，因此在航空、航天、电子、电气、兵器中广泛用作电线电缆材料、封装材料、垫层材料等。他们采用傅立叶红外分析仪、扫描电镜、裂解色谱－质谱联用仪以及热失重分析仪等对辐照前后的样品进行了分析，同时使用色质联用仪对辐照后产生的气体进行了分析，测定了室温下试样的压缩性能、应力松弛率与吸收剂量的关系。结果表明，经不同剂量辐照以后，试样的力学性能有所改变。辐照以后硅泡沫材料的扫描电镜图像显示泡孔壁受到不同程度损坏，平均孔径随剂量的增大进一步增大。[②]

氟树脂 F2314 是偏氟乙烯和三氟氯乙烯（1∶4）的共聚物，是氟聚合物的重要化合物之一，其优良的物理化学稳定性决定了它有着广泛的应用。F2314 是聚合物粘结炸药的重要粘结剂之一。

傅依备指导学生罗世凯研究了真空、氮气、空气三种气氛中 F2314 在不同剂量 γ 射线作用下的辐射降解产物及其变化规律，揭示氟树脂 F2314 的辐射效应，探索其反应机理，对氟树脂的辐射效应及塑料粘结炸药的老化效应研究具有重要参考价值。[③] 他们还研究了不同剂量的 γ 射线辐照时，F2311 辐射降解气体产物含量的变化规律，对氟橡胶在辐射作用下的变化及辐射环境下的应用有重要参考价值。[④] 他们进一步研究了在真空、空气、氮气气氛中，γ 射线辐照剂量对 F2311 型氟橡胶力学性能的影响，对于氟橡胶的辐射贮存环境的选择以及塑料粘结炸药辐射老化下的微观及

[①] 黄玮，傅依备，卞直上，等：电子束作用下聚氨酯泡沫塑料的辐射降解机理。《核化学与放射化学》，2002 年第 24 卷第 4 期，第 193-197 页。

[②] Huang Wei, Fu Yibei, Wang Chaoyang, et al. Radiation effects on methyl vinyl polysilicone foam [J]. Journal of Applied Polymer Science, 2003, 89（13）: 3437-3441.

[③] 罗世凯，罗顺火，傅依备，等：氟树脂辐射降解产物研究。《火炸药学报》，2001 年第 24 卷第 4 期，第 28-30 页。资料存于采集工程数据库。

[④] 罗世凯，傅依备，罗顺火，等：氟橡胶 F2311 辐射降解气体产物研究。《辐射研究与辐射工艺学报》，2001 年第 19 卷第 4 期，第 254-258 页。（见：《傅依备院士八十华诞学术论文集》，第 294 页。）

宏观性能变化具有重要参考价值。①

环氧树脂胶在国防、航天和微电子技术工业领域有着十分重要的应用，但在国防和航天领域的应用中，其往往要受辐射环境的影响，其辐解所产生的 H_2、H_2O 以及一些酸性化合物可能使某些重要装置或部件材料受到腐蚀，因此对其辐射效应研究应予以高度重视。

傅依备指导学生钟志京选取了一种实用的 127-环氧树脂胶为研究对象，考察了室温时，空气、氮气和真空三种气氛中 127-环氧树脂胶及其组分——E-44 环氧树脂、邻苯二甲酸二丁酯和无水乙二胺的 γ 辐射效应。研究结果表明，在给定气氛和剂量范围内，它们的辐解产物 H_2、CO_2 和 CH_4 的生成量随着 γ 辐照剂量的增大而增大，且在 50—1000kGy 剂量范围内，127-环氧树脂胶的 H_2、CH_4 及邻苯二甲酸二丁酯的 CH_4 生成量均与辐照剂量呈线性关系增长。因此，从辐射老化效应角度来考察，127-环氧树脂的耐辐照性能较差。②

邻苯二甲酸二丁酯是一种重要的增塑剂，广泛用于环氧树脂类胶粘剂和塑料中，由于在国防和航天工业等方面的某些应用中受辐射环境影响显著。因此，作为重要配方组分的邻苯二甲酸二丁酯辐射效应研究应予以高度重视。他们研究了室温时，空气和氮气气氛中 γ 射线对邻苯二甲酸二丁酯的辐射效应。研究结果表明，邻苯二甲酸二丁酯在 γ 射线辐照下发生了严重的降解反应。此外还发现了 3-甲基苯并呋喃和 3-甲基苯并二氢呋喃两种特别产物。气氛中 O_2 的含量对 H_2 和 CO_2 的生成有重要影响，而对 CH_4 的生成影响很弱。③

这些研究成果的获得，对于提高对有机胶的辐射稳定性的认识具有重要价值。

傅依备在聚变靶材料化学方面也取得多项研究成果。

---

① 罗世凯，钟志京，傅依备，等：F2311 型氟橡胶辐射作用下的力学性能研究。《橡胶工业》，2001 年第 48 卷第 10 期，第 592-595 页。

② 钟志京，罗世凯，傅依备，等：127-环氧树脂胶及其组分的辐射效应研究。《辐射研究与辐射工艺学报》，2001 年第 19 卷第 2 期，第 92-98 页。资料存于采集工程数据库。

③ 钟志京，傅依备：邻苯二甲酸二丁酯的辐射效应研究。《辐射研究与辐射工艺学报》，2001 年第 19 卷第 4 期，第 247-253 页。

玻璃微球壳（HGM）是惯性约束聚变（ICF）试验常用的核燃料氘氚（DT）容器。国内目前用液滴法能够制备出直径为 300—450μm、壁厚低于 1μm 的薄壁 HGM。与直径为 100—250μm 的 HGM 相比较，大尺寸的薄壁 HGM 耐压能力较低。因此，进行热扩散充填 DT 气体时，若按传统的一步充气法加压，可能会因内外压差超过其耐压能力而发生破损。改用分步充气方法则可有效控制 HGM 的内外压差，从而避免破损。同时，ICF 打靶实验对 HGM 内 DT 气体的量提出了定量要求。HGM 内 DT 气体的量由充气过程和保气过程决定。对于同一批 HGM 产品，影响 HGM 热扩散充气速率的因素有气体种类、HGM 的几何特征、材质特性、内外压差、充气时间和充气温度。因此，测量同一批 HGM 的充气速率和漏气速率，找出 HGM 内的气压变化规律，就可以设计出相应的充气过程和保气过程，从而实现对 HGM 的定量充气、保气和计算 HGM 内气体剩余量。

傅依备指导博士后邱龙会导出了热扩散一步充气法和分步充气法充气时薄壁玻璃微球壳的内压变化，及其在空气中的气体渗漏速率和保气半寿

图 10-4 2012 年 5 月 1 日，傅依备在绵阳与部分学生合影（前排左起：王宇光、彭汝芳、谢冬心、傅依备、刘秀华、黄玮；中排左起：宋宏涛、陈晓军、李波、汪小琳、王和义、钟志京、罗世凯、张东；后排左起：吴仲成、钟发春、曾俊辉）

命的表达式。提出了确定分步充气过程操作参数的约束条件。[1] 还采取理论计算与实验相结合的方法,确定了制备大直径薄壁 HGM 的工艺条件,提高了制得的 HGM 的耐压强度,改善了 HGM 的表面粗糙度、同心度、球形度等性能。[2]

他们通过对液滴法制备激光聚变靶丸空心玻璃微球(HGM)中液滴的形成过程的分析,导出了射流初始速率、液滴直径及目标 HGM 直径分别与进料压力、小孔板孔径、射流振荡频率、溶液浓度及密度等因素的定量表达式;用液滴法制备其他规格 HGM 时,采用该方法也能够明显提高制球工艺的重复性、稳定性和产品合格率。[3]

根据 HGM 耐内外压能力与玻璃强度及形状因子的关系,他们用分步加压法测量了直径为 350—550μm、壁厚小于 1.1μm 的三种配方的 HGM 的耐内外压能力及 HGM 玻璃的杨氏模量和拉伸强度,并由强度测定值给出了不同直径与壁厚 HGM 的耐内外压能力的计算式。该计算式在"神光-II"首轮激光聚变玻璃靶丸耐压能力的测量中取得了较好效果。[4]

利用金纳米粒子与不同抗体相结合形成的稳定复合体在显微镜下的光吸收和散射所呈现的特征颜色,能给与抗体相结合的不同组织细胞贴上标签,这种纳米金探针已经成为新的免疫学识别技术之一。金纳米粒子或单层包覆金团簇(金 MPC)的光学性能是其得到广泛应用的基础之一,深入研究其光学特性的本质及应用已受到重视。

傅依备指导博士后王宇光采用硼氢化钠在水溶液中还原氯金酸,并以水溶性硫醇巯基丁二酸在生成的金核表面包覆单分子层的方法,制备了单层包覆金团簇。制备的金 MPC 还可用于惯性约束聚变(ICF)靶材料的掺

---

[1] 邱龙会,傅依备,汪小琳,等:液滴法制备高尺度比玻璃微球壳的研究。《强激光与粒子束》,1999年第11卷第4期,第465—469页。资料存于采集工程数据库。

[2] 邱龙会,魏芸,傅依备:薄壁玻璃微球壳的热扩散充气。《强激光与粒子束》,1999年第11卷第3期,第317—320页。存地同上。

[3] 邱龙会,魏芸,傅依备,等:液滴法制备空心玻璃微球中初始液滴的定量形成。《高校化学工程学报》,2001年第15卷第3期,第217—222页。

[4] 邱龙会,傅依备,唐永建,等:分步加压法测量薄壁空心玻璃微球的耐压能力。《强激光与粒子束》,2001年第13卷第5期,第591—594页。存地同上。

杂，以改善靶材料性能，并为诊断提供特殊信息。①

他们还以水作溶剂，采用表面包覆水溶性硫醇单分子层的金团簇（MPC）对琼脂－明胶混合物溶液进行了掺杂，随后采用冷冻干燥技术成功制得密度小于 10 mg/cm³、孔径小于 100μm 的金 MPC 掺杂琼脂－明胶泡沫靶材料。此项研究工作解决了高密度元素对低密度泡沫掺杂的沉降问题，为在低密度泡沫中掺杂高原子序数金属元素提供了一条新途径。②

互穿聚合物网络（IPN）是由两种或两种以上的聚合物网络相互穿透或缠结所构成的一类化学共混网络合金体系，其中一种网络是在另一种网络的直接存在下现场聚合或交联形成的，各网络之间为物理贯穿。其特点在于独特的贯穿缠结结构，在提高高分子链相容性、增加网络密度、使相结构微相化及增大相间结合力等方面，由于存在所谓动力学的强迫互容行为，可达到均聚物和其他高分子合金难以达到的效果。

为了进一步研究聚合物的结构、相容性、组成等对三元 IPN 弹性体的形态结构和性能的影响，傅依备指导学生钟发春合成了聚氨酯／环氧树脂／聚－β－丙二醇二丙烯酸酯（PU/EP/PPGDA）三元 IPN 弹性体，分析了聚合物特性及组成对三元 IPN 力学特征和萃取特性的影响。③ 表征了聚氨酯／环氧树脂／聚丙二醇二丙烯酸酯（PU/EP/PPGDA）三元 IPN 弹性体的形态结构和各元素在 IPN 表面和内部的分布。利用三元 IPN 技术可以实现三种不同结构的聚合物化学共混，使获得的聚合物材料兼具三种聚合物材料的结构性能优势，并且由于 IPN 中各聚合物分布的不均匀性，可以改变和调控形成 IPN 材料的表面特性，甚至形成聚合物梯度材料。④

傅依备还在环境化学方面组织人员开展研究并取得科研成果。

核设施退役工程所产生的极低放废物，一般采取就近填埋的处置方

---

① 王宇光，杜凯，张林，等：水溶性金单层包覆团簇的制备与光学性能分析。《强激光与粒子束》，2006 年第 18 卷第 8 期，第 1383-1386 页。

② 王宇光，罗炫，张林，等：金 MPC 掺杂琼脂－明胶复合泡沫的均匀性研究。《强激光与粒子束》，2006 年第 18 卷第 9 期，第 515-1518 页。

③ 钟发春，傅依备，高学敏：三元互穿聚合物网络弹性体的合成与性能。《热固性树脂》，2001 年第 16 卷第 3 期，第 9-11 页。资料存于采集工程数据库。

④ 钟发春，傅依备，高学敏：PU/EP/PPGDA 三元 IPN 弹性体的结构研究。《热固性树脂》，2001 年第 16 卷第 5 期，第 8-10 页。

案。为了确保填埋场的安全性，阻滞污染核素在自然环境中的扩散，往往将工程屏障与地球化学屏障相结合。研究污染溶质（锶）在地下水中的存在形态及在地下水中的迁移形式是构建地球化学屏障的理论依据。

傅依备指导学生张东以某极低放废物处理场址的环境地质为对象，结合化学热力学平衡分析模式与地球化学条件，形成了元素水文地球化学迁移形式热力学方法系统。在形态分析的基础上，计算出了锶的地球化学方程式，通过热力学计算和理论分析，提出核废物中锶再次固定在岩土中的地球化学条件。该分析方法为核素的种态及形态研究奠定了基础，对场址地球化学屏障的构建具有重要的指导意义。[①] 在对铀于地下水中的迁移形态研究基础上，考虑了铀迁移转化规律的各种因素，对4种场址土壤进行了表面电荷及 K_d 值测定，通过测定 K_d 值的方法对不同添加剂进行了筛选。[②] 这些研究成果对于核设施退役技术的发展具有重要的学术价值。

^{137}Cs 是放射性废物中较为重要的裂变核素，其半衰期较长，毒性大，化学性质活泼，迁移能力强，是水泥固化体较难有效滞留的核素之一。傅依备指导学生李玉香研究了碱矿渣-黏土复合胶凝材料（AASCM）水化物粉体对模拟放射性核素 Cs^+ 的吸附性能及其影响因素。[③] 还研究了80℃水热条件下，CaO-SrO-硅灰-H_2O 体系的水化产物，测定了该水化产物的溶解度。[④]

他们进一步研究了碱矿渣-黏土复合水泥（AASCM）固化模拟放射性泥浆的可行性。发现该水泥应用于固化工程时，宜在低于20℃的条件下施工。当胶砂比为1:1、水胶比为0.45、模拟泥浆掺量为20%时，拌和物

---

① 张东，傅依备，李宽良，等：某极低放废物处理场地下水中 Sr 迁移形式热力学分析。《安全与环境学报》，2005年第5卷第2期，第34-36页。资料存于采集工程数据库。

② 张东，康厚军，傅依备：铀随地下水迁移的地球化学屏障物料选择。《原子能科学与技术》，2006年第40卷增刊，第30-36页。

③ 李玉香，傅依备，易发成，等：碱矿渣-黏土复合胶凝材料水化物粉体对铯离子的吸附（英文）。《硅酸盐学报》，2005年第33卷第10期，第1184-1188页。（见：《傅依备院士八十华诞学术论文集》，第426页。）

④ 李玉香，傅依备，易发成，等：CaO-SrO-硅灰-H_2O 体系的水热合成产物。《四川大学学报》（工程科学版），2005年第37卷第1期，第69-73页。（见：《傅依备院士八十华诞学术论文集》，第395页。）

的流动度能满足施工要求,固化体抗压强度满足相关标准要求,其固化体的浸出率较普通硅酸盐水泥低。硅灰能改善 AASCM 与模拟泥浆拌和物的和易性及降低其固化体的浸出率。①

这些研究成果的获得,对于放射性废物的包装、填埋、治理等技术的发展具有重要价值。

2,4,6-三硝基甲苯(又名梯恩梯,TNT)是弹药废水中含量最大的一类硝基化合物,TNT 为致毒、致癌、致突变物质,TNT 浸入水体,不但会对水生动植物造成直接危害,还会因土壤对其的吸附造成对整个生态环境的深远影响。所以在排入环境之前必须先进行处理。光催化氧化法由于其在处理难生物降解有机物中显示出的强氧化性而有可能成功地应用于 TNT 废水的治理中。

傅依备指导学生刘秀华进行了有关光催化氧化法处理 TNT 废水的研究。在模拟日光下利用 Pt/TiO_2 光催化剂对水中 TNT 进行了光催化降解,在有催化剂存在时,TNT 的破坏更快更彻底,其降解遵循一级反应动力学。这一研究表明生物难降解炸药废水通过光催化技术处理是可行的。②

图10-5 2003年3月24日,傅依备在实验室指导研究生

他们还采用溶胶-凝胶法制备了掺杂金的 TiO_2 薄膜,考察了其光催化氧化对硝基苯酚的活性,并采用原子力显微镜、X 射线光电子能谱、热重-差示量热扫描和 X 射线衍射技术对薄膜进行了表征。本研究首次观察

---

① 李玉香,傅依备,易发成,等:碱矿渣-粘土复合水泥固化模拟放射性泥浆的可行性研究.《原子能科学技术》,2005年第39卷第4期,第311-317页。(见《傅依备院士八十华诞学术论文集》,第431页。)

② Liu Xiuhua, Fu Yibei, Wang Heyi, et al. Photocatalytic degradation of 2, 4, 6-trinitrotoluene [J]. Science in China Series B: Chemistry, 2008, 51 (10): 1009–1013.

到高温下二氧化钛中掺杂金的原子簇析出现象，对于掺杂机理的提出具有重要的指导作用。[1]

内嵌富勒烯具有独特的结构和电子特性，在材料科学领域具有广泛的应用前景，但是目前合成方法产率低、成本高，严重阻碍了其研究与应用，所以低成本宏量制备内嵌富勒烯一直是富勒烯化学领域的一个难题。

傅依备指导学生彭汝芳发展了一种在瞬态高压下制备非金属内嵌富勒烯的新方法，采用冲击波飞片法制备、多步及循环高效液相色谱分离富集得到 He@C_{60}、He$_2$@C_{60} 包合物，成功实现了动态高温高压法制备内嵌富勒烯。该方法和文献报道的其他方法相比，具有条件可控、成本低、产率高、时间短、操作简单、易于宏量制备等突出优势。[2]

他们还以氨基酸、硝基苯甲醛、C_{60} 和硝基卤苯等为原料，通过 1，3-偶极环加成反应和亲核取代反应合成得到六种新型硝基富勒烯吡咯烷衍生物，使环四亚甲基四硝胺（HMX）的摩擦感度由 100% 降低到 48%，撞击感度降低到 50%。[3]

傅依备在计算化学方面也作出了积极的学术贡献。

计算机模拟技术是科学研究不可或缺的一种手段，已得到广泛的应用，并发挥了积极的作用。

傅依备领导的研究团队从理论上对实验结果作了较详细的解释说明，提出了实现核泵浦 ^{3}He-Ne 的 5852Å 谱线激光的可能性。发现 Ne 在 α 粒子激励下的能级跃迁情况、Ne 谱线强度在 He-Ne 混合体系中随 Ne 含量的变化规律，并分析了实现核泵浦 ^{3}He-Ne 的 5852Å 谱线激光振荡的可能性。[4]

研究团队还使用多体项展式方法，求取了基态 O_4 的分析势能超表面，

---

[1] 刘秀华，傅依备，谢云，等：Au/TiO$_2$ 薄膜光催化剂的制备及其表面研究。《催化学报》，2006 年第 27 卷第 6 期，第 532-536 页。

[2] Peng Rufang, Chu Shijin, Huang Yimin, et al. Preparation of He@C_{60} and He$_2$@C_{60} by Explosive Method[J]. Journal of Materials Chemistry, 2009（19）: 3602-3605.

[3] Jin Bo, Peng Rufang, Tan Bisheng, et al. Synthesis and Characterization of Nitro Fulleropyrrolidine Derivatives[J]. Chinese Journal of Energetic Materials, 2009, 17（32）: 287-292.

[4] 黄整，傅依备，金行星，等：α 粒子激励 Ne 光谱测量。《原子与分子物理学报》，1990 年第 7 卷第 3 期，第 1496-1506 页。资料存于采集工程数据库。

并讨论了上述反应的动力学行为，使用单值表面近似求得的基态 O_4 多体项展式的分析势能函数，具有正确的离解极限，并能重现最近的理论计算结果。[①]

他们应用排列通道量子力学（ACQM）理论考察了单电子双核体系和双电子同双核体系，确定了可能稳定存在的分子理论势能函数和平衡结构参数。[②]

研究团队还采用能同时满足收敛性、解析性、普适性和离解极限要求的多体项展式理论方法，研究了 NO_2 体系的分析势能函数，使势能函数在全空间的准确性提高，同时在势能面上表现出了 NO_2 的不同空间构型。发现了在考虑离解极限的轨道限制条件时，必须满足对称性关联的方向性——构型限制条件和子群限制条件，只有在此前提条件下，所得离解极限才能正确地体现出双亲群与其子群之间的不可约表示关系，把此关联原则应用于 NO_2 体系中，出现了激发态的 N 原子。[③]

他们采用 Gaussian94W 程序和基于相对论有效原子实（RECP）的 MP2 方法，对 UO、UC、UN 和 UH 进行从头计算，导出它们的势能函数，求得分子的力学和光谱性质，并结合热力学原理，得到气态不稳定化合物的热力学性质。[④]

他们应用 B3LYP/RECP 方法，优化出 UC_2 分子稳定结构，计算其平衡核间距和振动频率，导出电子状态和离解极限，在此基础上，构造了 UC_2 分子的多体项展式势能函数。[⑤]

研究团队利用密度泛函方法 B3P86/6-311G* 计算了 H_2 的能量和分子

[①] 俞华根，朱正和，傅依备：基态 O_4 的分析势能函数。《原子与分子物理学报》，1992年第9卷第2期，第2252-2257页。资料存于采集工程数据库。

[②] 朱正和，许宗荣，傅依备，等：少电子双原子分子的势能函数。《成都科技大学学报》，1992年第61卷第1期，第63-67页，存地同上。

[③] 谢洪平，朱正和，傅依备：NO_2 体系的分析势能函数研究（一）。《原子与分子物理学报》，1994年第11卷第4期，第392-398页。（见:《傅依备院士八十华诞学术论文集》，第540页。）

[④] 王红艳，朱正和，傅依备，等：铀的双原子分子化合物的势能函数和热力学性质。《核化学与放射化学》，2000年第22卷第4期，第193-199页。（见:《傅依备院士八十华诞学术论文集》，第610页。）

[⑤] 王红艳，朱正和，傅依备，等：基态 UC_2 分子的结构和势能函数。《化学物理学报》，2003年第16卷第4期，第265-269页。（见:《傅依备院士八十华诞学术论文集》，第590页。）

轨道能量，利用CASSCF（2，4）/6-311G*计算了H_2的谐振频率、离解能、力常数和极化率。[1] 基于密度泛函理论广义梯度近似下的平面波赝势方法，对两种不同CO分子取向在Pb（111）的吸附结构进行了计算。[2]

他们还采用SAC-CI/6-311g方法计算了二甲基硅酮[DMS，$(CH_3)_2SiO$]的单重态及其激发态；[3] 利用Dirac08程序中的DHF方法，基集合为3-21G，计算了分子OH、SH、SeH和TeH中正电子的5个能级及其与核场强的关系。[4]

研究团队还应用相对论理论来计算C、O、S、Sc、Te、Sm和Pu原子的相对论和非相对论的电子状态和能量。[5]

通过以上计算化学方法的探讨，拓展了放射化学研究的手段，提高了放射化学的理论研究水平。

学 术 荣 誉

1975年后，傅依备先后担任九院二所副所长、所长和中物院科技委副主任等领导职务。在此期间，为了适应形势发展的需要，他积极推进二所的专业结构调整和科研管理改革。他超前谋划，先后组建了激光靶制备、氚工艺研究和同位素研制等一批专业研究室，拓展了该所的学科领域，为九院高新技术的发展提供了强有力的支持。他积极倡导并率先

---

[1] 朱正和，傅依备，高涛，等：H_2的外场效应。《原子与分子物理学报》，2003年第20卷第2期，第169-172页。资料存于采集工程数据库。

[2] 朱正和，傅依备：原子分子工程学。《自然科学进展》，2003年第13卷第6期，第561-567页。存地同上。

[3] 朱正和，黄玮，张莉，等：二甲基硅酮的分子激发态和离解产物。《功能材料》，2008年第39卷第10期，第1909-1911页。

[4] 朱正和，傅依备：分子XH（X=O，S，Se和Te）中的正电子能级与正电子原子。《物理学报》，2011年第60卷第4期，doi=10.7498/aps.60.040302。

[5] 朱正和，傅依备，蒙大桥，等：原子质量的相对论效应和应用。《中国工程科学》，2011年第13卷第1期，第21-24页。

组织科技人员开发军民两用技术，使二所的民品开发取得了骄人的业绩，走在了全院的前列。①

在这个过程中，他赢得干部职工的广泛认同，获得了一些荣誉和奖励，得到各级的表彰。

1984年，傅依备获得了核工业部"为我国第一颗原子弹爆炸成功做出贡献"荣誉证书；1985年，他先后获得了核工业部"长期从事核工业建设，做出了贡献"荣誉证书和核工业部"劳动模范"荣誉称号；1986年，他先后获得中物院"劳动模范"荣誉称号和国家人事部"国家级有突出贡献中青年专家"荣誉称号；1987年，他先后获得中物院"优秀共产党员"荣誉称号、国防科技工业委员会"优秀共产党员"荣誉称号和中物院"劳动模范"荣誉称号；1988年，他获得了二所"职工信得过的所长"荣誉称号；1989年，他先后获得了四川省国防工办"四川省国防科技工业先进工作者"荣誉称号、中物院"优秀共产党员"荣誉称号、四川省政府"劳动模范"荣誉称号和国务院"全国先进工作者"荣誉称号；1990

图10-6　1985年11月，傅依备获核工业部劳动模范称号之奖章

年，他获得了中物院"先进工作者"荣誉称号；1991年，他开始享受国务院"政府特殊津贴"；2003年，他获得了何梁何利基金会"科学与技术进步奖"。

他在获得何梁何利基金会"科学与技术进步奖"时的获奖词为："傅依备院士长期从事原子核科学技术的教学和实验研究，在理论和科技实践上有很深的造诣。他发明的研究成果已广泛用于复杂核反应体系中不同中子能谱的中子数测量，并拓展成用该方法测量带电粒子活化率；提出并指导开展的表面化学的实验与理论研究，得到一系列规律性认识和结论，该项

---

① 《傅依备传》编写组：《中国工程院院士传记——傅依备传》。北京：航空工业出版社、人民出版社，2016年，第1页。资料存于采集工程数据库。

第十章　学术成就与人才培养　247

研究成果具有指导意义；组建了国内第一个强激光惯性约束聚变微靶研制实验室，研制出一系列激光驱动的特种微米尺度的聚变靶，推动了我国激光惯性约束聚变研究的进程。"①

图10-7　1987年，傅依备获四川省国防科技工业委员会颁发的优秀共产党员奖章

1978年，他领导的科研团队分别获得全国科学技术大会奖；1984年，他领导的科研团队获得了国家发明三等奖；1998年，他参与的"电子束辐照聚碳硅烷陶瓷先驱体的化学结构及其热解特性的研究"获得部级科学技术进步三等奖；2000年，他参与的"液滴法研制激光聚变靶丸大形状因子薄壁空心玻璃微球"和"表面抗腐蚀特性研究"分别获得军队级科技进步一等奖，他参与的"新型富铝碱矿渣沸石基锶铯放射性废物固化材料"和"非对称性微孔复合陶瓷基钯银合金膜制备技术研究"分别获得军队级科技进步二等奖；2004年，他参与的"核辐射对高聚物材料性能和结构影响的研究"获得军队级科技进步二等奖；2005年，他参与的"弹上化学床排代充气技术"获得军队级科技进步二等奖；2006年，他参与的"基于单层包覆金团簇的ICF靶材料掺杂与制备技术"获得军队级科技进步三等奖；2008年，他参与的"纳米填充协同辐射硫化优化EPDM性能的新技术"获得军队级科技进步三等奖；2010年，"金属掺杂二氧化钛可见光催化剂的研制"获得军队级科技进步三等奖。

其中，在"液滴法研制激光聚变靶丸大形状因子薄壁空心玻璃微球"课题结题验收中，对他的贡献有这样的描述："在玻璃化学组分中采用以络合剂引入能提高玻璃抗侵蚀能力物质的技术；通过计算改变玻璃组成以提高微球的保气性能和耐压能力；通过控制炉床的温度分布和进料速

----
① 何梁何利基金评选委员会办公室.《何梁何利基金简介·何梁何利基金2003年度获奖人员简介》.资料存于采集工程数据库.

度等工艺参数提高从纵横比玻璃微球的制备质量。"①

在"表面抗腐蚀特性研究"项目结题验收中，对他的贡献是这样评价的："作为项目负责人，他设计了实验方案，负责全面工作；首先提出了表面化学问题，对材料相互作用的微观化学机理进行了分析讨论，确定进行表面腐蚀的实验和理论研究的技术途径和方法；提出了抗腐蚀的钝化机理模型；指导和参加实验的全过程，参加了实验结果的分析和数据总结；参加了分子结构、势能函数、光谱性质和热力学及动力学性质的理论研究。"②

在"新型富铝碱矿渣沸石基锶铯放射性废物固化材料"课题结题验收中，对他的贡献是这样陈述的："从中物院二所核设施退役的需求出发，他提出了对放射性锶铯同位素的固化材料的研制和扩散行为研究；负责制订了总体方案和从材料组成及矿物结构入手的技术路线，并组织协调落实；参与讨论和审定技术方案，提出锶铯在材料中的扩散行为研究，分别采用核分析和化学分析方法结合研究；提出在固化材料中加入沸石矿物以提高材料对锶、铯的吸附能力。"③

图10-8 1989年9月，国务院授予傅依备全国先进工作者称号之奖章

在"非对称性微孔复合陶瓷基钯银合金膜制备技术研究"课题研究中，他提出和确定了研究课题；参与制订和审定了项目研究设想方案和实施方案；提出采用微孔陶瓷作为钯银合金膜的支撑体，提高了复合膜的整

---

① 傅依备：《几项成果简介》。资料存于采集工程数据库。
② 同①。
③ KYCG-5-1，科技成果报奖材料：新型富铝碱矿渣沸石基锶铯放射性废物固化材料。原件存于核物理与化学研究所档案室。资料存于采集工程数据库。

图10-9　1989年9月，四川出席全国劳模先进工作者代表合影（前排右五为傅依备）

体耐热、耐腐蚀和抗氢脆能力；提出采用XPS研究钯银合金膜随热处理温度变化的规律。①

2001年11月，傅依备由于在中子源研制、核试验放化分析、核爆模拟微型靶研制、聚变-裂变混合堆氚工艺研究、放射性同位素和核辐射应用研究等方面的突出贡献，当选中国工程院院士（2001年12月13日发文）。

当时，中物院的推荐意见为："傅依备同志为响应国家号召，于六十年代初作为专家奉命调入九院，从事与核武器有关的核化学和核技术应用工作。作为负责人之一，领导建立了我国第一颗原子弹的核爆试验放化测试方法，取得了满意的结果。此后，在他的领导和参与下，建立了测定裂变

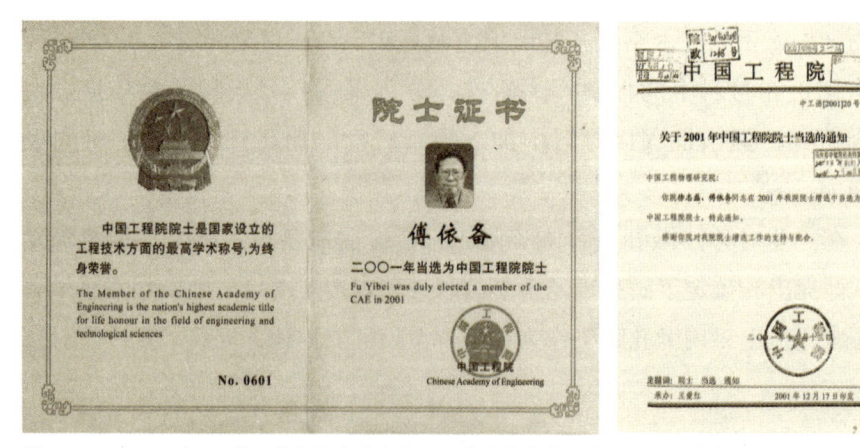

图10-10　2001年11月，傅依备当选中国工程院院士奖牌和中国工程院院士文件

---

① 傅依备：《几项成果简介》。资料存于采集工程数据库。

威力、测定钚燃耗以及测定聚变威力和裂变分威力等测试方法，解决了放化测试中一系列关键性技术问题。尤其是他主持并参加的取样方法取得了突破性进展，成为核试验现场一个不可缺少的重要方法，为我国核试验与核研制作出了重大贡献。他还组织领导了激光驱动聚变微靶的研制，筹建了我国第一个核爆模拟微靶实验室，为我国实验室核爆模拟的研究创造了良好的实验条件。作为863计划课题负责人，在混合堆氚增殖剂和氚工艺研究中取得了显著成绩，并在放射性同位素的研制、同位素标记药物化学、核武器研制基地建设和核技术应用以及人才培养等方面作出了重要贡献。先后获得部委级以上科技进步奖30余项，培养研究生20余名，在国内外刊物和学术会议上发表论文200余篇。先后被评为省部级劳动模范和全国先进工作者，并获得国家级有突出贡献中青年专家称号。傅依备同志一贯忠诚党和社会主义事业，积极贯彻党的路线、方针和政策，为国防科研事业默默奉献。他作风严谨、学术民主、不图名利、忘我工作。经院遴选委员会评议，推荐傅依备同志为中国工程院院士候选人。"①

图10-11 2003年12月5日，傅依备获何梁何利科学与技术进步奖之奖牌

图10-12 两院资深院士合影，2009年5月19日于成都（右五为傅依备）

① Z-01-4-28，中国工程院院士候选人提名书。存于中国工程院档案馆。

第十章 学术成就与人才培养

培育人才

傅依备以自己高尚的道德、深厚的学术功底及良好的品格，精心培养了一大批科研学术骨干力量。

20世纪80年代初，二所科技人才断层，后继乏人。身为一所之长的傅依备，对二所的科技人才状况深感忧虑。

为尽早解决好科技人才出现的断层、短缺问题，1985年，他果断决策，启动了二所研究生招生与培养工作。

1985年10月，二所以"西南核物理与化学研究所"的名义，正式申报提出三个学科专业硕士学位点。1987年6月30日，国务院学位委员会发文批复，二所成为第三批对外以"西南核物理与化学研究所"命名的硕士点，其硕士学位点的招生专业为原子核物理、核化学化工以及核聚变与等离子体物理三个学科专业。

1989年4月，二所启动了原子核物理、核化学化工博士点的申报工作。傅依备获聘为博士生导师，也是二所第一位博士生导师。

1991年，经国务院学位委员会批准，二所具有了核化学化工博士学位授予权，同时也具有原子核物理专业及聚变等离子体物理专业招收博士生的资格。

傅依备将培养人才与推进拓展学科发展和学术传承紧密结合在一起。他根据不同的人采取不同的培养办法，因材施教，教学相长。先后为放射分析化学、氚化学与氚工艺、同位素药物化学、材料表面化学、辐射化学、聚变靶材料化学、环境化学等学科方向培养研究生，促进了这些方面的快速进步。

几十年来，尽管他的工作一直十分繁重，但他始终辛勤耕耘。在他当选为院士之后，仍然继续精心培养人才，连续培养了多名研究生。截至目前，他共培养出18名博士研究生、4名博士后、9名硕士研究生。[1]

---

[1] 《傅依备传》编写组：《中国工程院院士传记——傅依备传》。北京：航空工业出版社、人民出版社，2016年，第353-366页。资料存于采集工程数据库。

学高为师，德高为范。他非常注重培养研究生的业务能力和水平，用高标准要求学生，包括学生的开题、实验、报告、论文，认真批改学生的课题作业和研究论文，一丝不苟，哪怕是标点符号，都细心批阅。与此同时，他还特别重视育人，关心学生的全面成长，包括学生的事业心、为人处事、性格爱好、工作生活、业务进步等，他都直接或间接地关怀备至，为人师表，诲人不倦。

今天，在他所培养的研究生中，有的已经走上了院、所领导岗位，有的已经成为学科带头人，有的是科研第一线的技术骨干。

图10-13　1998年8月31日，傅依备（中）在中物院研究生学位授予典礼仪式上和研究生合影

第十章　学术成就与人才培养

第十一章
用爱筑起幸福家园

家庭幸福美满是事业成功的保证。傅依备与谢冬心女士在大学里相识相知，参加工作后两地相恋相依；留苏前完美结合，在异国他乡相望相守；"文化大革命"磨难时期相互支撑，在事业上相互支持理解；不辞辛劳，精心培育下一代，营造和传承良好家风；重亲情，恋故土，对故乡亲人始终充满深厚感情；相濡以沫，相依为伴，安享晚年的幸福生活。

完美结合同甘苦

傅依备和谢冬心相识相知相爱在大学读书期间，他们的爱情由自己做主，虽不浪漫，但彼此爱得真诚和执着。

那还是在中央工校（新中国成立后更名为西南工专）读书时，他们相互认识，彼此产生了好感。当时谢冬心是班上的团支部书记，而傅依备是学校团委的副书记兼组织部长，工作上有了接触，时间长了，慢慢就有了较多的相互了解。

在傅依备印象中，谢冬心是一位善良、温柔、朴实、不爱张扬的姑娘，一见就叫人喜欢。谢冬心乐于助人。1950年，谢冬心到工厂实习，教工人识字和唱革命歌曲；1954年和1955年，她到工厂帮助生产工艺革新，很受欢迎。

傅依备和谢冬心女士相处时间久了，彼此相互了解，相互有好感，产生了感情，但两人谁都没有明确表态。直到1953年快毕业的时候，傅依备认为这是需决断的时刻，就鼓起勇气约了谢冬心女士直接谈了一次话。他们两人的关系似乎已到瓜熟蒂落的时刻，结果是两人一拍即合，也不需要征求谁的意见，两人的恋爱关系就这样确定下来了。

谢冬心出身于书香门第。她于1933年12月在南京出生，祖籍江西吉水。1937年秋，在日寇侵占南京进行大屠杀的前夕，她们全家逃离南京，1937年年底来到成都。她父亲到从上海西迁成都的光华大学母校任教。直到抗战胜利后，光华大学复迁上海，她父亲留在四川于1947年去重庆大学应聘任教，全家又随之迁往重庆。她父亲谢元范是重庆大学教授，教授过西洋史、国际法、文学和英语等。母亲曾文温是一位有文化的家庭妇女，热衷于社会公益活动，人际关系很好。她的家庭不算富裕，人口多，有兄弟三个，姐妹五人，她排行第三，兄弟姐妹都受过高等教育。①

傅依备回忆与谢冬心相识的过程："1948年，在中央工校上学时我就知道她了。开始，我们都学普通化工，她后来在四川化工学院学制革专业。她的家就在我们学校旁边的重庆大学松林坡上，她父亲是重庆大学教授。1953年上半年，我们学校合并到四川化工学院（地点在泸州市），之后经常见面，有一点好感。因为快毕业了，所以就交个朋友。毕业后，我分到中国科学院，先到北京，后分到长春中国科学院综合研究所；她分到河北省轻工业厅，在河北保定，后来随省会搬到天津。1963年我调到九院，同时她也从天津调到九院，分配在供应处。"②

谢冬心也谈到与傅依备认识的过程。她说：

"我们是在中央工校读书的时候认识的。中央工校当时在重庆专科学

---

① 《傅依备传》编写组：《中国工程院院士传记——傅依备传》。北京：航空工业出版社、人民出版社，2016年，第67-68页。资料存于采集工程数据库。

② 傅依备访谈，2014年11月12日，四川绵阳。存地同上。

校里面是最强的。1948年，我进中央工校的职业部读化工，老傅读专科部，我们是同年级不同班。后来重庆大学、四川大学、西南师范大学、西南工专、乐山技专等十多所大专院校的化学化工专业合并成四川化工学院，校址在泸州市，我和老傅一起转到泸州。他学的是无机化工，主要就是酸碱肥料；我学制革。他在政治上非常活跃，参加地下党的外围组织——新群社，是学校新中国成立后第一批入党的人。我那个时候做团的工作，是班上的团支部书记，他是学校团委的副书记、组织部长，他是我们的上级。有时候他给我们布置工作，有些事情我们也需要向他汇报。

"那个时候大学里学费和吃饭是免费的。老傅长期住集体宿舍，生活很贫苦。当时他很瘦，走起路来脚一跛一跛的，穿的是旧衣服，冬天穿的黄面棉军装，很多地方都是破的，穿着一双草鞋。他没有生活来源。解放初期有很多人参加军事干部学校走了，有些同志抗美援朝去了，这些人就把旧衣服留给他。还有一些调干生集体凑钱给他买衣服。他的活动能力和组织能力都很强。当时我和他们一起办过壁报，壁报就在他们住的宿舍走道里，他能写东西。我记得我认识他是因为我们两个班合在一起讨论一件事情，老傅作了一个发言，我才知道他是傅依备。

"老傅把青年团的工作搞得也很好。解放初期他的社会活动非常多，非常忙，但是他的学习在班上还是最好的，成绩单都是优，因为他的学习方法比较好，很刻苦也会利用时间。学校的运动会他也会积极参加，虽然不爱说话，但是说起话来很有逻辑性，所以我当时对他的印象挺好。

"我们确定恋爱关系是到泸州（在四川化工学院读书期间）以后。我觉得这个人还不错，虽然很苦，很穷，但各方面都比较优秀。我还记得是1953年6月8日，他找我谈话，在我们教学大楼的那个楼顶上，但是具体谈的什么我已经不记得了。这样就开始确定了恋爱关系。但是大家工作都很忙，具体谈的时间很少，但我们彼此都很注意对方。有一段时间，我早上不怎么去吃饭，他还问我为什么不去吃饭。还有一次，有小偷爬到我们宿舍里面，把我的被子偷走了，他还关心我，怕没有被子盖。同时我也很注意他，比如，一次我在远处看他打篮球。他虽从不怎么锻炼，但参加学校劳卫制体育锻炼标准考核时，获得优秀成绩。"①

对谢冬心的家庭情况，傅依备至今还记得很清楚："她父亲于1963年因病去世了。她母亲读过一些书。她们家里人很多，有五姐妹，三兄弟，她是老三。她们兄弟姐妹的关系很好。她父亲去世后她母亲就和她哥哥家住在一起。她哥哥曾经是成都军区司令部办公室主任、政治部组织部部长，后来是后勤部政治部主任（副军职）。我不经常去探望她的家人，只是她母亲在世时过年去过几次她哥哥家里，与她住在北京、南京、成都、重庆的兄弟姐妹也都有过来往。"②

傅依备和谢冬心女士在参加工作后各处两地，仍以工作为重，异地相恋苦相思。

1953年秋季，他们在四川化工学院毕业后，傅依备分配到中国科学院长春综合研究所工作，谢冬心则被分配到河北省轻工业厅（在河北省保定市）工作。两地相隔千里。以当时的交通和经济条件，见一次面是很难的。他们之间的联系全靠书信来往。到1954年秋，傅依备考取了留苏攻读研究生。1954年9月，他进入北京俄语专科学校出国留学预备部补习俄语。

傅依备在北京俄专学习的近一年间，他俩依旧天各一方，各自工作和学习都很繁忙。因此也很少见面，只是在

图11-1 1955年，傅依备和谢冬心女士在天安门前合影留念（资料来源：《傅依备院士八十华诞文集·照片选辑》）

---

① 谢冬心访谈，2014年11月13日，四川绵阳。资料存于采集工程数据库。
② 傅依备访谈，2014年11月12日，四川绵阳。存地同上。

第十一章 用爱筑起幸福家园

节假日在北京见过几次面，平时主要的联系交流方式还是通过书信往来。

1955 年夏天，傅依备在北京俄专留苏预备班的学习结束，进入政审阶段。考虑到此次去苏联留学，毕业回国时自己接近三十岁了，谢依备思考再三，写信给谢冬心，提出在他出国之前把婚事办了。很快得到谢冬心的回应和认同。

"我们从化工学院毕业，他与王方定等一行 6 人分到科学院。他到北京报到以后，组织上马上又把他转到了长春，我就分到河北保定省政府第二工业厅（轻工业厅），省会城市调整到天津市后叫轻工业局。这段时间我们一直通信，大概有两年时间（1953 年 9 月到 1955 年）。他在 1955 年留苏前，突然来信说要去苏联，希望走前把婚结了。他在两次政审后，我们就很快在保定结婚了。"①

情投意合而相爱，志同道合而成家。他们俩由相识相知到相恋成婚，是水到渠成的事了。

傅依备和谢冬心女士决定于 1955 年 7 月 15 日在保定市结婚。

他俩要在保定这座城市办一场没有中国封建色彩和西方奢侈风尚的简朴婚礼。他们按规定程序先去保定民政部门登记，领取结婚证书。

傅依备回忆说："我们是在保定她们单位所在地结婚的，钱是她出的，喜糖也是她买的。我一直当学生，没有钱，因为在俄专脱产学习工资停发，国家只发一定的生活费。"②

图 11-2 1955 年 7 月 15 日，傅依备、谢冬心结婚证书

他们的新房是在河北省轻工业厅轻工业处办公和宿舍所在地的四合院内的一间老旧民房，十几平方米大，青瓦屋顶，对外双开门。谢冬心的同事们为他们的新房做了精心的设计和布置。房间内有一张古旧而简易的木制双人床，一张小桌子，两把木椅，房间四壁张贴着

---

① 谢冬心访谈，2014 年 11 月 13 日，四川绵阳。资料存于采集工程数据库。
② 傅依备访谈，2014 年 11 月 12 日，四川绵阳。存地同上。

谢冬心的同事们送的当时流行的宣传画，其内容反映了当时人们的政治和艺术欣赏倾向，如《井冈山会师》《夺取全国胜利——毛主席和老帅们在一起》《列宁和苏维埃共青团员们》等。这些富有时代气息的宣传画，使简朴的新房充满了向上氛围和喜气感。在床头的墙壁上还贴着一张青年团支部赠送的红色大标语，上面写着"让青春熊熊之火为社会主义建设而燃烧"17个醒目大字。这17个字反映了当时全国人民的愿望，也反映了青年团员们发出的纯洁而真挚的心愿。除了这些精神礼品外，谢冬心的同事还送来当时最流行也是最实惠的礼物，如暖水瓶、洗脸盆和枕头套之类的生活必需品。

傅依备和谢冬心女士在7月15日下午举行婚礼。轻工业处彭荣处长出席并主持婚礼。处领导和许多同事都来祝贺，齐集一堂，十分热闹。婚礼办得热烈、文明、简朴，谢冬心用8元钱买来一些糖果、瓜子、花生招待了大家。

他们深感这是一场富有时代特色的、值得两人永留记忆的婚礼。这场简朴的婚礼之后，开始了他们延续六十余年的牢固婚姻，并形成了一个幸福、兴旺而美满的大家庭。

结婚之后，他们在保定度过一个约有二十天的蜜月。他们去北京同游了颐和园、天坛和陶然亭等，两个年轻人玩得十分开心。①

傅依备回忆起当年结婚的场景："我们结婚很仓促，当时没有钱，什么东西都没有买，只买了点喜糖。当时，老谢在单位工作很好，二十二岁就是副科长，还是轻工业处党支部委员、团支部书记，她在单位、处里比较活跃，领导很重用她。结婚时，很多青年团员给我们送来宣传画，还写了幅自编的红色大标语。婚礼上，她们的处长主持婚礼，开了个茶话会，大家吃了些糖，没有闹洞房，很简朴。"②

他们俩的结婚仪式虽简朴，但在他们的内心却是神圣而庄严的，虽没有华丽的服饰、浪漫的情调和高调的誓言，但他们彼此的真诚和挚爱从此

---

① 《傅依备传》编写组：《中国工程院院士传记——傅依备传》。北京：航空工业出版社、人民出版社，2016年，第70-71页。资料存于采集工程数据库。

② 傅依备访谈，2014年11月12日，四川绵阳。存地同上。

第十一章 用爱筑起幸福家园

图 11-3　1955 年 7 月 15 日，傅依备结婚时团支部送的充满时代气息的标语、宣传画等礼品

变成默默的承诺和永不分离的牵手，几十年如一日。正如他们的小儿子傅学东所述："我父母之间的感情非常融洽，即便偶尔在生活上有一些磕磕碰碰或者因为一些小事发生争执，彼此也不会太计较，很快就和好了。尤其是现在他们之间相互帮助，相互支持，相依为伴，感情比之前更加融洽。当然，他们的这种融洽是有基础的，他们是在大学时代从做团的工作开始就相识相知，最后相恋结合在一起。在那个年代，他们都是进步青年，在政治思想层面有相同的人生观和价值观。这表现在对党和国家的关心，对社会进步的关心，他们的想法基本是相近的。"①

傅依备在留苏五年期间，和谢冬心女士主要靠书信来往交流感情，彼此相望相守，忠贞不渝。

谢冬心和傅依备结婚后很长一段时间都是两地分居。

傅依备于 1955 年 9 月去苏联学习，谢冬心送他到北京。傅依备先后

---

① 傅学东访谈，2014 年 12 月 10 日，北京。傅学东，傅依备四儿子，研究员。资料存于采集工程数据库。

在列宁格勒大学和列宁格勒苏维埃化工学院学习近五年。这期间，河北省省会已由保定市迁至天津市。傅依备于1957年夏回国探亲一次。直到傅依备1960年6月毕业回国，两人才在北京重逢。

回国后，他俩绝大部分时间过着单身生活。谢冬心在天津河北省轻工业局（前轻工业厅）住集体宿舍，傅依备在清华大学同样住集体宿舍。虽然北京与天津相距仅一百多里，但由于工作忙和当时的交通条件等原因，相聚的机会和时间也是很少的。他们节假日可以有短暂的见面。学校寒暑假，傅依备就去天津。谢冬心平时出差有机会就到北京见傅依备。

人们常说"结婚成家"，可他们结婚六年多还没有家。既无房子又无儿女，很难说有了一个圆满的家。① 但有了真爱的基石，使他们的婚姻坚如磐石，经受住任何挫折的考验和艰苦岁月的检验。

图11-4　1957年夏，傅依备回国探亲，与谢冬心在北京合影

图11-5　1961年7月，傅依备和爱人两地分居，暑假他到天津，自己动手做饭。这是他在门前的露天灶上炒菜（资料由傅依备提供）

---

① 《傅依备传》编写组：《中国工程院院士传记——傅依备传》。北京：航空工业出版社、人民出版社，2016年，第71-72页。资料存于采集工程数据库。

第十一章　用爱筑起幸福家园

相互信任共担当

傅依备在"文化大革命"磨难期间，以及在他担任二所领导工作期间，和谢冬心女士在精神上、感情上、事业上相互理解，相互信任，相互支持，使他们度过了许多艰难漫长的日日夜夜。

傅依备把主要精力都放在了工作上，带孩子的任务就主要落在了谢冬心女士身上。谢冬心女士回忆说："带孩子他是力所能及地帮忙。1962年我在天津生老大的时候，老傅在清华大学工作，在孩子出生之前老傅过来了，他送我去天津天和医院（现在的天津市第一人民医院）。孩子出生后不久他接我们去清华大学宿舍里住了一个月。1963年年初老傅调九院，我10月份也调过来，调过来没几天老二出生，也是老傅雇车送我去北京妇产医院的。1964年老傅就去青海221厂了。1966年生老三的时候他没法陪，是我工作的单位北京供应办设备科负责人送我去的医院，月子里护理是邻居六所一位工人师傅的爱人李大嫂帮的忙。"①

谢冬心女士调到二所老点山沟里没多久，傅依备就关牛棚了。这对他们夫妇俩的政治前途和感情生活都是巨大的冲击和考验。

傅依备觉得把爱人和小孩调到山沟里来，吃了那么多的苦，一直觉得内疚。他说："她（谢冬心）刚到（山沟老点）的时候，我们就住一间房子，大概11平米，一个大床一个小床，两个大点小孩睡一张，我们和最小的孩子三个人睡一张大床。孩子开始在当地农村一所小学上学，后来有了我们自己的学校。我在关牛棚时，孩子们肯定受影响。在二所老点，生活物资供应不行，教育质量也不高，受苦受累。我这一步没走好，她们如果从北京调四川晚一点可能就好一些。"②

傅依备获得"解放"后当了副连长，后来又慢慢走上领导岗位，工作一直很忙。

---

① 谢冬心访谈，2014年11月13日，四川绵阳。资料存于采集工程数据库。
② 傅依备访谈，2014年11月12日，四川绵阳。存地同上。

谢冬心女士调九院后，长期从事科研后勤保障工作（器材设备、科技情报、档案资料和图书管理等）。1953年8月12日，她在四川化工学院加入中国共产党。1982年年底晋升为高级工程师。从1973年11月起直至1989年10月退休，她一直担任科级干部兼党支部书记。

　　谢冬心女士对傅依备的工作全力支持，从不拖后腿。谢冬心讲道："老傅后来慢慢地进入工作状态，就比较忙，工作情况他一般不跟我说，我也不问。这是九院的传统，保密！他经常出差，去北京开会什么的。我从不抱怨。我认为他的工作重要，就全力支持他。但是，家务事他能做的也都帮忙做，他特别喜欢孩子，我们在山沟生活比较艰苦。他出差回来总是买回许多吃、穿、用的东西。"①

　　1976年9月30日，谢冬心女士在致傅依备（在新疆基地出差）的信中写道："所里正在忙11月份的任务，并组织了会战，上班出勤的情况较好，抓革命、促生产的形势是好的。你们走后，所里给家属（出场人员家属）一些照顾，如这个月可优先买肉（不用排队，去了就可先买），家里劳力有困难的帮助买煤、买米、就医等，你可以告诉大家放心地去工作吧！……国庆节这里供应不错，九月份以前肉票上的肉保证供应，每个职工又给2斤猪肉，你们出差的还有2斤猪油，大人小孩每人一斤鱼、一斤苹果，还有酒、粉条等。"②

　　风风雨雨六十年，他们夫妇俩是靠相互信任来维系感情的。

　　谢冬心女士回忆说：

　　"老傅这个人不太爱说话，平时动嘴少，动脑子多。他喜欢想问题，把一些问题都想透想通。我们性格上互补，而且相互之间都很信任。我们结婚以后，刚开始分居时间多。在北京的时候，他在401上班，一个礼拜回来一趟。一直到1968年我调到二所老点才真正住在一起。我们认识早，了解比较深，互相之间都自然而然地很信任。他到苏联去，我也信任他。他经常写信回来介绍苏联的情况，但他自己的情况说得不多，学习上的困难也说得不多。就婚姻观来说，我们是互相爱慕，我爱他，他爱我，同舟共

---

① 谢冬心访谈，2014年11月13日，四川绵阳。资料存于采集工程数据库。
② 谢冬心给傅依备的信，1976年9月30日。存地同上。

济，同甘共苦，共同目标是给社会增加正能量。我就认定一点，夫妻之间最重要的就是相互信任，和对彼此、对孩子、对家庭、对社会的责任感。

"我们分工明确，我主要管家里的事情，老傅一心搞工作。他这个人，从表面上看像冰霜一样，其实内心是很火热的。他为了工作可以赴汤蹈火的。

"1975年外场核试验，他亲自带一队人去取样。他们这几个人都吃了很多剂量，他吃的最多，一次就超过了年剂量阈值的9倍多。回来也没有告诉我，我当时不知道具体情况，只知道他吃了剂量，但不知道有那么严重。当时王淦昌院士还到我们家来看望他。后来其他几个人住院检查，胡仁宇副所长曾经问我，'其他几个人的家属都哭了，怎么就没见到你哭呢？'我说，他也没告诉我，我不知道危害有多大，现在才知道有这么严重。我过去只知道超剂量很多，但是我不知道确切有多少，也不知道超剂量后人会怎样。后来四川省里的一个机构每年要专门给他们检查。他超那么大的剂量，也挺过来了。

"2000年5月1日，他做了胆囊切除。过去他老觉得胃痛、肚子痛，后来越来越厉害了，都是当胃病和腹部的病来治疗，后来确诊是胆结石。当时还在发病期间，单位突然通知他去杭州开会，我和医生都不让他去，他怎么也不听，坚持要去开会。结果在走之前的一天半夜里发病了，翻来覆去痛得很厉害，我们就赶快把他送到医院，一诊断需要赶快手术；征求意见的时候，医生建议去川医，他让在本院的医院做，最后是把川医的医生请来给他做了手术。医生来后一看说，'好危险，马上就要破了，非常薄，破了后会演化成腹膜炎，更加不利于治疗，问题将更严重'。如果去川医的话，时间将会拖得更长，当时刚好逢'五一'，很多人不上班，去了后肯定会更糟糕。"[1]

1990年6月16日，傅依备在参加国家核试验作业现场期间，给夫人谢冬心女士致信，其中谈到采摘一些骆驼草标本寄给谢冬心女士（保存至今）的事。他对骆驼草的性格特征进行了描述，他在信中写道：

---

[1] 谢冬心访谈，2014年11月13日，四川绵阳。资料存于采集工程数据库。

"最近几天,我开始早晨到沙漠地里去走一走,偶尔也小跑一段,大约花上半个小时。这里早晚温差很大,是十足的内陆气候。白天有的地方可到四十多摄氏度,早晚凉到要穿夹衣。早晨的沙漠是很吸引人的,差不多每天早晨骄阳似火,分外好看,在山沟里是永远见不到这种画面的。空气清爽宜人,虽然有点凉意,但很乐意接受。

"我在沙漠地里采了一些骆驼草的标本寄给你。我过去对骆驼草是一个模糊的概念,没有仔细瞧过,就像不相识的过路人一样,它们到底是什么样都说不出来。这次来时我就有意要弄清庐山真面目。早晨我到处跑,细细观察各种骆驼草的形态和细微区别。它们也像其他植物一样开花结果,繁衍后代,我觉得很有意思。骆驼草在戈壁干旱的沙地里尽管遭到狂风卷着泥沙吹打,常年缺乏雨水的滋养,有时一阵暴雨就会使沙漠一夜之间面目皆非,夏天可热到40—50摄氏度,冬天又冷到零下30—40摄氏度,任你千变万化,使尽浑身解数,骆驼草仍然坚强地活着,茁壮地发育成长,绵延不已。骆驼草多像经历了无数苦难的中华民族。我由衷地敬爱它们,就是因为它们的存在,使单调乏味的沙漠有了一点生气,使骆驼羚羊得以生存,这是多么难得呀!

"我想,人就是应该像骆驼草一样,能经受住各种艰难困苦的磨炼,使自己坚强挺拔,一直往前;也要像骆驼草一样多给予,默默地奉献。"[①]

傅依备夫妇长期的恩爱、信任与和谐,为培育下一代营造了一个温馨而又愉悦的成长成才氛围。

培养后代育栋才

傅依备和谢冬心女士生养培育四个儿子的过程是艰辛而又幸福的漫长历程。

---

① 傅依备给谢冬心的信,1990年6月16日。资料存于采集工程数据库。

1962年，傅依备已三十三岁，盼望有个小孩。就在这年的8月6日，他们的第一个儿子顺利地在天津天和医院出生。尽管他们家面临种种困难，这个儿子（乳名为小吾）的出生还是给他们带来了莫大的喜悦。

谢冬心女士调到九院后，单位分给他们一间公寓式的住房，系两家各一间卧室，共用厨房和厕所，地处和平里。他们俩十分高兴。这是他们第一次团聚，并住上这样较配套齐全的房屋。那时，谢冬心女士的母亲也从天津一同来到北京协助照顾小外孙，可房间内只能摆放一张大床，他岳母、爱人、儿子三人睡大床，他就把两口大木箱拼接当床用。好在他每周要去房山的401所上班，周六晚才回来，周一清晨乘班车去房山，所以影响也不大。

带第一个孩子，他们没有经验，曾经将孩子放在邻居老太太家日托，后又争取送到天津市幼儿园全托。那时大人缺奶，牛奶是配给供应，一个小孩只有半磅，根本不够吃，只有加喂代乳粉。当时买了最好的"五四配方"代乳粉，其主要成分为黄豆粉，再加服果汁喂养。结果因为儿子太小，吃了不消化，老是拉肚子，儿子日渐消瘦，而且严重缺钙，夜间睡不好觉，总是哭闹，大人得不到休息，甚至影响邻居。

图11-6 1962年，傅依备和谢冬心在天津市与大儿子傅学工合影（资料来源：《傅依备八十华诞文集·照片选辑》）

他们搬到北京后，有一次儿子哭闹，吵得他彻夜未眠。他火了，起来就在儿子的后腿上打了几巴掌，小孩终于不哭闹了。第二天起来，他掀开被子一看，小孩腿都被打红了。他伤心透了，感到很内疚，给孩子买了个童车作补偿。从那以后，他再也不打孩子了。随着时间的推移，大人带孩子的经验多了，小吾也慢慢适应环境，身体也长得结实多了。

1963年10月13日，他们第二个孩子出生。这次是急产——因谢冬心女士从天津调北京时，预产期就快到了；北京的医疗关系来不及办妥，她就到各医院去联系生孩子的地方，活动量太大，动了胎气，孩子要提前出生。傅依备深夜雇车把谢冬心女士送到北京妇产医院，一上产床就要生了，医生说是急产，晚一点就会生在车上了。他一直在产房外等到天亮才回去。三天后再用车把她们母子二人接回家。他们家又添一丁，于是在"小"字下面加了一撇取乳名叫少吾。

就在这个时候，傅依备要去青海221基地工作。

谢冬心女士要上班，两个孩子又小，只能请保姆来带孩子。请来68岁的保姆体力不支，带孩子经验也不足。有一次保姆带着老大出去玩，把老二用布带子捆着放在床上，绳的另一端捆在床头。他们俩回来时，看见老二已从床上掉落在地上，一个人在地上爬着玩，很是危险。

谢冬心每天要骑自行车由和平里到花园路的九院机关上班，对家里的两个孩子很不放心。后来单位领导给他们在花园路塔院安排了两家共住一套的房子。两个孩子送幼儿园日托。

傅依备去了青海工作，谢冬心一个人要上班又要照顾小孩，很辛苦。特别是早晚接送孩子时，背上背着老二，一只手牵着老大，上下四层楼，而且她已怀上第三个孩子了。

1966年2月，傅依备奉命带队从青海221基地到四川省深山沟建设后来的九院二所。此时，他们的第三个孩子要出生了。他事务缠身，无法回北京为妻子减轻负担。在单位领导的关心帮助下，谢冬心在北京第三人民医院顺利地生下他们的第三个儿子。傅依备说："古语云：吾日三省吾身。已经有两个孩子了，又生第三个，太多了，应该反省，就叫省吾吧。"

老三的出生使他们的住房更困难，一间不大的住房要住五人；谢冬心带三个孩子，她如何应付得了？谢冬心女士性格一向乐观、坚强，她喜爱孩子。她说："天无绝人之路，办法是人想出来的。"找到住同层楼的一位六所老师傅夫人李大嫂帮助带老三，周一送李师傅家带养，周六晚接回。

1967年，老二在幼儿园染上黄疸型肝炎。幼儿园担心相互感染，要求家长把老二接回家隔离，把老大放幼儿园隔离，晚上由幼儿园一名老师带到自己家。白天老大独自关在幼儿园一间小房内。这期间老三也不能回家了。

谢冬心陪着有病的老二在家，时间久了自己也染上黄疸型肝炎。这年暑期，傅依备特地请假回北京，见到这种状况又难过又着急。他先去看了老三，见老三很不高兴，因为老三既不能到妈妈那里去，又不能和两个哥哥玩；随后他又去幼儿园看老大，见老大一个孩子在一间房内犹如"坐牢"，人变得迟钝发呆，他心里很不是滋味，并为老大长期待在这里担心。

他把老大带出来，坐车到王府井大街。他们在街上散步，想让他忘掉待在房内的感受。他在商店给他买了一个会跳舞的塑料玩具小人。第二天他又去幼儿园，看见老大一直在玩塑料小人，房间里只有他和玩具小人。他为老大这种现状感到很不安。

老二原本身体壮实，所以他的黄疸型肝炎一个多月后就好了。老大也解禁回到了班上，可是谢冬心的黄疸型肝炎四个多月后才治愈。直到1968年春，全家人才恢复到正常的健康状态。

工作之余，傅依备一直在思考一家人长期分居的利弊，对比北京，四川深山沟最不利的是环境和生活条件，比北京差得太远，最大的优点是搬来后能解决当前全家人两地分居的困难。经过"文化大革命"后，傅依备的思想也发生了变化，认为应以事业为主，扎根艰苦地区。

这年四五月份，他回北京探亲时与谢冬心商量后决定全家搬到四川深山沟（九院二所所在地）。很快得到领导的批准。当时行李很简单，两只大木箱、一张小饭桌、一个书架和一个两抽柜。

1968年5月，他们俩带着三个孩子乘火车由北京搬到正在筹建中的二所——地处龙门山脉的偏远山沟。当时所里给他们全家五口人分了一间十多平方米的房子。房内只能放一张双人床和一张单人床，书和杂物塞满了床下。没有厨房，只能在公共食堂买饭菜。厕所是露天的公厕。

傅依备把主要精力一直放在研究所的建设上。但在这年10月，造反派把他关起来了。傅依备毫无思想准备。这对他的家庭是一场突如其来的、从天而降的灾祸，对傅依备的心灵是一种急转弯的巨大冲击。他三个儿子最大的刚六岁，最小的还只有两岁多。更使人揪心的是他夫人又怀上第四个孩子了。她还要顶住压力支撑起这个家，保护好这些幼小的生命。

那些不怀好意的人，利用傅依备的处境威逼和诱惑他承认一些违背事实和良心的罪名，没有得逞。后来，当傅依备知道谢冬心带着三个孩子到成都军区北校场她母亲的住处时，才稍微放心了。

然而，那里也不是安静之地，因她哥哥谢屏当时也正在接受审查。

1969年5月14日，他们的第四个孩子在成都妇产医院出生，又是一个男孩。因军区管理严格，当时担心半夜孩子出生，为了能及时进医院，她从北校场搬出来住到一户平民家里，并事先约定送她去医院的车辆，所以一切进行得很顺利，孩子的姥姥和大舅妈在这期间帮了大忙。

谢冬心产假满了后，要回所里上班，孩子就放在军区附近的西御河边街上的一户人家寄养。这里的生活条件相对比山沟好，能喝上新鲜牛奶。孩子的姥姥经常去照顾他、陪伴他。姥姥给孩子取名为东东。

四个孩子上学时的学名分别按顺序取名为学工、学农、学军、学东。这是受毛主席号召向工、农、兵学习的启发，希望儿子们成为对国家对社会有用的人才。

1969年7月前后，傅依备无罪释放回家。进家门时，三个孩子以陌生的眼神注视着他，气氛沉闷，没有发出一丝声音。最后还是天真的老三一句"爸爸怎么站着？"打破了沉默，孩子们开始活跃起来，很快就恢复了全家和谐的天伦之乐。

在成都寄养的东东（四儿子），有姥姥和大舅妈的关心照顾，情况一直很好。1969年10月的一天，谢冬心接到她大嫂有关军区要迁移的电话后，立刻去成都把东东接回来。傅依备是第一次见到这个儿子，孩子一点也不认生，脸圆圆的、白里透红，很是可爱。

那时山沟里牛奶很缺，奶粉也难买到。他们到处托人从外地买奶粉。谢冬心的姐姐谢秋心从北京寄来一木箱奶粉，搭上从成都买来的米粉吃，东东的消化功能很好，虽然缺奶但还是长得很结实。

在"文化大革命"期间，所里职工有一段时间是"集中学习，集中住宿"。

东东还小，既不宜送托儿所，又不能带在身边。他们找到住在生活区三区的沈师傅，请沈大嫂他们帮忙带养，周一早晨送去，周末再接回来。东东一岁多会走路后，周末就会早早地在门外等着，一看到爸爸来接他了就高兴地跑过去。

后来，所领导又为他们增加了一间约几平方米的房子。但这两间房不是一个套间，各自有独立出入门。六口之家一间房住不下，如果分开住，晚上如有什么事，很难照顾好所有的孩子。①

傅依备夫妇很注重孩子的饮食营养，把工资主要都花在改善生活上，经常从市场采购一些高蛋白的食物。四个儿子不缺营养，身体状况都很好。他们很爱孩子。傅依备每次到外地出差，总要采购一些孩子们吃的、用的、穿的、玩的什物，有的分给孩子们，有的全家用，而这些东西一般在山沟里是买不到的。

傅依备回忆说："带孩子都是她，吃穿都是她操心。我出差会给小孩买些东西。我每次出差，特别是到北京出差，每次回来都背几个包，都是小孩吃的、穿的、用的、玩的，包括鞋子、袜子、帽子、衣服、棉衣、大衣、外衣。那时，物资很紧张，我们家的孩子身体长得好，就是小时候吃得好些。尽管困难，我们把工资全部拿来买东西吃。我在家承担重体力活。我住的房子很差劲，很不合理，我就自己改造。我在家要炒菜，她伺候小孩、做饭。"②

傅依备觉得最亏欠孩子的是教育。由于研究所地处深山峡谷，远离城市，小孩的托儿所、幼儿园、小学、中学都要自己建，没有足够的经费；师资力量很弱很缺，办学经验缺乏，学前和中小学教育质量很差，比农村乡镇的教学条件好不了多少。虽然孩子们很努力，但效果不好，能考上大学的寥寥无几。

他说道："我们家的孩子没受到什么好的基础教育。当时，我们俩工作都很忙，小孩都'放羊'。下班我们一起做饭，吃完饭，孩子们玩他们的。

---

① 《傅依备传》编写组：《中国工程院院士传记——傅依备传》。北京：航空工业出版社、人民出版社，2016年，第72—83页。资料存丁采集工程数据库。

② 傅依备访谈，2014年11月12日，四川绵阳。存地同上。

学习主要靠学校,当时学校教学质量很差。尽管后来我们花钱把孩子送到安县中学,送到绵阳中学,还送到南京老谢妹妹谢文心所在大学的高考补习班学习过,然而,孩子们的学习基础都不是很好。"①

傅依备更多的是关心孩子们的教育,特别关心孩子的学习成绩;即使出差在外,也常常牵挂孩子们的学习情况。

傅依备的大儿子在这方面有切身感受。傅学工讲述说:"父亲一直关心我们的学习。虽然工作很忙,但还是没有忘记我们的学习。小时候父亲给我们念过故事书,讲过他小时候逃难时的学习、生活情况。平时经常督促、帮助我们学习,有几次给我留下很深的印象。那是1974年学校放暑假的时候,我们兄弟几个好多天都没有摸过书了,有一天父亲下班回来看见我们还在玩,非常生气,把我们叫到一起,严厉地批评了一番,质问我们假期作业完成得怎么样,怎么没有看见我们学习,要抓紧时间学习。从来没有看见父亲发那么大的火,现在都记得那时的情景。还有一次,是在1973年1月里,第二天就要期末数学考试了,发现我两位数以上的乘法题还不会做,我父亲很耐心,不但没有生气,还不厌其烦一步一步地教我做,直到我学会,学的效果第二天考试就体现出来了,那次考试成绩还不错。"②

1975年12月22日,傅依备出差在北京时致谢冬心女士的信中说:"东子要坚持每天学习认字和写字。老大的学习自觉性有提高,这很好,但也不要一天到晚看书,要注意活动,看书写字要注意姿势,以免影响视力。省吾的学习有进步,特别是语文,这是由于看书的原因;数学有的地方不是很清楚,这是上课时没有搞懂,要注意听课。老大老二都要帮助你妈妈多做点事,老三也要适当分配点工作,这对于他有好处,否则,久之就会懒散。家庭是一个集体,大家要相互关心。"③

1975年12月26日,傅依备致谢冬心女士的信中说道:"东子又认了

---

① 傅依备访谈,2014年11月12日,四川绵阳。资料存于采集工程数据库。
② 傅学工:《父亲二三事》。2015年9月2日。傅学工,傅依备大儿子,高级工程师。存地同上。
③ 傅依备致谢冬心的信,1975年12月22日。存地同上。

图 11-7　1983 年春节，傅依备全家于 902 地区二所生活区合影（前排左起：傅依备、谢冬心、傅学东；后排左起：傅学农、傅学工、傅学军。资料来源：《傅依备院士八十华诞文集·照片选辑》，第 48 页）

多少字，画了多少画，写了多少字，我回来后给我看。省吾的学习一定要抓紧，今年是有进步的，但是还要加油。老大老二要听妈妈的话，不许顶嘴，大了就应懂点事，不要一天到晚和小家伙们打闹。"[1]

1976 年 1 月 8 日，傅依备出差在外时致谢冬心女士的信中说："见了东子的画很高兴，旁边的同事们看了也称赞。小家伙们不知是否还坚持早起锻炼身体，要努力坚持才好，坚持就是胜利，遇事能坚持就增强了意志，一个人意志很重要。凡属有点作为的人，一般意志是坚毅的。毛主席最近发表的诗中有这样一句：'世上无难事，只要肯登攀'。这里指的是有了坚持的意志毅力，有什么困难也能克服。我觉得培养教育小孩是一个大问题，有的注意身体，有的只注意知识，有的只注意思想，这都是片面的，要德智体全面发展，特别注意好的性格的培养。"[2]

从谢冬心女士给傅依备的一封信中，透露出家庭成员之间浓浓的亲情，以及培养孩子们热爱劳动、省吃俭用的习惯。

---

[1]　傅依备致谢冬心的信，1975 年 12 月 26 日。资料存于采集工程数据库。
[2]　傅依备致谢冬心的信，1976 年 1 月 8 日。存地同上。

她在信中说："小家伙们都开学了，东东刚入学，上课热情很高，老师在班上讲的话他都回来告诉我并照着办。孩子们都很想念你，特别是东东吃个什么东西都说不要吃完了，留点给爸爸回来吃。今晚看电影时，有月亮，东东又说了，如果我们站在月亮上面爸爸就能看见我们了。老大、老二、老三都帮助我做不少家务事，有时下班回来时，老大、老二已基本上把饭菜烧好了。这次买400块煤，老三、老四也自始至终帮助我搬回来。"①

1979年12月16日，他们的大儿子（学工）、二儿子（学农）第一次出远门在南京上高考补习班，收到儿子们的来信后，傅依备夫妇给学工、学农回信，除生活上的关心外，主要是谈学习态度和方法，要求注重知识的学习积累。信中说："从来信中知道你们的学习用功，这很好。首先不要自满，或者满足现状。要知道知识是无止境的，活到老学到老，学一辈子也学不完。大学入学考试随着全国水平提高，入学考试的题也会更难了。今天人人都在用功学习，只看到自己点滴进步就满足会掉队。第二，要在搞通道理（基本原理、定律、方程式的推导等）上下功夫。只知道表皮，不知所以然是不行的，死记更不是办法，总之要学活。在搞通道理的基础上多做习题，多做习题反过来也是帮助弄通道理，掌握原理。第三，要把听课、请教和独立钻研结合起来。学习靠自己，多看书多思考，不要满足老师教的那一点，但不要贪多嚼不烂，要围绕问题看参考书，要一个问题一个问题弄明白，不要走马观花；要珍惜课堂时间注意听讲，特别是有经验老师的指点很重要，可以使你少走弯路、少浪费时间，不懂要勤问，要在独立思考的基础上多问。第四，要抓重点，抓弱点。每门课都有重点，这个重点就是复习大纲，还要注意有经验老师指示的重点，要注意克服自身的弱点，就是自己学习不好的课程或内容，还表现在学习本身，有的不重视做习题，有的粗枝大叶。语文要多看多写，语文、英语要大声朗读。这点你们两人都做得不够。总之，要学习好，首先要端正态度；其次要讲究方法；还要注意锻炼身体，每天早晨应运动一下，晚上不要学习太晚，身体好学习效率才高；身体不好，艰苦的学习是坚持不下来的。"②

---

① 谢冬心给傅依备的信，1976年9月30日。资料存于采集工程数据库。
② 傅依备给小吾、少吾的信，1979年12月16日。存地同上。

当傅依备看到小孩成绩有所进步的时候,心情格外地高兴,对小孩的学习要求也一直未放松。

1980年7月28日,他在北京出差期间,收到小儿子(东东)的来信,便回信鼓励,字里行间洋溢着父子深情和他对儿子寄予的殷切希望。信中说:"亲爱的东东:读了你的信,使我很高兴。信写得很好,文字通顺,书写工整,而且意思也写清了,只是有些标点符号欠妥,望你努力学习,下次写得更好些。今年你的学习成绩比去年有了较大的进步,主要课程都达到了90分以上,我看应是优秀学生了。你虽然取得了好成绩,还不自满,这点尤其使我高兴。只要你长期坚持努力学习,将来进大学一定有希望,也一定能成为一个对社会大有用的人。北京天气很热,西瓜也很多,只是爸爸没有去买。因为一个人吃西瓜觉得没意思。要是你们在这里,买一个大西瓜大家围着吃才吃得起劲。"①

1980年10月13日,傅依备写信给少吾(傅学农),希望少吾安心在安县中学补习功课,不怕艰苦,锻炼思想作风。信中说:"你有机会和农民的孩子住在一起,生活和学习在一起,这是难得的。你要珍惜这个机会,学习他们的好思想好作风和艰苦努力学习的精神;生活苦点,这是一个锻炼,也是一个考验;你要经得起这场考验,知道了苦才会懂得甜,才会在将来的生活上艰苦朴素,即使是明年考不上大学,这也是一个很大的收获。你爸爸小时候比你们现在的情况要苦得多,过去我给你们讲过,不要忘记,要像你爸爸一样去对待困难的生活和艰苦的学习。你这样做了而且坚持做下去,你的前途定会光明,希望一定在前头。"②

傅依备的小儿子傅学东讲述道:

"在我们兄弟几个的眼中,父亲是比较严厉的人。尤其是在我们读小学、中学的时候,他经常会过问我们的成绩。考不好的时候也要拿给他看,所以那个时候比较怕他。但是更多的还是对他的崇拜。他早年到苏联留过学,家里面有很多他在留学期间的照片,买的唱片、书籍。吃饭的时候他偶尔也会谈论在苏联留学期间发生的一些小故事,一些见闻,我们听

---

① 傅依备给傅学东的信,1980年7月28日。资料存于采集工程数据库。
② 傅依备给二儿子傅学农的信,1980年10月13日。存地同上。

了会觉得很新鲜。感觉那时候能出国很难，所以很崇拜他，也希望自己长大以后能像他一样有出息。

"我父亲对我们兄弟几个的教育主要是以身教为主，言传比较少。谈话也不会讲太多的大道理，主要还是潜移默化。但是我父亲对我们几个兄弟的教育是有原则的，教育我们要做一个正直、诚实、对社会有用的人。"[①]

通过傅依备夫妇的教育引导和孩子们的长期努力，四个儿子都学有所成，在各自的岗位上成长成才。

老大傅学工、老三傅学军都经历了一条坎坷的求学之路。兄弟俩都是高中毕业后考进了本院的技工学校。老大工作三年后，考上院曙光工学院（属大专学历）；老三工作两年后也考入院曙光工学院。在工作中，两人不甘于现状，继续进修完成了本科学历，随后又都考取在职硕士研究生，获硕士学位。两人已在2003年晋升为高级工程师并早已成家，都有了一个幸福美满的小家庭。

老二傅学农和老四傅学东的学习较顺利，高中毕业后都考上了大学。老二1985年从西安工业学院毕业后不久，又考入重庆大学读硕士研究生，毕业并获得硕士学位，于1998年调入九院四所工作，2008年已晋升为研究员。老四傅学东1991年毕业于电子科技大学，被学校保送在该校读硕士研究生，于1994年毕业并获硕士学位，同年考入中国原子能研究院攻读核物理工程博士研究生，毕业后先后在中物院九所和韩国做博士后工作，2002年回到九所工作，2008年晋升为研究员。[②]

2012年12月4日，当傅依备得知四儿子傅学东走上新的工作岗位，任研究室副主任一职时，他写了八个字，以勉励儿子履行好职责。这八个字是："平等、勤恳、公正、不贪"；并解释其含义："平等待人，勤恳工作，公正处事，见利不贪"。[③] 这既是一位慈祥父亲对儿子成长进步的关怀和要求，也是他一生为人处世、为公谋事的经验总结和心得体会。

[①] 傅学东访谈，2014年12月10日，北京。傅学东，傅依备四儿子，研究员。资料存于采集工程数据库。

[②] 《傅依备传》编写组：《中国工程院院士传记——傅依备传》。北京：航空工业出版社、人民出版社，2016年，第83-84页。存地同上。

[③] 傅依备给儿子傅学东的题词，2012年12月4日。存地同上。

傅依备非常爱他的四个儿子，看成是自己生命的延续、未来的希望。他曾经感叹道："我多么希望和孩子们一起生活呀！见到他们我就对未来充满希望和信心；我真实地感受到，他们就是我生命的延续，我把我的全部心血和爱倾注在他们身上；他们给了我巨大的精神力量；没有他们，我们的生活会暗淡得多。"①

孩子们为人诚实、低调、忠厚，做事勤勉、务实、上进，这与傅依备夫妇长期的言传身教密切相关，与他们营造的淳朴家风的熏陶密切相关。

传承家风幸福长

六十多年来，傅依备和谢冬心女士精心经营家庭，着力营造知识型、重亲情、求和睦、尚节俭的良好家风。这种家风是成就事业、增进感情、培育下一代茁壮成长的保障。

傅依备在事业之外，有着一个美满和谐、幸福的家园。每到周末，儿子儿媳妇要带着子女去看望父母，有时还捎去父母爱吃的水果等食物；每逢父母生日时，全家人相聚一起为父母祝寿，并送上早已准备好的礼物。而当孙辈生日时，一般也是要聚餐庆贺的。每年春节是全家团聚交流最频繁的时刻，也是传承中华民族传统的节庆。除夕在父母家吃团年饭，父母会给每个晚辈发压岁钱，然后是每家轮流请客。这已成了他们家不成文的制度。

傅依备认为，这对加深年轻一代的家庭观念，培植一个团结友爱、尊老爱幼的和谐大家庭，具有潜移默化的教育意义。

家庭集体外出旅游是他们经常开展的活动，而且常常是儿子们主动提出的。在节假日里，儿子们开着车，带着父母一同去绵阳附近的名胜古迹游玩。在傅依备看来，这些家人的旅游活动，不仅增添全家的亲情感，而

---

① 傅依备致谢冬心的信，1990年6月6日。资料存于采集工程数据库。

且有益身心健康，是一项值得提倡的户外活动。在谈到孩子们的孝心时，老两口感到很自豪。

同时，他们强调，家庭的和谐与家人的亲情，需要互动翻新、包容和呵护。

傅依备的四个儿子从小到大从来没有一个主动向父母要钱要物的，这已成了他们家的家风。但他们夫妻俩却无时无刻不在挂念孩子们的成长：一是健康，二是培养能力。

四个孩子年龄相差最大七岁，相处得很好。从来没有发生过相互吵架斗殴的情况，更没有争抢食物、玩具的事情发生。谢冬心女士从她母亲那里继承了公平分配的做法，每人一份完全一样，孩子们对妈妈是绝对的信任，已经形成了一种家风。那时，不是每天都能吃到鸡蛋的，有时蒸鸡蛋羹吃，蛋蒸好后用小刀把蛋羹划成六份，小孩们不论谁先上桌都只吃自己的那一份，从未发生过多吃蛋羹的争吵。小孩在外地上学，他们参照当时物价给每人每月的生活费是一样的。

1984年暑期，由二所组织职工家属去游峨眉山，学工带着三个弟弟结伴同去。谢冬心女士给他们300元钱，由学工管理，旅游回来后，学工把剩下的几十元钱退回给妈妈。

四兄弟相互关心、相互支持的友谊一直延续到现在。在技校读书时，一次老三没到月底钱就用完了，老大一般很节俭，知道弟弟没有了就支援三弟。老大有一次生病住院，老二知道后，对妈妈说要把分给他的鸡蛋、糖果送给哥哥吃，可见哥哥的病牵动了弟弟的心。

傅依备的四个孩子从小到大为人低调，没有在外惹是生非，即使傅依备成了所的主要领导后也是这样。[1]

傅依备的同事、邻居刘中林讲述了自己熟知的事实："我大学毕业分配来所就和傅依备住同一栋楼。开始也就只是认识他，没有什么交往。由于保密，不许乱打听，也不好打听。但是这家人最早给我们的印象非常好！他的家庭非常和睦。他有四个男孩子，从来没看见他们的孩子和别家的孩

---

[1]《傅依备传》编写组：《中国工程院院士传记——傅依备传》。北京：航空工业出版社、人民出版社，2016年，第81-82页。资料存于采集工程数据库。

子吵架和打架斗殴之类的事情发生,这家大人小孩对人非常有礼貌。我觉得这家人有文化,当时就很想和他们交往。"①

傅学东认为:"我们的家风是比较民主平和,没有家长作风这个概念。父母在子女面前也不摆父母架子,他们都比较随意。我们家庭生活比较平静,甚至有的时候还比较平淡。父母工作忙,我们上学,也就是回家后才有点交集,平常也谈不上热闹。但是逢年过节,我们家都要准备几顿丰盛的饭菜,像春节、元旦等,一家人一起喝酒庆祝一下,家里气氛要活跃一些。我父亲炒菜手艺非常好,逢年过节他经常下厨。直到现在的春节,他也下厨做一两个菜。他的生活自理能力非常强,经常会做一些力所能及的家务。"②

傅学工和傅学东对父母几十年来待人接物方面也有细心的观察:"在待人方面,父亲教育我们要尊重人,无论他是谁。1974年4月的一天,家里来了一位所器材科的搬运工找我母亲谈事情,可能是收入相对较低,家里又困难,这个搬运工的穿着看起来跟一般职工有明显的差别,我们兄弟几个觉得好笑,就在他后面做鬼脸,做出不尊重人家的举动,这些被父亲看见了。等这位工人走了以后,父亲生气地对我们说,刚才你们那些行为很不像话,不要看别人穿得不好就看不起人、不尊重人,对人要有起码的尊重。从这以后我知道尊重人是最起码的待人方式。"③

"我爸实际上也是一位很重感情的人,尤其是到老年后,表现得更明显。我爸不再担任主要行政职位后,他还跟过去的一些老战友、同事,包括一些下属,逢年过节都有很多来往。个别的下属得了病,他还帮着联系医院,帮着去协调。父母在待人接物方面,讲究诚恳平等。逢年过节较熟的朋友来家里做客,会带一些比较实用的小东西。我父母也是这样会想方设法找一点东西回送给他的朋友们。"④

傅依备对故乡一片深情,特别是与父母亲感情深厚,与老家亲属关系

---

① 刘中林访谈,2014年11月4日,四川绵阳。资料存于采集工程数据库。
② 傅学东访谈,2014年12月10日,北京。存地同上。
③ 傅学工:《父亲二三事》,2015年。存地同上。
④ 傅学东访谈,2014年12月10日,北京。存地同上。

密切，还为家乡建设和有困难的邻居数次捐款资助。

自从 1941 年到难童教养院读书、逃难离开湖南老家后，他就一直没有机会回过家乡。直到 1955 年 8 月，傅依备在去苏联留学前夕，决定利用政审那段时间回湖南家乡去看望十四年多没有见过面的父亲和亲人们。谢冬心女士给他凑足了路费。由于经济困难，他只买了一些糖果和香烟。后来每当想到这件事，他总是深深地自责和愧疚。

傅依备乘坐了一天一夜的火车，到达荣家湾（今岳阳县县城）火车站。他对荣家湾小镇有点陌生。解放几年了，家乡发生了很大变化。他边走边打听去新墙镇的路，不知不觉，已经到了岭上傅村。"少小离家老大回"。他离开家乡十几年变化实在太大了，道路的走向、村庄的大小、记忆中的乡村景色都旧貌换新颜了。

一路上见到岭上傅村的人，他都不认识了。村上的人也不认识他。后来，他从人群中认出几个年长的前辈，是他的堂伯和堂叔；几位长辈们也慢慢想起了眼前这个青年人，就是以前的"红娃子"。

闲谈不久，傅依备见到在不远处，他哥哥扶着父亲向自己走来，但他有些不认识了。

终于看见父亲了！傅依备激动得说不出话来，忙向父亲奔去，抱住父亲，热泪直流。他的父亲也说不出话来，只是泪流满面。沉默片刻之后，他父亲才用微弱的声音叫着："红娃子，你回来了！"傅依备说："我回来看您了！"父亲说："怎么才回来啊！"傅依备一时找不到合适的话来回答自己的老父亲。

他仔细地端详着苍老的父亲，已经见不到昔日那壮实高大的身影。他父亲 65 岁，已是一个干瘦的老人了。岁月沧桑和苦难煎熬，在父亲脸上留下了黑斑和皱纹，沉重的生活负担

图 11-8　傅依备父亲傅时贤，1955 年摄影资料（由傅依备提供，廖振兴翻拍）

把父亲的腰脊压成了九十度，只能弯着腰走路，抬头看人都很困难。

见到此情此景，傅依备心酸悲痛到了极点。他怕父亲察觉，强忍眼

第十一章　用爱筑起幸福家园

泪往肚里咽。他深感愧疚，觉得没有尽到做儿子的孝道，有负父母的养育之恩。

傅依备的母亲在他离家后的1944年，在日寇占领家乡的恐怖氛围中去世了，他的大姐和二姐也相继离开了人世，他父亲身边的亲人愈来愈少。特别是母亲离世后，父亲孤身一人饱一顿、饿一顿，过着孤苦伶仃的生活；父亲晚年的日子是在物资匮乏、精神孤寂的双重压力下度过的。

傅依备记得，小时候父亲最喜欢他，经常背着他玩。冬天他每年都会冻脚，每天睡觉前父亲总是用一些中草药煎水给他洗脚，晚上搂着他睡觉。他给父亲背上抓痒，父亲给他讲故事。

这次回到家乡，傅依备晚上还是陪着父亲睡觉，还是睡在那张老式的旧床上，睡的位置也相同。他父亲用那双粗糙的长满老茧的手不断地抚摸着他。父子俩在分离十四年多后，第一次近距离亲密接触，没有多少语言交流，只是静静地沉浸在亲情之中、沉浸在往事的追忆里。这是傅依备一生记忆中难忘而又幸福的时刻。

傅依备在父亲身边只待了不到两天时间，就匆匆离开湖南赶回北京，即将启程赴苏留学。傅依备过后想起来，十几年没见面，他和父亲之间有很多事想了解，应有很多话要诉说，但回乡后大多时间只顾和村里亲朋好友去攀谈了，却把父亲晾在一边。他十分后悔，一心想尽可能地去弥补由于自己的粗心所造成的父子之间情感交流的损失。

后来，傅依备写信给他在长春的同事，请同事给他父亲买了十元钱的人参寄回去。他事后得知，父亲收到后很高兴。他到苏联后，经济条件稍好一点，就买了一些维生素药物寄给了父亲。

1959年是傅依备留苏期间做研究生论文最关键的一年。就在这年，他父亲病重。他大哥以父亲名义给他写信，告诉了这件事，要他回国；后来还寄来他大哥与父亲生病时的照片——父亲骨瘦如柴，病情很重。

他向导师请假回去看望父亲，但没有得到允许。因为他离毕业剩下的时间很紧张，他连寄数封信，向他的父亲和大哥解释不能回去的原因，并请求他们原谅。傅依备自己心里明白，他的任何理由与解释，父亲是很难理解的。

这年 8 月 21 日，辛苦了一辈子的父亲，带着对他的期盼和遗憾，离开了人世。

后来村里人告诉他，父亲非常想念他。每当有月亮的晚上，父亲总是倚着门框站在那儿望着月亮，轻轻呼唤着他的名字。父亲在去世前的几天，躺在床上一直不停地喊："红娃子为啥还不回来？我要见你一面呢！"

他深信父亲是有许多埋藏在心里的话要跟他说。因为这十多年间父亲受了许多冤气，吃了很多苦，但无处诉说；在父亲心目中，唯一的希望就是能向他倾诉。可就这一点点心愿，也没能满足。他自责，遗憾，内疚。这成为他这一生中最大的心病和无法弥补的过失。

1960 年他又一次回乡。四叔说维生素药丸很好，希望傅依备也给他寄一些。不久，他四叔也去世了。傅依备为没实现四叔的愿望也感到内疚。①

1998 年 10 月 19 日，傅依备在他的日记中回忆起父母的事来。

"我经常回忆我的父亲和母亲。母亲大约是 1944 年去世的，那时正值日本兵占领我的家乡，死后将她停放在夹墙里，为的是避开日本兵的骚扰，等日本鬼子走后才安埋的。到现在我也不知道她得的是什么病。不过当时在农村得了病是无钱医治的；她受了一辈子苦，可以说没有过一天好日子。母亲去世后，父亲也没有再结婚。1959 年父亲去世时，我正在苏联学习，是我论文研究的关键时期，无法回来。当时想到再等几个月我们还可见一面，父亲很想念我。族人告诉我，父亲经常夜

图 11-9　2016 年 5 月 5 日，傅依备在二所老点最后的旧居前留影。旧居原为红砖房，现为当地老乡居住，已进行改造粉刷一新（左为其大儿子傅学工，右为其夫人谢冬心女士。2016 年 5 月 5 日，廖明强摄影）

---

① 《傅依备传》编写组：《中国工程院院士传记——傅依备传》。北京：航空工业出版社、人民出版社，2016 年，第 85-90 页。资料存于采集工程数据库。

第十一章　用爱筑起幸福家园

间望着月亮思念着我。父亲去世时久久不断气，盼我回来。旁边人说我在外很远，一时回来不了。他才断气闭眼。想到这些，我的心隐隐发痛。我真不是一个孝子啊！"①

1998年10月20日，傅依备在他的日记中又回忆起父母亲的印象：

"父亲在我的记忆中比较深，他的形象、习惯、动作、高兴和生气时的表情都历历在目。而母亲在记忆中就模糊了。我回忆不起她的面孔，有关她的事在记忆中也稀少。这一方面是她去世得早，另一方面她也不像爸爸那样对我印象深。父亲经常打我（在我淘气时），而母亲很少甚至是没有打过我。她是一位慈祥的好母亲。母亲短短的一生也是很苦的，除了贫穷外，她还要受父亲爸妈的欺负，甚至打骂。她在世时没有过天快乐和富裕的好日子。我经常产生这样的想法：如果他们能活到现在，那将是多好啊！我一定让他们过上幸福的晚年。可惜，时间是不会倒流的。我这个愿望是无法实现了。"②

"1955年回家探望过，时间很仓促。1957年我回国探亲时间很短就没有回湖南，就二十多天，坐火车从北京到列宁格勒单程就要七天。1960年我从苏联回国后，又回湖南一次，就剩哥哥一家人了。1973年，我带着一家人回过湖南，那是第一次全家人回去；后来还回去过，1995年我到长沙开会，我和老谢一起回去的。2001年，那次出差路过衡阳，回家见过嫂嫂。2012年夏，我和老谢从宁波回来路过湖南时回去一次。当时老大、老三也开车带着他们两家人回湖南，我们在家乡相聚；那时哥哥嫂嫂都已经去世，我去看侄儿和亲戚。我还是很关心他们，他们都在农村，我有时候会寄些钱给他们。现在他们生活好多了，有困难的就寄点钱，老三侄的儿子建新房给了5000元，老四侄家旧房翻新两次给了3万元。村上修路，我也寄些钱。"③

傅依备的侄儿傅治龙讲述道："2001年村里修建小学，我写了一封信告诉叔父（傅依备），他马上寄来5000元钱支持学校建设。2011年村里打水

---

① 傅依备日记，1998年10月19日。资料存于二所档案室。
② 傅依备日记，1998年10月20日。存地同上。
③ 傅依备访谈，2014年11月12日，四川绵阳。资料存于采集工程数据库。

泥路，叔父捐了1万元。村里有一个盲人叫傅依华，家庭困难，叔父2012年回来时看望时，给了1000元。"[①]

傅依备和谢冬心女士已步入晚年。他夫妇俩更加相敬如宾、恩爱如初；家庭生活和谐美满，其乐融融。

傅依备除了参加院、所组织的一些科研项目和科技成果的立项评审、技术咨询、专题讲座等必要的工作外，还继续带研究生，参加国内学术团体、协会组织的活动，参与政府决策咨询，接受部分高校、企业的邀请进行科技咨询等，可谓是"老骥伏枥，壮心不已"。他没有业余爱好，不会打牌，不会唱歌，不会下棋，不会钓鱼，最大的爱好就是读书看报和思考问题，活到老、学到老，有时还会玩微信、上网等。他坚持写日记，把近期发生的重要而有记忆价值的人和事记录下来。有些闲暇时光就携家人走出书斋去郊游，享受大自然美景带给心灵的愉悦。节假日和儿孙团聚，一大家人热热闹闹，享受亲情带来的天伦之乐！

傅依备夫妇俩在生活上互相关照，分工合作，配合默契。

但由于饮食习惯不同，个别时候，两人难免着急，甚至生气。谢冬心女士讲述道：

"我们家大事他来定。他脑子很清醒，记忆力特别好，比如装修房子、买家具，他都过问，有什么需要决策的事情他决策得特别快。我退休后在家是管生活和杂事的，每天进进出出，忙忙碌碌的。近年来，岁月不饶人，我体力和记忆力都减退了，做起事来有些丢三落四、拖拖拉拉的。他常提醒我。我觉得靠着他生活挺方便挺轻松的。我们家什么事情由他去琢磨，去计划。动手跑腿的事多由我来做。毕竟他年纪大了，身体欠佳，还承担些工作。我多做点实事，我愿意做点实事。一方面劳动了就有成就感，另一方面也锻炼了身体，增加了知识和能力。现在也没有太多的事情。只有小孩的有些事我们两个商量来共同解决。各家亲戚的事，各自拿意见去解决。

"我们如果出去旅游，要带什么东西，准备什么东西，动手的都是我，

[①] 傅治龙访谈，2015年4月22日，湖南岳阳县新墙镇先锋村岭上傅屋场傅治龙家。傅治龙，傅依备侄子，时年61岁。资料存于采集工程数据库。

他就策划。现在他喜欢在外面活动，看看大自然，他喜欢这些。我每天陪他到户外散步一两次，晒太阳，呼吸新鲜空气并买菜回来。他去外地开会，我也陪同去照顾他。他有个缺点，一回到家就看书看报看电视（因为我一般不需要他做什么事情），看《环球时报》简直着了迷一样，中午也不睡觉（他没有这个习惯，应慢慢培养这个习惯），把《环球时报》基本都看完，一坐就是几个小时。这对他的健康是不利的，应该改进。他应该多学些健康知识，以增进个人的身体健康。我们有一个女同事跟我讲，她老头经常跟人家下棋、打牌，生活上的事基本都是她在家里做，她不要求他来帮忙。她说只要我们都好好地活着，我一叫他就答应了，这就行了。我也有这个心情。老傅还有一个特点，会做几个菜。我们分工协作，有时候我负责采购和准备，他就按照他的口味炒出来。特别是每逢节日，孩子们回家来时，他一定会亲手做几个菜的。

"我们有时候也为一些事吵一吵，观念不太一样，都是生活小事，吵了以后两个人就不说话了，最多沉默三天。我想主要是求同存异，各自去

图11-10　2008年2月，傅依备全家合影（资料来源：《傅依备院士八十华诞文集·照片选辑》，第51页）

想想自己以后怎么办吧。比如吃什么东西，他的口味比较重，吃得比较咸、比较油腻，喜欢吃猪肉。我就认为这样吃不健康，应吃得清淡一点，多吃蔬菜，多吃点鱼，少吃红肉。我俩都血压偏高，不能吃得太咸。他血糖偏高，米饭和糖都不能多吃，所以这对他的饮食就是一个障碍。他对这方面不太理解，也不太在乎。其实，我是两难，怕他吃多了血糖升高，吃少了营养又跟不上。这实际上还是彼此关心对方的身体健康。"[1]

在傅依备学习和思考的内容中，一部分是他对时事的关注，对国家大事的关心，对院、所发展的关切。从他的一些日记中可窥见一斑。

1991年9月20日，傅依备在日记中写道：

"我国应从东欧和苏联的解体中吸取教训和经验。当前最迫切的问题是教育青年一代。前几年自由化的思潮对政治思想工作和青年的思想冲击很大，其影响不可低估。实际上，我国在前几年也出现了否定历史、否定毛主席、否定社会主义的思潮和言行，尽管后来很快克服了这种倾向，但其产生的消极效果仍然不同程度地存在。

"目前我们狠抓经济发展，这是巩固社会主义制度的重大措施或者说根本措施。只有经济发展了，才能显示社会主义的优越性，才能稳定人心，也才能抵制外来干涉和防止和平演变的企图。

"我认为，目前有些问题还是值得注意的，如廉政建设，上面宣传的多，实际改进的少。这种情况是很危险的。它不仅导致干部思想变质，而且长久下去，会使党失去民心。再如，用干部不唯亲要唯贤方面也存在一些问题。目前教条主义、形式主义仍很严重，包括对马列主义的宣传、教育都存在这种弊端。"[2]

1998年10月26日，傅依备在二所给青年作建院40周年传统教育报告，他讲了四条传统：自力更生，艰苦奋斗；团结协作，集体攻关；严谨科学，无私奉献；求真务实，开拓创新。他对青年科技工作提出五点希望：努力充实，接好班；要有创新的思想；解决好大文章和小文章的关系；处理好深度和广度的关系，重视理论工作；善于与人共事合作。他对青年干

---

[1] 谢冬心访谈，2014年11月13日，四川绵阳。资料存于采集工程数据库。
[2] 傅依备日记，1991年9月20日。存于二所档案室。

部的希望是：找到自己的位置，发挥自己的特长；各级领导干部首先要有责任感，这是当干部的基本点；要有实事求是的作风；要谦虚谨慎；要团结一切人；当官要像官又不像官，平等待人、平易近人；想当官的人当不了官，也当不好官。①

他的四儿子傅学东讲述了自己对父亲的认识："虽然现在我父亲年纪大了，不在一线工作了，但是他对社会对国际国内一些事情也非常关心。他每天都要读报，比如说《环球时报》，每天都要看。有的时候不但看，还要记，记一些数据和观点。偶尔他也会上网看新闻。自从他不再担任主要的行政职务以后仍延续以往记日记的习惯，简要记录工作生活中发生的事情。"②

傅依备夫妇俩越到晚年情感越深厚，形影不离。俗话说，"年轻的夫妻老来的伴"。2015年10月，谢冬心女士有一天不慎把腿摔骨折了住进医院一段时间，傅依备怎么也不习惯。他在日记中写道："今天我去医院看冬心（住院一段时间），给她讲了心中一些不愉快的事，希望她快些出院。我生活中离不了她，她不在我像缺了主心骨似的。"③

傅依备经常回忆过去经历的一些事情，对自己一生在事业上的成功之处进行总结。他谦虚地说：

"我对自己的一生并不满意。我家里太穷了，读书太少，不像科班一步一步地走来，不扎实。如果一步步走来，我会比现在更强。我读书很晚，年龄偏大很吃亏。但是，比起农村和我同时代的孩子，我幸福多了。我这一生坎坎坷坷，但我后半生遇上了一个好时代，这是不幸中的大幸，我很欣慰。我通过自己刻苦努力走上了一条正确的人生之路。

"我有几步路走得很好：第一步，走出农村。我要感谢我的父亲，他受尽苦难，送我去上学，这改变了我的命运。第二步，从战争的灾难当中逃出来。那次逃难，死里逃生，1000多个难童，最后剩下300多人，我是其中之一。第三步，坚持读书。从难童所小学毕业我坚决要去考中学，初

---

① 傅依备日记，1998年10月26日。存于二所档案室。
② 傅学东访谈，2014年12月10日，北京。资料存于采集工程数据库。
③ 傅依备日记，2015年10月27日。存于二所档案室。

图 11-11　2009 年 4 月，傅依备八十华诞与院、所领导和友人在一起合影 [左起：彭述明（中物院二所所长）、汪小琳（中物院科技委副主任）、肖正学（西南科技大学校长）、赵宪庚（中物院院长）、傅依备、傅依备夫人谢冬心女士、朱正和（四川大学教授）、朱正和夫人、刘汉刚（中物院二所党委书记）]

中毕业去考大学，我靠自己的努力考上了中央工校。第四，到苏联学习。大学毕业后被选送到中国科学院，我才有机会到苏联学习。我是学核燃料循环后处理的，核方面在新中国成立初期是个新兴专业，国家需要大量人才。第五，参与到中国核武器科技事业中来。有一个神圣的事业平台，才有了我的用武之地。

"虽然'文化大革命'时受到迫害，受了些皮肉之苦和精神之苦，但是，对我工作也好、做人也好、做事也好还是很受教育，低调做人，踏实做事。我觉得，我一生的顶峰应该就是在二所工作期间，从 1972 年算起将近 20 年，我能发挥自己的热，做了一些比较像样的事。"①

1990 年 6 月 6 日，傅依备在外场试验基地，致信他夫人谢冬心女士。他在信中写道："人的一生中机遇是不一样的，碰上了就是你的机遇。尽管我这一生的机遇还不尽人意（特别是和同样情况的人比较时有这种感觉），但我已觉得很满足了。我的愿望是，在有生之年能再做些贡献，做得更好

---

① 傅依备访谈，2014 年 11 月 12 日，四川绵阳。资料存于采集工程数据库。

些，保持荣誉终身，再没有什么奢望了。"①

家庭是他走向成功不可或缺的坚强后盾。他和夫人谢冬心女士共同精心培育了一个和谐温馨的有知识的家庭，他们用优秀传统文化和现代知识教育了子孙两代人。全家人理解并支持他的工作，这对他是一种莫大的欣慰，使他能全身心地去报效国防事业，不断开拓进取。

图11-12 2015年8月8日，傅依备与谢冬心六十周年钻石婚全家合影留念（前排左起：谢冬心、傅思喆、傅依备；后排左起：傅学军、谭晖、傅梦圆、傅学东、卢泓一、贾晋萍、傅翔、金萍、傅学农、傅学工）

---

① 傅依备致谢冬心的信，1990年6月6日。资料存于采集工程数据库。

结　语

傅依备从一个贫苦的敌占区难童最终成长为一位大科学家。

在傅依备获得巨大学术成就的背后，是他长达八十余年艰苦奋斗的非凡历程。纵观傅依备的成长经历，我们不难发现，在他的身上总是闪现着以下特征。

渴望学习

傅依备小的时候，家庭条件差，父母务农，没什么文化，经济困难，饭都吃不饱，哪还能读多少书呢？他每天跟着父亲下地干农活，好在他小时候聪慧，看到邻家的孩子读书能改变命运，于是也向往读书。1941年，日寇的铁蹄踏进湘北地区，他家地处日寇占领区，当他知道政府收容难童能读书时，引起了他的求学渴望，就缠着父母一定要去读书。他进了难童教养院。这是他跨出的关键性的第一步。1945年午初，日寇进攻长沙、衡阳期间，难童无法正常上课。他们先后从湖南往广西和贵州逃难。他死里逃生，辗转来到重庆，被分到第二儿童教养院考到六年级学习，他就下决心在求学的道路上坚持下去；经过逃难的磨难，他知道，这次学习机会来之不易，要好好珍惜。在小学快毕业时，他得知儿童教养院要将一些年龄大一点的学生送去当童工的消息后，不甘心就此作罢，下决心报考中学；虽身无分文，还是想尽一切办法，两次步行二十多公里进城去找学校报名。功夫不负有抱负的有心人。他以较好成绩考入国立九中（在江津）读初中。这是他人生的一个重要转折点。

在九中读书期间，因处战乱时期，学校生活、学习条件十分简陋，但这些艰苦对他算不了什么，"读书救国"是学校的风气，只要有书可读，他觉得苦中有乐，没钱买书就"抄书"，没有笔记本就用别人报废的表格纸的背面来抄写，没有油灯就借光看书；每一个寒假、暑假都在校园里学习。正因为他在初中阶段学习非常用功，成绩优秀，在1948年8月报考重庆国立中央工校和自贡技术专科学校而同时被这两所学校录取。他在读大学期间，尽管经济上十分困难，但没有动摇他刻苦学习的志向，几年的平均成绩在80分左右，其中物理化学得过满分，高等代数、化学、物理、有机化学、有机实验、工程图画和政治课等成绩优秀拔尖。正因为他学习十分用功，基础扎实，在1954年参加留苏研究生选拔考试中他一举考上。可以说，他的刻苦学习改变了他的命运。考上留苏研究生，这是他人生的又一重要转折点。但在留苏的过程中，也并非一帆风顺：语言不通、专业课程的陌生、导师的"苛刻严厉"，又迫使他一切从头开始；在做研究生论文期间，常常是从早晨八点到晚上十点，除吃午饭外，他全天都在实验室，每天都是最早一个进实验室，最后一个离开实验室，寒暑假期间也不例外。留苏期间的扎实学习和研究，为他的顺利毕业和以后的科研工作打下坚实基础。

在清华大学任教期间，在短短两年时间内，他除了指导研究生外，还编写了我国第一部成体系的《人工放射性物质工艺学》讲义。调到九院工作后，他作为放射化学的领军人物和学科带头人，负责和组织完成国家核试验放化测试任务，从无到有，开拓发展了核测试技术，拓展了相关领域学科发展，同时带动了一个又一个团队的成长进步，培养了一批又一批研究人才，使相关学科后继有人，开拓了几个新的学科方向，有利于核武器事业的持续发展。

他的卓越贡献，不仅在于个人学术成就的突出，还在于他带领、组织和培养一大批人才去攻关、去出色地完成国家任务，在于他为我国核武器技术的发展开辟了一片新天地。

追求向上

"穷人的孩子早当家","穷则思变"。这些道理在傅依备身上得到真实生动的体现。他小时候家贫,生活艰难,战火烧到家园,生命不保。他被逼迫远离家乡求学,在难童学校开始学到文化和一些现代社会基本知识,初步懂得了爱国的道理。读中学期间,虽条件艰苦,教学秩序不稳定,但他知道只有发奋学习才是唯一出路;懂得了"读书救国"的道理——只有刻苦学习,长大后才能立志报国。他和同学一起办壁报——《洞庭浪》,抒发进步的思想和心声;老师发现他的进步,经常在课余给他讲哲学,推荐他多看《新华日报》等进步报刊。他积极参加社会活动,培养自己的组织能力,多次被同学推选为模范生。

傅依备读大学期间跨越了新中国成立前后两个不同时期,两个不同社会的现实对比,深深地影响了他;除认真攻读学业外,也是他政治思想成长进步最快的时期。在重庆解放前夕,也就是他在读中央工校期间,当时的重庆沙坪坝是国共两党争夺学生的热点地区。由于他的思想倾向进步,由党的地下新群社会员董一金介绍他参加了新民主主义青年群众服务社(共产党的外围组织),主要任务是组织和参加反蒋反内战的学生运动,保护学校财物,学习进步的政治思想,如毛主席的《新民主主义论》等。他通过参加这些政治活动和学习进步的政治刊物,思想上产生共鸣,开始懂得了一些道理:只有共产党才能救中国。

1950年4月5日,傅依备在校首批加入共青团。之后,他先后在团内担任团支部书记、学校团委副书记兼组织部长,还被选为校务委员会委员(学生代表);寒暑假期间,多次参加了团干部培训学习班,接受了马列主义、毛泽东思想的"启蒙教育",激发了他对共产党倡导的理论思想的兴趣,特别喜欢学习时事政治理论,接受党的基本知识和基本理论,如全心全意为人民服务、批评与自我批评、民主集中制、群众路线,等等。

1951年2月,他充满激情地写道,党使他"获得新生",在党的教育下他取得很大进步,"是一个潜在有革命力的人";[1] 而且,看到了自己的

---

[1] 4-1-1,傅依备档案:学员登记表,第3页。存于中物院人教部档案室。

优点和缺点，表示要克服个人主义和自高自大的思想，不计个人得失，耐心、踏实地做好工作。在后来的学校社会工作中更积极主动、细致、务实、勤奋，与同学关系密切。

正因为傅依备有这些人生经历和思想基础，所以，他在1952年5月庄严而慎重地提出加入中国共产党。他的入党申请书8500余字，完全是肺腑之言，深情地倾述了自己为什么要求入党的理由，表明了他的入党动机不仅仅是对党的浓厚感情，而更多的是对党的基本理论的理性认识。他认识到，人作为社会的一员，只有当他的生活充满着集体主义和共产主义理想的时候，才是最幸福的；只有当他觉悟到了自觉地为完成社会前进的历史任务而斗争的时候，他的生活才是最有意义的。他表示，为着劳动人民的事业，为着在世界上消灭一切不合理的东西，决心献出自己的整个青春，直到最后一滴血。更难能可贵的是，他用长达4000字的篇幅，深刻剖析自己与一个共产党员要求还存在的差距。① 1952年9月，他庄重地填写了《入党志愿书》；1952年9月18日，他所在党支部讨论并全体通过他加入党组织。在预备期的一年里，他经历了从"西南工专学习"到"四川化工学院学习"再到"长春综合研究所工作"的从校园生活到实际工作的转变，政治思想上也更加成熟。他在1953年8月毕业时撰文饱含激情，积淀着深刻的政治思考。他说，优秀的科学家或科技工作者，不仅是他们所掌握的科学技术是先进的，更重要的是他们懂得科学必须为人民谋取更大幸福的准绳，懂得以唯物辩证的科学方法去掌握科学规律，懂得自然科学与社会科学的关系。他提出，要成为于人民事业有用的红色科学技术干部，要在工作实践中不断学习，放下知识分子的臭架子，虚心向工人学习，终生献身科学技术工作。②

1953年10月，他在长春综合研究所工作期间，当预备期满一年时，写了长达6000字的《转正申请》，进一步从现实实践中去加深对党的认识，如"工人阶级最大利益是党一切政策的出发基础"，"共产党员必须把屁股

---

① 6-2，傅依备档案：入党申请书，第1—15页。存于中物院人教部档案室。

② QT-001-002，《为了党，为了我们伟大的事业，我要顽强地学习，再学习》。见，《四川化工学院毕业生纪念册》，1953年8月。傅依备保存。

坐到工人阶级的位置上来，克服非无产阶级的思想意识"；"在今后的事业中，作为一个党员要自觉地把全部精力以至生命献给党的事业"。他的思想和行动也经历了由不重视业务学习到重视科学技术工作的过程，到大学毕业时成绩达到了班上最优之一。同时，他还认真剖析自己思想上存在的差距，如思想方法的主观片面，有时不能正确全面地认识自己和别人，个人主义思想的影响，联系群众不够。① 1953 年 11 月，党支部大会讨论通过他转为正式党员。1954 年 1 月，他又进一步深化了入党动机——"社会是沿着一定规律向前发展的，最后必须实现共产主义社会，党员的职责就是用毕生的精力来促进和推动这种社会的发展，为了能充分利用我的生命，发挥最大作用，我要求并且已加入了中国共产党"。②

傅依备加入党组织的过程，是他政治思想不断完善进步的过程，也是他确立正确世界观、人生观和价值观的过程。这一过程的锤炼，对他在未来漫漫人生路上承担重任、作出卓越贡献、经受各种考验奠定了坚实的思想基础。

留苏期间担任所在学校中国留学生党支部书记，兼顾了大量社会工作；在清华大学任教期间任工程化学系 120 教研室副主任、党支部副书记；在 221 厂时任 32 室党支部书记兼副主任；在四川 902 地区负责研究所科研新基地建设时兼党支部书记；他经历若干政治运动的洗礼，特别是在"文化大革命"受到莫大冤屈、遭受到非人的身心摧残，但从未动摇他对党的信念，获得"解放"后，义无反顾地投入科研生产；后来走上所领导岗位，1982 年开始全面负责研究所的工作，迎难而上，组织和带领全所职工出色地完成国家任务，大胆改革，创新管理，军、高、民协调全面发展，把研究所建设成为四川省和国防军工系统先进科研所；同时，一段时期兼所党委主要领导，重视职工思想政治工作和党的建设，重视民主管理，关注民生，密切干群关系，作风深入，求真务实，清正廉洁，深得干部职工信赖和拥戴。

可以说，正因为他早期形成了成熟、进步的政治思想观念，加上一直

---

① 6-3，傅依备档案：转正申请书，第 1-7 页。存于中物院人教部档案室。
② 6-4，傅依备档案：党员登记表，第 3 页。存地同上。

坚持不断学习，与时俱进，才保持了在他主政时期有正确的思想方法和工作方法，保证了他在任所长期间各项决策的科学有效，促进了一系列成果成就的取得，也包括党组织先后授予的各种政治荣誉。

国家利益至上

傅依备这一生学术成长的轴心就是"报国"二字。他做的所有工作都直接或间接地体现为强烈的科技报国愿望，用他自己的话说，就是能为保卫祖国作点贡献就是幸福的事情。在他长达八十余年的艰苦历程中，支撑其不断前进的精神动力就是：要让我们的国家和人民从积贫积弱、落后挨打的境地中走向富强，就必须以一种不畏任何艰难困苦、不畏任何强权强敌的毅力和气概，不断用知识、信念和先进的科学技术打造我们的队伍，建设我们伟大的国家。

傅依备1948年9月考入国立中央工校53届专科部化工专业学习。1950年4月，中央工校更名为"西南工专"。1952年，国家对高校进行院系调整，将川内11所院校的化工专业调整合并为"四川化工学院"，校址在四川省泸州市，傅依备被分在酸碱专科二年级乙班学习。这个专业是当时国家工业建设的迫切需要——酸碱是化学工业中的重工业。

1953年8月，傅依备大学毕业面临分配。对于新中国首批毕业的大学生，党组织寄予厚望和充分重视，因为当时正值国家第一个五年计划建设，急需大量建设人才。党组织号召同学们服从国家需要，服从分配，工作没有高低贵贱之分，在任何岗位上都可做出成绩，都是为人民服务。傅依备作为一名党员、一名学生干部，在毕业时态度非常明确，表示听从时代召唤，响应党组织的号召，"不论分配在任何工作岗位，要以最大的能力不倦地埋头苦干"，"党和人民迫切地期望我们用毕生的精力艰苦踏实地从事科学技术工作"，表示要成为一个"于人民事业有用的红色科学技术干部"，"到工厂后，首先把本岗位的工作做好，认真地、踏踏实实地去做那些最微小的、实际的、平凡的、简单的技术工作，多深入实际，多动手"，向党组织表明终生志向："为了党，为了伟大的共产主义事业，我要终生献身科学技术工作，顽强地学习，不断地进步。"可以说，一切服从党和国家需要的价值观，傅依备在大学期间已经确立了。①

傅依备大学毕业服从分配到中科院，二次分配到长春综合研究所无机化学研究室工作，从事黏土应用的研究，任务目的是解决当时地质勘查所需钻探打井泥浆的黏土及应用中的问题。这与他在大学学的酸碱专业有些距离。但傅依备认为，这完全是一种应用研究项目，它密切结合了社会的实际需要，直接服务于国民经济，很有意义，并很快进入工作角色。

1954年5月，所里接到上级通知，国家将从在职大学毕业生中遴选出国留学人员，所里有几十个人踊跃报名。傅依备起初一直没有动心，不愿意去报名，主要原因：一是当时身体状况不佳，二是自己是大专毕业（其他报名者大都是名校毕业的本科生），信心不足，担心即使考上也完不成学业，浪费国家钱财。后来，在研究所领导的再三动员下报了名，且一举考中留苏研究生（几十人报名就考上他一人，可见他以前学习之用功刻苦，基础之扎实）。为了能顺利完成留苏学业，必须闯过语言关，在北京俄专学习的一年里，他从零开始，克服了许多困难，通过俄语考试，同时加强锻炼，达到一级劳卫制标准。

他离开中科院长春综合研究所时，所领导交代的留学任务是学习"人造纤维"。因为当时国内很缺乏这方面的专业人才，在国外也属于高分子合成方面的前沿学科。尽管这与他以前所学和工作的专业相去甚远，但他还是欣然地接受了组织交给的任务。正当他经过一年的俄语学习，要动身去苏联留学时，他接到所里的紧急通知，要他改学"金属腐蚀"专业。这对他来说也是新专业，需从头学起。

他到苏联先是在列宁格勒大学攻读"金属腐蚀"专业的副博士学位，同时担任该校化学系中国留学生党支部书记，学习和社会工作任务都很重。1955年，中苏政府商定，苏联同意向中国开放一部分保密专业让中国学生接触学习。中国政府决定先从正在苏联学习的大学生和研究生中抽调一部分人转专业，去学习这些保密性很强的专业。傅依备成为被抽调人员之一，于是转到列宁格勒化工学院攻读核化工专业，从事核燃料后处理与

---

① QT-001-002，《为了党，为了我们伟大的事业，我要顽强地学习，再学习》。见：《四川化工学院毕业生纪念册》，1953年8月，第43-47页。傅依备保存。

放射性同位素分离研究。该专业属于一门新开设的专业，对他来说，从基础课到专业课，完全陌生，须从头学起，难度实在太大了。他通过几年的刻苦学习，全力以赴，研究论文通过学校学术委员会的答辩，苏联高教部批准授予他化学学科副博士学位；他还在苏联权威学术刊物《放射化学》上先后发表了7篇论文，可见他用功之深。

留苏回国后，傅依备在清华大学任教。正当他习惯了清华园的生活，工作慢慢走上轨道，授课、科研、带研究生、准备出书。当他正在为这些计划进行盘算时，突然接到中组部的调令，并要求于1963年1月到二机部九所报到。虽然这很突然，但他明白这是必须服从的国家需要。我国为了自力更生发展核武器，先后从中科院和全国各地选调231名高中级科学研究和工程技术人员。傅依备报到后，先是安排负责钋－铍中子源的研制，后奔赴西北大草原221基地，负责放化工号建设的工艺设计，投入并负责我国第一颗原子弹核爆威力诊断的放化分析等工作，地处高原，工作生活条件异常艰苦。在他主持完成我国第一颗原子弹试验的核爆威力测试后，傅依备于1966年年初又奉组织的调遣，带领一支小分队奔赴四川三线地区，在深山峡谷、气候环境恶劣荒凉的深山区，负责二所新科研基地的建设，一头扎进这里艰苦奋斗长达二十五年，奉献了最宝贵的年华。后来他出任中物院科技委副主任，直到退休。

纵观傅依备这一生的历程，哪一次工作变动都是组织的安排，是国家事业的需要。他每一次接受任务变动并不仅仅是简单的服从，而是把它视为国家的需要。把任务接好，并把每一项任务都完成得很出色，这就是他的品格。

傅依备之所以能取得多方面的学术成就和工作成绩，就是因为他所从事的是关系国家安危的核武器事业，这是神圣的事业，为他的奋斗与成长提供了可以施展才能的平台。他凭着扎实深厚的学术功底和忠诚的责任心，组织多项技术攻关，勇挑重任，团结和带领科研团队去进行一项又一项关键技术的突破，取得丰硕成果。同时，伟大的事业和优秀的团队氛围也鼓舞了他，使他在实现共同的国家价值观的同时，也实现了团队和他个人价值的最大化。

求真唯实

傅依备小的时候性格倔强，自认为看准的事情坚决去做，如去南岳难童教养院读书，他父母很是不愿意，但他三番五次地强烈要求非去不可。在亡命天涯的过程中，他这样一个小孩子忍受了没有父母的照顾、饥饿寒冷、疾病折磨、同伴走散、敌机轰炸等各种痛苦与恐惧，在死亡线上挣扎，过了九个月乞丐不如的日子，唯一的信念就是要活下去，终于熬出生的希望。要知道一起逃难的1000多难童到重庆只剩下不到400人，这是何等的磨难与残酷！如果没有坚忍不拔的顽强意志是难以支撑下去的。在重庆市立二中山洞分校读书时，他被同乡同学们推举为同乡会会长，他目睹国民党政府社会部育幼院马浩然院长等人欺压难童，便组织同学去打抱不平，伸张正义，惊动了重庆市警备司令部，因此被记大过一次，差一点当成共产党嫌疑分子（有老师帮他说了好话才解除嫌疑）。上述这些，仅仅是他青少年时表现的性格特征和正直的思想感情的例子。

在他上大学后，接受了正确的社会科学和自然科学教育后，他的思想性格跨上新台阶，更为理性了。表现为一切维护科学的尊严，不唯上，不唯书，只唯实。在清华任教过程中，一段时期，领导安排他负责学术批判和研制气象卫星的工作，要破除老师、教授的权威，学生上讲台，逼老师去做实验；破除历史上的学术权威，如门捷列夫的周期表、爱因斯坦的相对论以及好多物理或者化学定律，学生们都要反对，并写文章批判。傅依备对这些"左"的做法采取了"冷"处理的策略，使之不了了之。他对不理解的事情决不会"跟风"而贸然行事。特别是他在领导三线科研所基地建设时期，他极力排除极"左"思潮的种种阻挠，顶住巨大压力，坚持按工艺标准搞建设。他对山沟里的气候、水文、地质、地理环境做了大量调查研究，同时掌握了国家颁布的相关标准，在建设过程中与设计方、施工方多次反复地沟通、据理力争，但他及工作小分队的力量有限。有些不切实际的政策也来自于上面，动辄给他们扣"帽子"，使他工作起来异常艰难。当时一些提法和做法在今天看来是十分可笑和不可思议的，但在当时就是现实，就是政治任务。傅依备以高度的责任感，一切从科研需求和实际出发,坚持按科学标准办事,发现和总结工作中存在的问题,敢于多次向上级甚至向国家部委汇报,大部分极"左"的做法得到了纠正,为后来的科研生产的顺利进行立下汗马功劳。他的这些做法也得罪了当时个别当权者,致使后来在"文化大革命"中挨批受整,但他无怨无悔。

这就是他的气质和品格,他就是在这种艰难环境中成长起来的。

作为负责人之一,他领导建立了我国第一颗原子弹核爆放化测试方法,取得了满意结果。此后,在他领导和参与下,建立了多种核爆测试方法,解决了放化测试中一系列关键性技术问题;尤其是他主持并参加的气体取样方法取得了突破性进展,成为核试验现场速报核爆威力的一个不可缺少的重要方法,拓展了核爆放化诊断的手段,为我国核武器小型化作出了重大贡献。①

他还超前谋划,先后组建了激光靶制备、氚化学与氚工艺和同位素研究室,筹建了我国第一个核爆模拟微靶实验室,推动了核爆模拟实验研究;同时在混合堆氚增殖剂和氚工艺、放射性同位素的研制生产、同位素标记药物化学等方面都取得了一系列研究成果,形成了研究所新的重要科研方向。②

他在担任中物院二所副所长、所长以及院科技委副主任等领导职务长达三十年间,为适应形势发展的需要,做了他职务所应做的工作,积极推进二所的专业结构调整及科研改革,拓展了该所的学科领域,为中物院事业的发展提供强有力的支持,其中激光聚变领域现已发展成为一个独立的研究所。他积极倡导并率先组织科技人员开发军民两用技术,使二所的民品开发取得了骄人的业绩,走在了全院的前列。③

他带领科研团队进行金属铀表面抗腐蚀特性等研究,取得了新的重要

---

① PJ-001-008,朱祖良对傅依备遴选院士的推荐意见。朱祖良,中共中央委员、研究员,中物院原院长、党委书记。存于中国工程院档案馆。

② PJ-001-0010,彭先觉对傅依备的评价意见。彭先觉,中科院院士、中物院科技委原主任。资料存于采集工程数据库。

③ PJ-001-009,胡思得对傅依备的评价意见。胡思得,中国工程院院士、中物院原院长。存地同上。

成果，为核武器部件贮存延寿的研究提供了新的技术途径，为保持我国核威慑力量的有效性作出了贡献。作为博导，他培养研究生 20 余名，发表论文 200 余篇。他荣获部委以上科技进步奖 30 余项；被评为省部级劳模和全国先进工作者，获国家有突出贡献中青年专家称号，享受国务院特殊津贴。[①]

[①] PJ-001-008，朱祖良对傅依备遴选中国工程院院士的推荐意见。资料存于采集工程数据库。

附录一 傅依备年表

1929 年
4月4日，出生于湖南省岳阳县新墙乡（镇）岭上傅村，排行第七。父亲傅道晰，字时贤；母亲傅黄氏。

1938 年
6月18日，武汉会战开始，家乡沦为抗日战场。

1939 年
在村里私塾上学，日军侵驻岳阳后，家乡常常受到日军侵扰和扫荡，学业暂时中断。

1940 年
就读于石嘴头李家村的洋学堂。

1941 年
6月，离开家乡，为国民党政府振济委员会收留，进入衡山南岳难童教养院（也称湖南南岳儿童教养所）读书。

1942 年

在湖南南岳儿童教养所读书，教养院的孩子们按童子军实行大队、中队、小队编队，曾担任小队长、中队长、副大队长职务。

1943 年

在湖南南岳儿童教养所读书。

1944 年

3 月，衡山南岳难童教养院和衡阳渣江难童教养院合并（改称湖南衡阳难童教养院），搬迁至霞流市李家大屋。随湖南衡阳难童教养院逃难，从衡阳霞流市出发，沿途经安东县—柳州—宜山县—河池—独山县—都匀—贵定县，12 月底到达贵阳。

5 月 20 日，母亲病逝。

12 月，逃难到达贵阳。

1945 年

1 月，振济委员会派车队接湖南衡阳难童教养院去重庆，经息烽、遵义、桐梓、綦江，转移至振济委员会在重庆市的所在地——张家花园，分别安置在巴县木洞第一教养院、巴县马王场第二教养院、北碚第三教养院、璧山东林寺第四教养院学习。被分配到重庆巴县马王场振济委员会第二儿童教养院。

8 月 15 日，日本宣布无条件投降。

9 月，得到阮觉思先生资助，考入四川江津国立第九中学。

1946 年

9 月，四川江津国立第九中学"复原"解散，转入四川省重庆市立第二中学山洞分校，学号 1400。期间担任同乡会理事长和《洞庭浪》壁报社团社长。

1947 年

就读于四川省重庆市立第二中学山洞分校。

1948 年

2 月 12 日，与同学去歌乐山的社会部育幼院（原儿童教养院合并到育幼院）要求发给患病同学医药补助费，看到孩童的惨状，与院长马浩然发生争执。育幼院将情况呈报到重庆市警备司令部，而后得到通知被记大过处分。

7 月，完成了初中学业。

8 月，在重庆市立第二中学山洞分校初中毕业，报考重庆国立中央工校和自贡技术专科学校，均被录取。

9 月，到重庆市国立中央工校（后更名为西南工专，今重庆大学）继续学业。就读于 53 届专科部化工专业，专科学制为 5 年。期间认识了谢冬心女士。

1949 年

2 月，经董一金介绍，加入了中共外围地下组织中国新民主主义群众服务社（简称新群社），参加了"四三一"反饥饿、反内战、反压迫等学生运动。

1950 年

4 月，重庆市国立中央工校更名为国立西南工业专科学校，设校务委员会，作为学生代表当选为校务委员。

4 月 5 日，由董一金介绍加入新民主主义青年团（同年 5 月 13 日转正），任团支部书记、学校团总支部副书记兼组织委员、校团委副书记兼组织部长等。

1951 年

2 月 12 日，参加青年团重庆市工委学校团支委寒假学习班。

任学校军干校招生保送委员会副主任。

1952 年

7月11日，在读西南工专时期，接受"忠诚老实运动"的团内审查，审查结论为"属一般的社会关系，不给处分"。

9月15日，提交了中共《入党志愿书》。

9月18日，由潘双印、唐凤林介绍加入中国共产党。

11月17日，因当时高校院系调整，被分在四川化工学院（地址在泸州市内）酸碱专修科二年级乙班无机物工学专业。任团委组织部长、总支部书记，泸州市监察通讯员，毕业生分配学习副大队长。

1953 年

8月，四川化工学院毕业。被分配到中国科学院长春综合研究所（现中国科学院长春应用化学研究所）无机化学研究室黏土小组，任研究实习员兼研究室党支部委员，从事黏土类矿物应用研究。

10月24日，提交《转正申请书》。

11月12日，党支部大会同意转正。

11月17日，中共长春市委组织部批准转为正式党员。

1954 年

3月，任研究室党支部宣教委员兼小组长。

4月19日，研究所党总支（时任党总支书记夏光韦）同意参加出国留学选拔考试。

4月23日，接受留苏预备生组织审查，中共长春市委宣传部批准出国留学。

5月26日，接受第二次政审，组织同意批准报考留苏。

7月，在东北工学院（现东北大学）参加出国留学选拔考试，考取赴苏联留学研究生，考试科目是语文、化学工程原理、物理化学。

8月，再次接受组织的出国留学考察鉴定。

9月，在北京俄语专科学校（北京第二外国语大学）出国留学预备班学习。

10月，接受出国留学人员政审。

1955年

7月，北京俄语专科学校出国留学预备班学习结业。

7月15日，在河北省保定市与原四川化工学院校友谢冬心女士结婚。

8月，离开家乡十四年后第一次回家乡探亲。

9月，在苏联列宁格勒大学化学系攻读金属腐蚀专业研究生，指导教授是教研室主任杜鲁金先生。兼任该系中共中国留学生党支部书记。

1956年

3月，在列宁格勒大学化学系金属腐蚀专业学习。

4月，转学到列宁格勒苏维埃工学院（又名列宁格勒化工学院）第五系攻读核燃料后处理专业研究生，从事放射性同位素分离研究，指导老师是什维多夫（ВП Шведеов）教授。兼任学院中国留学生中共党支部书记。

1957年

8月，回国探亲。

1958年

选定电化分离方向作为副博士论文研究方向，研究题目是"汞阴极法分离放射性同位素"，得到导师首肯。

1959年

7月，参加由团委组织的留学生到克里米亚半岛辛菲罗波尔地区的苏联国营农场参加劳动。

8月21日，父亲傅时豸去世，终年69岁。

1960 年

5 月，通过毕业考试和论文答辩，获化学副博士学位。

5 月 29 日，接受党组织留苏表现鉴定。

6 月，回国，在北京外国语学院学习。

7 月，任清华大学工程化学系讲师、120 教研室副主任，从事人工放射性物质化学工艺、研究和培养人才等教学科研工作。兼工程化学系 110、120 教研室党支部副书记。

1961 年

在北京大学技术物理系讲授人工放射性物质工艺学课程，完成我国第一部成体系的《人工放射性物质工艺学》讲义编写工作。

1962 年

2 月，招收清华大学本科毕业的刘佩俊、王复兴攻读硕士学位，论文研究方向定为核燃料后处理工艺。

在苏联《放射化学》杂志上发表 2 篇论文。

8 月 6 日，长子傅学工在天津市天和医院出生，小名小吾。

1963 年

2 月，从清华大学调到第二机械工业部九所（后称第九研究院，现中国工程物理研究院，以下简称九院或中物院），任三室六组副组长。负责生产钋–210 和研制钋–铍中子源，在国内首次生产出居里级钋–210。承担 221 厂七厂区 717 强放工号及工艺设计，配合二机部 13 局（核工业部第二研究设计院）工程设计。

10 月，夫人谢冬心调入九院。

10 月 13 日，次子傅学农在北京出生，小名少吾。

1964 年

5 月，第一次去青海 221 厂，到西宁后因腿病被送回北京治病。负责的中子源原理性试验取得圆满成功。

10月16日，我国研制的第一颗原子弹爆炸试验成功。

11月，去青海221厂实验部，实验部三室六组，在七厂区与王方定、徐鸿桂共同主持第一次核试验的放化诊断工作，牵头负责第一次核试验样品的放化分析任务。撰写了可行性研究报告，提出了首次核试验样品的放射化学测试方案。

12月1日，报出了首次核试验爆炸产品的总裂变威力数据，完成了我国首次核试验的放射化学分析实验任务，发现了裂变元素分凝现象。

1965年

年初，朱光亚副院长提出在二号地区（绵阳安县，即九院二所）建造一座仿苏ИРТ-100型池式热中子研究性反应堆，以便为九院的核武器研制服务。

4月27日，221厂实验部机构调整，原三室六组改编为32室，担任副主任兼党支部书记，主任王方定，党支部副书记贾敦修。

10月6日—12月10日，参加221厂的"四清"工作，负责厂机关一处（计划处）、二处（技术处）和七处（场外处）的"四清"具体工作。

12月11日，回到32室过"四清下楼洗澡"关。

1966年

1月5日，率工作组（柴德安、聂秉钧、顾建德、于连清、左晋英、李贵谦）进驻四川省绵阳专区（现绵阳市）安县（二号地区），负责未来研究所的建设任务。

3月，任二号地区建设工程甲方项目总代表及第五分指挥部基建和生产准备科负责人，主要负责建设工号工艺要求、技术保障等工作。

3月28日，三儿子傅学军在北京出生，小名省吾。

4月，第五分指挥部改称为第二分指挥部，统管五所（即221厂实验部七厂区）、六所（即221厂第一生产部102车间）的设计和施工事宜。领导和具体组织902地区的300号反应堆、快中子堆、脉冲堆和加速器等项目的建设工作。请示二机部并得到同意，决定将 300 号反应堆的设计任务交北京 194 所继续完成，六院、九院和二院协助。

12 月 19 日，任科生准备科、检验科和施工科的党支部书记。

1967 年

3 月，在京西宾馆参加 902 工程建设 "673" 会议，讨论 902 工程建设，国务院副总理兼国防科工委主任聂荣臻元帅、国防科工委副主任罗舜初、朱光亚，二机部副部长李觉和刘伟，国防工办副主任郑汉涛中将出席会议。代表 902 代表团在会议上作了 "902 工程建设中存在问题" 的汇报。相关问题得到高度重视和顺利解决，特别是二分指挥部所有民房、实验室和车间都增设了暖气；所有建筑都根据当地历史地震记载数据进行了抗震加固。

1968 年

5 月，谢冬心带着三个孩子由九所北京供办调到四川安县深山沟二号地区，合家团圆。

10 月，以 "漏网大右派、国民党残渣余孽、个人野心家和现行反革命分子" 的罪名被关押、拷打、批斗，长达 9 个月。

1969 年

5 月 14 日，四儿子傅学东在成都出生。

8 月，以赵成业为首的 "军管会" 接手二号地区，审查核实材料后，宣布无罪释放，下放到五连一排三班（即原实验部 32 室 3 组）劳动学习，其后重新回到领导岗位。开始着手整顿、稳定科研队伍。

11 月，九院开始从青海 221 厂陆续向四川 902 地区进行大批人员的整体搬迁。

12 月，221 厂陆续发生了 "三大案件"。军委办事组决定 221 厂暂停搬迁，派赵启民、赵登程（简称 "二赵"）进入 221 厂。在 "二赵" 指挥下，开展了严酷的 "清队破案运动"，审查干部，清理阶级队伍。

1970年

"清队破案运动"扩展到902地区,二所成为运动重灾区。参加运动学习和批判,修建食堂、公厕、猪圈,养猪、种菜等。

12月,九院进行体制调整,五所、六所合并成立中国人民解放军902所(九院二所,以下简称二所),番号为成字152部队。科研室、组按军队连排编制,进入了准军事化管制状态。担任902所4连(放化研究室,205室)副主任,带领大家完成了工号的全部收尾工程,建成了放化实验室、化学分析实验室、放射性测量实验室等。

1971年

6月,任902所4连(即放化研究室)副连长,负责科研生产技术工作,连长是军代表。

9月13日,"清队破案""一打三反"和"清查516"运动结束。

9月,负责实验室工程收尾及在九院二所第一次开展核试验放化分析任务,在新建的九院二所第一次完成了国家核试验回收样品的分析工作,测出了所需试验参数,得到了邓稼先等院领导的肯定。

10月,完成样品放化分析,给出可靠分析数据。

1972年

作为专家,运动中虽然被批斗、挨整,恢复工作后任劳任怨地工作。

1973年

11月,任二所副总工程师兼生产办主管,负责全所科研、生产计划与调度工作。各项工作走上正轨,"三率"实验研究提上日程。二所成为国内唯一可系统开展该任务的单位。

1974年

二所开始全面承担核武器的研制科研生产任务。

1975 年

5 月，主持讨论决定开展气体样品放化测试和气体取样的研究。

9 月 23 日，任二所副所长兼副总工程师。

10 月，带队参加第二次平洞核试验，任第九作业队副队长。具体组织产品装配工作和气体管道取样的实施，分别于试验零后 5 分钟、零后 6 时 30 分先后带领第一批和第二批突击气体取样队到达取样现场执行取样任务，受到超过国家标准允许最大年剂量 9 倍（超终生剂量值 2 倍）的辐射照射。

11 月 18 日，二机部根据李觉副部长的指示，组成 300 号反应堆工作组，到二所进行调查。

1976 年

9 月，护送某部件经 404 厂去基地，负责产品组装工作，任核试验九院作业队副队长。

10 月，参加第三次平洞核试验。

10 月 17 日，取样分析成功，得出了可信的裂变威力诊断结果。新的取样技术首次获得成功，基本建立核试验气体取样分析方法。

1977 年

支持开展激光聚变实验靶研制项目。

1978 年

4 月 17 日，请二机部派工作组到二所对 300 号反应堆整治进行初步技术鉴定。

5 月，倡导成立放射性同位素生产组（205 室 8 组），其后（80 年代）成为同位素应用研究室（208 室）。

11 月 27 日，任二所学术委员会副主任。

1979年

3月，主持起草开展军民两用放射性同位素生产报告，提出设想方案。在庆祝300号反应堆试运行大会上，正式提出了"尽快地利用反应堆，研制出各种放射性同位素和放射源"的设想和要求。

4月，任国防科工委核试验放化分析专业组组长。在研究提高放化分析测试技术水平、组织测试技术和数据对比以及促进培养年轻人方面开展工作。

6月28日凌晨1点50分，300号反应堆首次达到临界。

7月27日，任新创刊的《科学实验与技术》所刊总编辑。

1980年

1月1日，被中国工程物理研究院人事部聘为研究员技术职务。

2月，决定成立207室，负责氚工艺和激光制靶工作。派出204室主任王世绩参加了在美国圣迭戈举行的"第三届国际惯性约束聚变会议"，了解国际最新的惯性约束聚变技术。

8月5日，第三次请求二机部派专家来现场检查和指导300号反应堆的提升功率实验。

8月24—29日，率中国放射化学学会放射化学代表团出访美国，参加北美第二次化学会议，任代表团团长，参观美国费米、橡树岭、爱达荷和劳伦斯伯克利国家实验室。

1981年

4月，参与四川省核学会的筹备工作，任筹备组组长。

7月15日，被国家国防科学工业委员会聘为核试验放化分析技术专业组组长。

12月10—16日，在四川省核学会第一次会员代表大会上当选四川省核学会常务理事兼学术委员会主任、四川省核学会放射化学与化工专业委员会（第二专业委员会）主任。

12月，第一作者在《科技学报》上发表论文《核爆烟云微粒的放射性核素组分的研究》。

1982 年

1月4日，组织领导的二所两用堆达到瞬发临界，爆发了第一次脉冲。

3月，全面主持二所工作，任所党委委员。决定成立208室，负责堆照同位素研制。

5月，主持召开氚靶研制工作会，决定成立研制协作小组。代表四川省核学会制定全国第一届原子核科技展览会（成都）方案和展出提纲，任技术总编和展览会馆长。

6月，主持成立新207室，负责氚工艺和激光聚变物理测试。

11月18日，倡导确立二所"在保证完成军品研制生产前提下，充分发挥二所技术和设备优势，积极开展民用核技术应用研究"的军民融合机制。

12月20日，氚靶试制成功，上级决定将该产品研制生产列为二所科研生产计划任务，二所逐步构建了氚化学与工艺学科研究体系。

1983 年

1月，出席四川省科技战线先进代表大会，二所被评为四川省先进科技单位。

1月，任核工业部科技委武器专业组成员。

5月25日，任二所所长兼所学术委员会主任。

9月，主持制定二所在839地区（现绵阳市科学城）的建设方案。

11月1日，四川省科学技术协会授予"四川省科协系统先进工作者"荣誉称号。

11月，主持了在四川峨眉举行的"放化分析成果报告会"。

12月，与二所党委书记刘长波等领导一道实地考察选定了839地区二所新点位置。

12月，当选四川省安县第十届人大代表。

时间不详，作出开展辐射交联热缩制品研发的决策，提出"要建立辐射加工产业基地，生产通讯、石油及其它部门使用的热收缩制品"。

5月19日，受到中央军委副秘书长张爱萍接见。

1984年

3月，组织讨论了201室建设快中子脉冲堆，并向院提交请示报告，后获准建设CFBR-Ⅱ堆。

4月，当选中国核学会第二届理事会理事。

8月，负责制定二所改革方案。10月，九院决定在二所实行所长负责制试点，并批准了二所提出的改革方案。

9月，在四川省核学会年会上作题为"核技术与新的技术革命"的报告。

10月16日，核工业部授予"为我国第一颗原子弹爆炸成功做出了贡献"荣誉证书。

10月，在"二所庆祝我国第一颗原子弹爆炸成功20周年"学术报告会上作《20年来二所科研工作的成就与进展》学术报告，提出"武器研制为主，武器研制、高技术研究和发展民品并举"方针。

11月，任四川省核学会第二届副理事长兼学术委员会主任。

1985年

3月20日，被中国工程物理研究院党委授予优秀共产党员称号。

3月22日，受聘担任四川大学化学系兼职教授。

4月4日，与成都科技大学（后并入四川大学）联合成立了"原子与分子工程研究所"（联合所），与朱正和教授一起担任原子与分子工程研究所所长。

5月，当选绵阳市第一届人民代表大会代表。

5月10日，在北京远望楼举行的国防科工委抗核加固专业组会议上，明确指出："为了我国的抗核加固研究工作，必须建立一个快中子脉冲堆"，指定二所负责筹建。

5月11日，被评为中物院思想政治工作先进个人。

8月，主持提出了"300号反应堆易地改造重建"的方案。

10月，获核工业部"长期从事核工业建设，做出了贡献"荣誉证书。

10月31日，院召开了300号反应堆异地改造论证会，300号反应堆异地改造建设获得院立项评审通过，总投资预计为1200万元。次年获得核工业部批准。

11月1日，核工业部授予"劳动模范"称号。

1986 年

1月1日，获国家人事部颁发的"中青年有突出贡献专家"证书。

1月20日，荣获中物院二所1985年度"先进工作者"。

1月，被中物院工会授予1985年度"劳动模范"称号。

5月，获中共中物院委员会颁发"先进思想政治工作者"证书。

6月，主持讨论并决策研发电缆接续热缩制品。

6月27日，赴美国参加国际超钚元素会议和中美核化学家联合讨论会。

9月，当选四川省科学技术协会第三届委员会委员。

10月25日，兼任中物院科技委副主任。

12月，国家科委批准其为国家级有突出贡献专家。

1987 年

1月，作为"测量脉冲高能中子总数"项目第一发明人荣获国家发明奖三等奖。

2月16日，被四川省发展战略规划领导小组聘为"四川省科技发展预测"专家预测组成员。

2月，派二所科技委副主任郭高品和208室曹小华与中科院合肥等离子所邱励俭所长商讨聚变能研究氚工艺课题申请事宜，后来二所承担了产氚回路研制、产氚实验研究、固体增殖剂研制和氚回收技术研究等研究课题。

2月，当选安县第十一届人代会代表。

3月1日，和宋宝增、王立校一行应邀赴泰国考察核能技术应用。

3月，主持调整207室，成立以激光器为主的210室。

4月，组织申报"863"先进能源领域聚变-裂变混合堆专题——氚增殖剂与氚工艺研究，任"863"课题组负责人。

5月，中共中物院委员会授予1986年度"先进思想政治工作者"称号。

6月11日，任成都科技大学兼职教授。

9月，受聘担任中物院二所核化学化工专业硕士生指导教师，指导85级硕士生赵君科、汪小琳及87级硕士生唐元明、许云书，聘期至1990年9月。

9月22日，主持四川省核学会放射化工与同位素专业委员会举行年度学术交流会。

10月9日，《关于CFBR-Ⅱ脉冲堆改建的设想方案》经过傅依备和胡仁宇先后签署意见，报送中国核工业总公司。

10月26日，受聘担任重庆大学顾问教授。

1988年

1月28日，二所党委授予1987年度"优秀共产党员"称号。

2月，决定接管中物院绵阳办事处，将其建设成为民品研发生产和生活基地，并集资征地30余亩，统一规划绵办地区住房和民品厂房建设。

2月6日，二所首届职工代表大会授予"职工信得过的所长"荣誉称号。

3月14日，荣获中物院工会1987年度"劳动模范"称号和1988年"职工信得过的所长"证书。

3月20日，中共中物院委员会授予1987年"优秀共产党员"证书。

6月3日，任中物院第一届学位评定委员会委员。

10月13日，中国核工业总公司人事局颁发研究员专业技术职务资格证书。

1989年

3月1日，被中共四川省国防工办委员会评为"四川省国防科工系统优秀共产党员"。

4月，荣获四川省国防科技工业办公室"四川省国防科技工业先进生产（工作）者"称号。参加中物院"八五"科研生产规划会议。

5月1日，四川省人民政府授予"四川省职工劳动模范"称号。

5月17日，受聘担任重庆大学ICT研究所高级顾问，聘期三年。

9月，中华人民共和国国务院授予"全国先进工作者"称号。

10月，在他的积极推动下，上级同意在839地区建一座实验研究与供热兼顾的绵阳研究堆（两用堆）的设想。

10月，去日本东海研究所访问交流。

12月27日，中物院组织部批准延长至1991年7月退休。

12月29日凌晨3点，他倡导建设的CFBR-Ⅱ脉冲堆达到了缓发临界。

1990年

1月，当选安县第十二届人大代表。

3月，决策成立二所两用堆预研小组。

3月，为二所《科学实验与技术》内部刊物作序。

6月，参加国家核试验任务，任中物院作业队副队长。

7月1日，中共二所委员会授予"1989年度优秀共产党员"称号。

7月10日，中共中物院委员会授予"1989年度优秀共产党员"称号。

11月，被国务院学位委员会批准为中物院博士研究生导师。

12月，主持提出了建设"多功能研究堆"设想方案。

1991年

1月，中物院授了"1990年民品开发先进工作者"称号。

2月，受聘担任国防科学技术工业委员会国防科技进步奖评审委员会委员，国家科技成果进步奖和发明奖军工项目评审组副组长，任期至1994年。

2月22日，免去中物院二所所长职务，担任专职中物院科技委副主任。

2月24日，举家从中物院二所老点迁居绵阳科学城，自1966年2月到安县山沟（二所老点），在此居住了25年。

3月9日，国务院学位委员会办公室批准兼任中国原子能研究院核化学化工专业兼职博士生导师。

8月15—30日，赴日本东京大学核工程实验室、东海原子所访问。

9月，受聘担任中国原子能研究院核化学化工专业兼职博士生导师。

10月1日，获国务院政府特殊津贴。

12月16日，受聘担任中物院查新委员会主任，聘期四年。

12月上旬，在他的关心和指导下，中物院二所在300号绵阳研究堆上建成了我国第一条产氚演示回路，考核了中物院二所研制的$\gamma-LiAlO_2$陶瓷环的产氚和释氚性能，达到了国际上80年代中期的水平，该成果荣获1993年国防科工委科技进步一等奖。

1992年

4月9日，任绵阳市军转民科技兴市顾问，任期五年。

4月，主持召开《绵阳研究堆选型报告》评议会。

5月29日，任中物院第二届学位评定委员会委员，任期三年。

8月25日，被聘为高温高密度等离子体物理实验室学术委员会顾问，聘期三年。

9月1日，受聘担任北京理工大学兼职教授。

1993年

6月19日，受聘担任国防科学技术工业委员会绵阳研究堆预可行性研究报告专家评审委员会委员。

8月30日—9月18日，和陈能宽、张兴钤、徐志磊等赴日本东京参加第三次国际先进材料会议。和孙颖等参观日本原子能研究所、日本大阪大学核能工程系，在日本原子能研究所作核参数方面研究进展报告。

9月，受聘担任绵阳市人民政府顾问。

10月，当选中国核化学与放射化学学会第四届理事会副理事长。

12月，主持召开了九院、绵阳市"关于建造绵阳研究堆"的交流会，得到了绵阳市政府的赞同。

1994 年

11月17日—12月1日，和武胜、陈银亮等赴俄罗斯、莫斯科、圣彼得堡进行化工与放射性考察，并到列宁格勒化工学院看望了什维多夫老师、五系主任和老师。

12月，分别担任"邓稼先科技奖"和"于敏数理奖"基金委主任，并主持制订章程和实施细则。

1995 年

3月，国家人事部聘为国家工程专业技术资格评审条件审定委员会委员。

6月，第一作者在《高技术通讯》杂志（1995年第5卷第6期）上发表论文：《在线产氚回路及其在混合堆包层研究中的应用》。

10月，四川省核学会第五次代表大会聘为名誉理事长。

被国家自然科技基金委指定为常温聚变现象研究项目负责人，项目得到60万元基金资助。

1996 年

1月1日，被中物院续聘任研究员技术职务，聘期至2000年1月。

1月，第一作者在《高技术通讯》杂志（1996年第6卷第1期）上发表论文：《氚固体增殖剂偏铝酸锂多孔陶瓷研究》。

3月，参加中国科协第五次全国代表大会。

9月3日，被免去院科技委副主任职务。

10月23日，连任中物院查新委员会主任委员。

获"中物院加快核试验做出重大贡献先进个人一等奖"。

1997 年

5月，任中国核化学与放射化学学会第五届理事会常务理事、副理事长，中物院发展史编委会顾问。

7月，任中物院专家委员会委员。

10月，美国纽约科学院授予科学院院士证书，美国科学协会授予会员证书。

11月4日，出席四川省核学会青年科技工作者学术报告会。

11月11日，参加中物院高技术报告会。

12月19日，参加中物院研究生部改革座谈会，提出加强院研究生工作意见。

12月23日，主持"金属铀钚化学研究"年度学术交流。

1998年

7月，受聘担任四川大学兼职教授。

7月，任中国核军事工业历史资料丛书《核武器》编委会委员。

8月18日，主持院核技术应用发展研讨会。

10月7日，在中物院国防科技发展战略研讨会上作了报告。

1999年

3月29日，受聘担任高温高密度等离子体物理国防科技重点实验室学术委员会顾问，聘期三年。提出了武器用高分子材料在库存环境弱辐射场作用下的辐射老化研究方向。

3月12日，出席在澳大利亚墨尔本国际材料辐射加工工艺学术会议。

4与21日，在科学城院部受到江泽民总书记接见。

5月10日，参加中物院第四届科技委成立大会，受聘担任委员会顾问。

9月11日，在科学城院部受到朱镕基总理接见。

9月18日，出席全国表彰为两弹一星研制作出突出贡献的科技专家大会。

10月7日，在科学城院部受到李鹏委员长接见。

11月30日，负责的"多官能团单体对陶瓷先驱体辐射交联的敏化效应研究"课题获中物院预研基金一等奖。

2000 年

1月10日，受聘担任中物院 X 工程项目初步设计专家委员会委员。

2月23日，在科学城院部受到胡锦涛副主席接见。

7月4日，参加总装备部核试验技术专家组第十一次扩大会议。

7月14日，受聘担任中物院第七届邓稼先青年科技奖评审委员会委员，主持第七届邓稼先青年科技奖评审。

10月24日，撰写论文参加中物院科技委化学与化工学科委员会 2000 年年会并被评为优秀论文。

11月2日，负责的"铀／钚金属的表面化学研究"中物院重点基金课题获重点基金结题一等奖。

12月，作为第一负责人的研究成果"金属铀表面抗腐蚀特性研究"获军队科技进步一等奖。

12月，作为第一负责人的研究成果"新型富铝碱矿渣沸石基锶铯放射性废物固化材料"获军队科技进步二等奖。

12月，第一作者在《中国工程科学》（2000年第2卷第12期）发表论文：《铀钚金属表面抗腐蚀性研究进展》。

2001 年

8月5—11日，赴美参加第八届复合工程国际会议。

10月17日，出席四川省核学会成立 20 周年纪念会大会。

12月13日，当选中国工程院能源矿业学部院士。

2002 年

1月，在中物院国防高科技讲座上作题为"核武器库存中的化学问题"的学术报告。

1月31日，受聘担任四川省第四届科学顾问团顾问。

5月27日，第一次参加中国工程院院士大会。

7月8日，在北京出席高分子国际学术大会。

9月13日，在兰州大学作题为"核武器发展和现状"的学术报告。

10月25日，受聘担任西南科技大学环境工程学科教授。

10月31日，受聘担任四川省专家评议（审）委员会委员，聘期三年。

12月9日，被评为四川省学术和技术带头人。

12月11日，在西南科技大学作题为"核武器发展和现状"的学术报告。

12月25日，受聘担任核工业四一六医院高级顾问。

2003年

7月，在四川作题为"核工业废物及其处理技术"的学术报告，提出了核工业废物处理的技术措施，强调核工业废物处理在核工业发展中的地位和作用。

7月21日，为《科学时报》创刊45周年题词："攀登进取，科学求实，坚忍不拔，功到业成。"

8月，受聘担任中国核学会核化学与放射化学学会第六届委员会名誉主任委员。

9月24日，受聘担任四川省咨询业协会第二届专家委员会委员。

12月5日，获2003年度何梁何利科学技术奖。

12月，受聘担任四川省第五届科学技术顾问团成员，聘期五年。

6月，和四川大学朱正和教授合作在《自然科学进展》杂志（2003年第13卷第6期）上发表论文：《原子分子工程学》。

2004年

2月28日，受聘担任国家烟气脱硫工程技术研究中心工程技术委员会第一届委员会委员。

4月28日，受聘担任中物院科技委顾问。

4月28日，在西南科技大学环保学院作题为"核工业废物及其处理技术"科技报告。

5月19日，在四川大学化学学院作题为"能源和地球环境"的学术报告。

6月2日，在北京参加两院院士大会和中国工程院建院十周年纪念会，受到胡锦涛等中央领导接见。

6月8日，受聘担任中物院老科技工作者协会顾问。

6月11日，在科学城院部受到贾庆林主席接见。

9月，获中物院"研究生教育先进个人"称号。

9月17日，受聘担任表面物理与化学国家重点实验室第一届学术委员会委员，聘期三年。

9月20日，受聘担任西南科技大学环境工程专业咨询专家。

9月23日，在中物院二所作题为"核武器的发展与现状"的学术报告。

11月4日，在峨眉山市参加四川省核学会第七次代表大会。

11月10日，在北京参加中国核学会同位素分会第四届理事会暨学术报告会，受聘担任中国核学会同位素分会《同位素》杂志第三届编辑委员会顾问。

12月，受聘担任中物院技术转移中心专家委员会高级顾问。

2005 年

1月，在四川作了"关于发展我省核技术应用的几点建议"的报告，提出了四川省发展核技术应用的政策措施建议。

4月11日，受聘担任中国核学会核化学和放射化学分会《核化学与放射化学》2005—2007年编辑委员会顾问。

4月12日，参加全国第七届核化学与放射化学学术交流大会。

5月，被聘为四川省专家评议（审）委员会成员。

9月17日，在山东省烟台市参加全国第四届纳米材料和技术应用大会。

11月15日，续聘担任高温高密度等离子体物理国防科技重点实验室顾问，聘期三年。

12月8日，在西南科技大学资源环境学院作题为"能源资源、环境与核能"的学术报告。

12月11日，被列为首批四川省委直接联系的高层次优秀人才之一（共136人，2006—2007年度）。

2006 年

9月21日，作为特邀嘉宾在中国教育电视台《国视导航》栏目向全国观众介绍西南科技大学新学科专业——辐射防护与环境工程专业。

10月13日，受聘担任《工程材料》第二届编委会顾问，聘期三年。

10月16日，在绵阳市参加全国高分子材料学科与工程学术交流年会。

12月，提出在西南科技大学组建国防科技学院，重点建设"核工程与核技术""辐射防护与环境工程""应用化学（含能材料）""信息对抗技术"等专业。

2007 年

2月3日，出席四川省核技术应用协会成立大会，受聘担任协会顾问。

3月，任西南科技大学国防重点学科实验室（筹）学术委员会主任。建议实验室命名为"核废物与环境安全国防重点学科实验室"。

5月30日，参加中国工程院第61次工程技术论坛（核技术应用大会），作题为"核技术及其在材料科学领域的应用"的学术报告。

7月，倡导的西南科技大学"核废物与环境安全国防重点学科实验室"获准组建。

8月，担任中国核学会核化学与放射化学分会第八届委员会名誉主任委员。

2008 年

3月，受聘担任西南科技大学省部共建教育部重点实验室"固体废物处理与资源化"学术委员会委员。

5月12日，在绵阳市亲身经历了汶川大地震。

9月19日，和胡思得、杨崎共同负责中国工程院"我国放射性医疗发展对策研究项目（咨询项目）"。

10月，第一作者在《中国工程科学》（2008年第10卷第1期）发表论文：《核辐射技术及其在材料科学领域的应用》。

10月31日，参加西南科技大学2008年核科学与技术科学交流年会，作题为"核电发展与环境安全"的学术报告。

11月20日,受聘担任北京大学放射化学与辐射化学重点学科实验室学术委员会委员,聘期五年。

12月,受聘担任四川省第六届科技顾问团顾问。

2009年

2月9日,受聘担任第二届四川省专家评议(审)委员会委员,聘期三年。

3月10日,为国防特色教材《核技术应用》(哈尔滨工程大学出版社,2009年10月)作序。

3月,配合编辑出版《傅依备院士八十华诞文集》。

11月16日,受聘担任中国核学会同位素分会《同位素》杂志第四届编辑委员会顾问。

2010年

3月29日,受聘担任四川省委省政府第一届咨询委员会委员,聘期五年。

2011年

2月16日,受聘担任高温高密度等离子体物理国防科技重点实验室顾问,聘期五年。

8月28日,应邀赴内蒙古大学作题为"核工业辐射安全与环境辐射本底"的学术报告。

9月17日,在宁波作题为"海洋资源利用研究现状与发展前景"的学术报告;在球冠集团电缆股份有限公司企业建立"院士工作站",为企业升级提供技术咨询。

11月25日,受聘担任江苏南通市创新型城市建设专家委员会委员。

2012年

1月,受聘担任固体废物处理与资源化教育部重点实验室(地址在西南科技大学）第二届学术委员会名誉主任，聘期五年。

3月30日，受聘担任绵阳职业技术学院高级校事顾问，作题为"核武器的发展和现状"的学术报告。

4月26日，受聘担任西南科技大学固体废物处理与资源化教育部重点实验室第三届学术委员会名誉主席。

9月7日，受聘担任中物院"Z箍缩驱动聚变－裂变混合堆总体概念设计研究"项目专家。

11月12日，在四川省邛崃市调查了解白酒产业化发展，重点对"白酒辐照技术应用"可行性进行调研。

12月24日，出席"CFBR Ⅱ堆成功爆发脉冲20周年"专题学术交流会。

2013年

1月27日，受聘于四川科学城科杰科技有限公司顾问。

11月，受聘担任中国核学会核化学和放射化学分会《核化学与放射化学》编辑委员会顾问。

11月9日，受聘担任四川理工大学环境与化工学科客座教授。

2014年

6月，受聘担任国家城市污水处理及资源化工程技术研究中心专家委员会委员，聘期五年。

7月，受聘担任中国核学会核测试与分析分会顾问，聘期为2014—2018年。

9月10日，受聘担任核废物与环境安全国防重点学科实验室第三届学术委员会主任，聘期三年。

10月8日，在江油市出席2014无机与同位素质谱学术会。与参会人员共同探讨了无机与同位素质谱技术在核科学、材料科学、环境科学和地质学等领域的研究进展。

10月30日，担任西南科技大学核废物与环境安全国防重点学科实验室第四届学术委员会主任。

2015 年

4月15日，参加国防科工局组织的中物院二所核能脉冲功率系统技术研究中期技术检查会。

5月19日，接受中央电视台采访，讲述中物院二所在三线建设期间的情况。

5月25日，参加二所主办的反应堆科技应用学术会议。

9月12日，出席在鄂尔多斯举办的第三届内蒙古"草原英才"高层次人才合作交流会暨呼包鄂人才创新创业周，作题为"关于鄂尔多斯地区铀矿冶开采想到的"的学术报告。

10月23日，参加军工学会主办、西科大承办的含能材料热化学和热分析科技交流会议。

12月28日，作为特邀人员参加中物院第八届党员代表大会。

2016 年

1月，配合编辑出版《中国工程院院士传记——傅依备传》。航空工业出版社、人民出版社，2016年1月印刷出版。

5月30日，在北京人民大会堂参加全国创新大会、两院院士大会和中国科协第九次年会（三会合开），听取习近平总书记作报告。

5月31日，参加中国工程院能源与矿冶学部院士大会。

6月2日，在北京参加陈能宽院士追悼会。

7月19日，在北京参加中物院院两院院士会议，讨论2017年院士申请的候选人。

附录二　傅依备主要论著目录

[1] В П Шведеов, Фу И-бей. Выделение радиоактивных изотопов на ртутном катоде I. изучение злектрохмческого поведния европия [J]. Радиохимия, 1960, 2（1）：57-64.

[2] В П Шведеов, Фу И-бей. Выделение радиоактивных изотопов на ртутном катоде II. изучение возможности выделения редкоземельных злементов, не имеющих устойчивото двухвалентного состояния [J]. Радиохимия, 1960, 2（2）：231-233.

[3] В П Шведеов, Фу И-бей. Выделение радиоактивных изотопов на ртутном катоде III. изучение выделения церия [J]. Радиохимия, 1960, 2（2）：234-238.

[4] В П Шведеов, Фу И-бей. Выделение радиоактивных изотопов на ртутном катоде IV. изучение выделения ^{147}Pm [J]. Радиохимия, 1960, 2（6）：715-719.

[5] В П Шведеов, Фу И-бей. Выделение радиоактивных изотопов на ртутном катоде V. изучение выделения ^{95}Nb без носителя [J]. Радиохимия, 1960, 2（6）：720-722.

[6] В П Шведеов, Фу И-бей. Изучение разделения радиоактивных

изотопов редкоземельных элементов на ртутном катоде Ⅰ. разделение Y, Yb и Lu [J]. Радиохимия, 1962, 4 (4): 451-457.

[7] В П Шведеов, Фу И-бей. Изучение разделения радиоактивных изотопов редкоземельных элементов на ртутном катоде Ⅱ. отделение Ce и Pm от Lu; Eu от Ce и La [J]. Радиохимия, 1962, 4 (4): 457-461.

[8] 傅依备, 赵鹏骥, 陈涵德, 等. 核爆烟云微粒的放射性核素组分的研究 [J]. 科技学报, 1981, 3 (31): 31-37.

[9] 罗顺忠, 刘中林, 赵鹏骥, 等. 新型 ^{99m}Tc 标记肾显像剂的研究 Ⅰ. ^{99m}Tc-MAG$_3$ 的合成和初步生物学评价 [J]. 同位素, 1989, 2 (3): 137-143.

[10] 黄整, 傅依备, 金行星, 等. α粒子激励 Ne 光谱测量 [J]. 原子与分子物理学报, 1990, 7 (3): 1496-1506.

[11] Zhao JK, Mao XG, Jin XX, et al. Analysis of ultramicro-amount of Neptuntium-235 [J]. Microchemical Journal, 1991, 44: 59-62.

[12] Wang XL, Chen YL, Wang XY, et al. Neutron activation analysis of gold and iridium in steel [J]. Journal of Radioanalytical and Nuclear Chemistry, 1991, 147 (2): 377-384.

[13] 俞华根, 朱正和, 傅依备. 基态 O$_4$ 的分析势能函数 [J]. 原子与分子物理学报, 1992, 9 (2): 2252-2257.

[14] Wang DL, Chen SH, Fan DX, et al. Experimental studies on the anomalous phenomenon in Pd metal loaded with deuterium [J]. Frontier of Cold Fusion, 1993: 169-172.

[15] Zhang XW, Zhang WS, Wang DL, et al. On the explosion in a deuterium/palladium electrolytic system [J]. Frontier of Cold Fusion, 1993: 381-384.

[16] 叶安培, 朱正和, 苟清泉, 等. α粒子激励下氩激发态光谱 [J]. 光学学报, 1993, 13 (4): 294-298.

[17] 罗顺忠, 刘中林, 张昌英, 等. 新型 ^{99m}Tc 标记肾显像剂的研究Ⅲ.

^{99m}Tc-MAG$_2$ 的结构测定[J]. 同位素, 1993, 6(1): 7-12.

[18] 赵君科, 王和义, 罗阳明, 等. 溶胶-凝胶法合成 γ-LiAlO$_2$ 超细粉[J]. 核动力工程, 1993, 14(4): 381-384.

[19] 刘荣, 王大伦, 陈素和, 等. 气体放电装置中的中子能谱测量[J]. 原子与分子物理学报, 1994, 11(2): 115-119.

[20] 谢洪平, 朱正和, 傅依备. NO$_2$ 体系的分析势能函数研究(一)[J]. 原子与分子物理学报, 1994, 11(4): 392-398.

[21] 许云书, 毛欣根, 郭高品, 等. 二元乙丙橡胶共聚物的强化辐射交联[J]. 辐射研究与辐射工艺学报, 1994, 12(3): 155-159.

[22] 傅依备, 沈文德, 曹小华, 等. 在线产氚回路及其在混合堆包层研究中的应用[J]. 高技术通讯, 1995, 5(6): 52-54.

[23] 傅依备, 赵军科, 罗阳明, 等. 氚固体增殖剂偏铝酸锂多孔陶瓷研究[J]. 高技术通讯, 1996, 6(1): 50-53.

[24] 翁承文, 姚琼英, 侯建平, 等. 低温热色谱分离氢同位素[J]. 高技术通讯, 1996, 6(4): 52-56.

[25] 蒋刚, 朱正和, 黄整, 等. α粒子激励下氦、氖的光谱[J]. 光学学报, 1996, 16(6): 732-737.

[26] 江东林, 黄整, 谭明亮, 等. HF 的电子态 $X^1\Sigma^+$ 和 $B^1\Sigma^+$ 之势能函数和 $\Delta v=2$ 泛频跃迁精细结构[J]. 原子与分子物理学报, 1996, 13(1): 57-64.

[27] Wang X, Fu Y, Xie R. Effect of CO on surface behavior of U$_3$O$_8$[J]. Journal of Radioanalytical and Nuclear Chemistry, 1997, 218(2): 243-245.

[28] Wang X, Fu Y, Xie R. Effect of CO on surface oxidation of uranium metal[J]. Journal of Radioanalytical and Nuclear Chemistry, 1997, 220(1): 113-116.

[29] 汪小琳, 傅依备, 谢仁寿, 等. 铀金属与一氧化碳 200℃时表面反应的 XPS 研究[J]. 中国核科技报告, 1997(S1): 17.

[30] 汪小琳, 傅依备, 谢仁寿. 铀金属在 H$_2$+CO 气氛中表面反应的 XPS

研究［J］. 中国核科技报告，1997（S1）：19.

［31］Wang XL，Fu YB，Xie RS. Surface chemical behavior of triuranium octaoxide in the atmospheres of carbon monoxide and hydrogen［J］. Journal of Nuclear Materials，1998，257（3）：287-294.

［32］Xu YS，Fu YB，Fumio，et al. Sensitizing effect of polyfunctional monomers on radiation crosslinking of polychloroprene［J］. Radiation Physics and Chemistry，1998，53（6）：669-672.

［33］唐永建，赵永宽，朱正和，等. S_2分子$B''^3\Pi_u$态的势能函数和光谱常数的理论研究［J］. 物理学报，1998，47（10）：1604-1605.

［34］汪小琳，傅依备，谢仁寿. 金属铀在CO气氛中表面反应的X射线光电子能谱研究［J］. 核技术，1998，21（4）：233-237.

［35］汪小琳，傅依备，谢仁寿. 氧化层结构对铀在CO/H_2气氛中表面反应的影响［J］. 分析测试技术与仪器，1998，4（1）：29-35.

［36］许云书，傅依备. 辐射技术在SiC陶瓷纤维材料研制中的应用［J］. 兵器材料科学与工程，1998，21（1）：60-65.

［37］李利华，傅依备，周秀鹏，等. Sr、Cs在回填材料中的吸附与迁移研究［J］. 原子能科学与技术，1998，32（S）：76-82.

［38］贾永芬，朱志瑄，张丕禄，等. 盐酸介质中二价铁还原高锰酸盐的动力学研究［J］. 原子能科学与技术，1998，32（S）：130-135.

［39］汪小琳，傅依备，谢仁寿. 铀在CO气氛中表面抗氧化性研究［J］. 原子能科学技术，1999，33（1）：1-7.

［40］邱龙会，傅依备，汪小琳，等. 液滴法制备高尺度比玻璃微球壳的研究［J］. 强激光与粒子束，1999，11（4）：465-469.

［41］傅依备，汪小琳，朱正和. 铀钚金属表面抗腐蚀性研究进展［J］. 中国工程科学，2000，2（12）：59-65.

［42］王和义，傅依备，邢丕峰. 非对称性微孔复合陶瓷膜制备技术研究［J］. 化学学报，2000，58（8）：1015-1021.

［43］王和义，傅依备，邢丕峰，等. 浆料涂敷－化学镀技术在微孔陶瓷表面沉积钯银合金膜［J］. 膜科学与技术，2000，20（4）：25-29.

[44] 王岭，宋永才，许云书，等. 含乙烯基的聚硅氮烷先驱体纤维的制备[J]. 高分子材料科学与工程，2000，16（5）：109-112.

[45] 楚增勇，宋永才，许云书，等. 聚碳硅烷强化辐射交联的研究[J]. 高分子材料科学与工程，2000，16（5）：116-119.

[46] 王红艳，朱正和，傅依备，等. 铀的双原子分子化合物的势能函数和热力学性质[J]. 核化学与放射化学，2000，22（4）：193-199.

[47] 许云书，傅依备，楚增勇，等. 含乙烯基聚碳硅烷陶瓷先驱体的合成及其电子束辐射不熔化研究[J]. 中国核科技报告，2000：1520.

[48] Li Q, Liu XY, Wang R, et al. Study of analytic potential energy function and stability for PuO^{n+} with density functional theory[J]. Chinese Physics, 2001, 10（6）: 501-504.

[49] 王和义，傅依备，邢丕峰，等. 陶瓷基钯银合金膜制备技术及性能研究[J]. 化学学报，2001，59（3）：388-393.

[50] 罗世凯，傅依备，罗顺火，等. 氟橡胶F2311辐射降解气体产物研究[J]. 辐射研究与辐射工艺学报，2001，19（4）：254-258.

[51] 邱龙会，傅依备，唐永建，等. 分步加压法测量薄壁空心玻璃微球的耐压能力[J]. 强激光与粒子束，2001，13（5）：591-594.

[52] 邱龙会，傅依备，唐永建，等. 由玻璃组成计算空心玻璃微球的耐压强度[J]. 原子能科学技术，2001，35（3）：263-266.

[53] 钟志京，傅依备. 邻苯二甲酸二丁酯的辐射效应研究[J]. 辐射研究与辐射工艺学报，2001，19（4）：247-253.

[54] Qiu LH, Fu YB, Tang YJ, et al. Hollow glass microsphere production for laser direct-driven fusion targets on Shen Guang II[J]. Science in China（Series A）, 2002, 45（3）: 371-377.

[55] Huang W, Fu YB, Wang CY, et al. A study on radiation resistance of siloxane foam containing phenyl[J]. Radiation Physics and Chemistry, 2002, 64（3）: 229-233.

[56] 罗世凯，傅依备，罗顺火，等. 核辐射对氟树脂F2313力学性能的影响[J]. 高分子材料科学与工程，2002，18（3）：106-109.

[57] 邱龙会，傅依备，魏芸，等. 液滴法制备空心玻璃微球的模拟计算[J]. 强激光与粒子束，2002，14（3）：397-402.

[58] 邱龙会，傅依备，王永川，等. 液滴法成球过程模拟计算软件[J]. 原子能科学技术，2002，36（4-5）：477-480.

[59] Huang W, Fu YB, Wang CY, et al. Radiation effects on methyl vinyl polysilicone foam[J]. Journal of Applied Polymer Science，2003，89（13）：3437-3441.

[60] 傅依备. 几种高分子材料的核辐射效应研究[J]. 材料导报，2003，17（2）：4-7.

[61] 钟发春，傅依备，王晓川. MDI 聚氨酯/聚硅氧烷 IPN 的结构与力学性能[J]. 材料研究学报，2003，17（4）：415-420.

[62] 钟发春，傅依备，尚蕾，等. 聚氨酯弹性体的结构与力学性能[J]. 材料科学与工程学报，2003，21（2）：211-214.

[63] 陈晓军，傅依备，罗顺忠，等. 热处理条件对 PVA 薄膜阻氢性能的影响[J]. 强激光与粒子束，2003，15（2）：167-171.

[64] 朱正和，傅依备. 原子分子工程学[J]. 自然科学进展，2003，13（6）：561-567.

[65] Zhang WS, Hou MQ, Wang HY, et al. Effects of reaction heat and self-stress on the transport of hydrogen through metallic tubes under conditions far from equilibrium[J]. Acta Materialia，2004，52（10）：5805-5813.

[66] Zhang WS, Hou MQ, Wang HY, et al. Numerical simulation of diffusivity of hydrogen in thin tubular metallic membranes affected by self-stresses[J]. International Journal of Hydrogen Energy，2004，29（11）：1165-1172.

[67] 王和义，傅依备，朱正和. 金属钯表面吸附氢同位素的量子力学计算[J]. 化学物理学报，2005，18（3）：341-345.

[68] 刘秀华，傅依备，许云书，等. 水处理中多相光催化反应器的研究进展[J]. 催化学报，2005，26（5）：433-439.

[69] 李玉香, 傅依备, 易发成, 等. 碱矿渣－黏土复合胶凝材料水化物粉体对铯离子的吸附（英文）[J]. 硅酸盐学报, 2005, 33（10）: 1184-1188.

[70] 李玉香, 傅依备, 易发成, 等. 碱矿渣－粘土复合水泥固化模拟放射性泥浆的可行性研究[J]. 原子能科学技术, 2005, 39（4）: 311-317.

[71] 张东, 傅依备, 李宽良, 等. 某极低放废物处理场地下水中Sr迁移形式热力学分析[J]. 安全与环境学报, 2005, 5（2）: 34-36.

[72] Cheng K, Zhu ZH, Tang CH, et al. Ionic charge state distribution of Au plasma for 7-ion system [J]. Communications in Theoretical Physics, 2006, 45（2）: 353-356.

[73] 刘秀华, 傅依备, 谢云, 等. Au/TiO$_2$薄膜的制备及其光催化氧化对硝基苯酚的性能[J]. 催化学报, 2006, 27（6）: 532-536.

[74] 王宇光, 杜凯, 张林, 等. 水溶性金单层包覆团簇的制备与光学性能分析[J]. 强激光与粒子束, 2006, 18（8）: 1383-1386.

[75] 王宇光, 罗炫, 张林, 等. 金MPC掺杂琼脂－明胶复合泡沫的均匀性研究[J]. 强激光与粒子束, 2006, 18（9）: 1515-1518.

[76] 高小铃, 黄玮, 陈晓军, 等. 纳米二氧化硅与辐射硫化三元乙丙橡胶相互作用的研究[J]. 高分子通报, 2006, 11: 36-39.

[77] 高小铃, 黄玮, 陈晓军, 等. 纳米二氧化硅填充辐射硫化三元乙丙橡胶[J]. 化学研究与应用, 2006, 18（11）: 1385-1388.

[78] 康厚军, 张东, 李宽良, 等. 含锶极低放废物处置的地球化学工程屏障研究[J]. 核化学与放射化学, 2006, 28（4）: 225-230.

[79] Liu XH, Xu YS, Zhong ZJ, et al. Preparation of Zn/TiO$_2$ powder and its photocatalytic performance for oxidation of P-nitrophenol [J]. Nuclear Science and Techniques, 2007, 18（1）: 59-64.

[80] Huang W, Xu YS, Chen XJ, et al. Study on the radiation effect of polyether-urethane in the gamma-radiation field [J]. Journal of Radioanalytical and Nuclear Chemistry, 2007, 273（1）: 91-98.

[81] 刘秀华, 傅依备, 王和义, 等. 2, 4, 6-三硝基甲苯的光催化降解[J]. 中国科学 B 辑, 2008, 38 (7): 631-635.

[82] 刘秀华, 何小波, 傅依备. Co 掺杂对 TiO_2 光催化剂结构与性能的影响[J]. 化学学报, 2008, 66 (14): 1725-1730.

[83] 傅依备, 许云书, 黄玮, 等. 核辐射技术及其在材料科学领域的应用[J]. 中国工程科学, 2008, 10 (1): 12-22.

[84] 李金隆, 龙兴贵, 彭述明, 等. 同质外延钛酸锶薄膜的生长模式图谱[J]. 硅酸盐学报, 2007, 35 (1): 16-20.

[85] 易发成, 傅依备, 李玉香, 等. 官山凹凸棒石饱和吸附锶铯核素后的结构表征[J]. 中国矿业大学学报, 2007, 36 (2): 271-276.

[86] 赵军, 汪涛, 张东, 等. 絮凝-微滤组合工艺处理含钚废水[J]. 核化学与放射化学, 2007, 29 (2): 113-117.

[87] 孔凡杰, 蒋刚, 傅依备, 等. 分子取向对 CO 在 Pd (111) 面吸附的影响[J]. 强激光与粒子束, 2007, 19 (5): 859-862.

[88] 程科, 朱正和, 唐昶环, 等. 金等离子体中 7 离子系统 (Au^{47+}—Au^{53+}) 的电荷态分布及其解析函数关系[J]. 原子与分子物理学报, 2007, 24 (4): 731-738.

[89] 朱正和, 傅依备, 孙颖, 等. CECE 法重水电解分离氚的热力学研究[J]. 中国工程科学, 2008, 10 (5): 19-24.

[90] 阮文, 谢安东, 余晓光, 等. DTO 体系分子反应动力学[J]. 原子与分子物理学报, 2008, 25 (6): 1439-1446.

[91] Peng RF, Chu SJ, Huang YM, et al. Preparation of He@C_{60} and He_2@C_{60} by an explosive method [J]. Journal of Materials Chemistry, 2009, 19: 3602-3605.

[92] Luo WL, Ruan W, Zhang L, et al. The characteristics of O+HD(v=0, j=0) reaction dynamics [J]. Chinese Physics B, 2009, 18 (1): 167-173.

[93] 罗文浪, 熊建若, 阮文, 等. D+OH ($A^2\Sigma^+$, v=0, j=0) 的反应动力学[J]. 四川大学学报(自然科学版), 2009, 46 (3): 684-690.

[94] 阮文, 罗文浪, 张莉, 等. CO_2 在 Pd 表面吸附的热力学 [J]. 强激光与粒子束, 2009, 21 (12): 1908-1912.

[95] 金波, 彭汝芳, 谭碧生, 等. 硝基富勒烯吡咯烷衍生物的合成与结构表征 [J]. 含能材料, 2009, 17 (3): 287-292.

[96] 史顺平, 罗文浪, 朱正和, 等. 外偶极电场作用下 H_2O, D_2O 和 T_2O 的可逆分解电压 [J]. 化学学报, 2010, 68 (10): 975-981.

[97] Shi SP, Zhang Q, Zhang L, et al. Geometrical structures, vibrational frequencies, force constants and dissociation energies of isotopic water molecules (H_2O, HDO, D_2O, HTO, DTO, and T_2O) under dipole electric field [J]. Chinese Physics B, 2011, 20 (6): 063102-1-8.

[98] 彭述明, 王和义, 傅依备. 氚化学与氚工艺 [J]. 化学进展, 2011, 23 (7): 1379-1385.

[99] 朱正和, 傅依备. 分子 XH (X=O, S, Se 和 Te) 中的正电子能级与正电子原子 [J]. 物理学报, 2011, 60 (4): 040302-1-6.

[100] 朱正和, 傅依备, 蒙大桥, 等. 原子质量的相对论效应和应用 [J]. 中国工程科学, 2011, 13 (1): 21-24.

参考文献

傅依备著述

[1] В П Шведеов, Фу И-бей. Выделение радиоактивных изотопов на ртутном катоде I. изучение злектрохмческого поведния европия [J]. Радиохимия, 1960, 2（1）: 57-64.

[2] В П Шведеов, Фу И-бей. Выделение радиоактивных изотопов на ртутном катоде II. изучение возможности выделения редкоземельных злементов, не имеющих устойчивото двухвалентного состояния [J]. Радиохимия, 1960, 2（2）: 231-233.

[3] В П Шведеов, Фу И-бей. Выделение радиоактивных изотопов на ртутном катоде III. изучение выделения церия [J]. Радиохимия, 1960, 2（2）: 234-238.

[4] В П Шведеов, Фу И-бей. Выделение радиоактивных изотопов на ртутном катоде IV. изучение выделения ^{147}Pm [J]. Радиохимия, 1960, 2（6）: 715-719.

[5] В П Шведеов, Фу И-бей. Выделение радиоактивных изотопов на ртутном катоде V. изучение выделения ^{95}Nb без носителя [J]. Радиохимия, 1960, 2（6）: 720-722.

[6] В П Шведеов，Фу И-бей. Изучение разделения радиоактивных изотопов редкоземельных злементов на ртутном катоде Ⅰ. разделение Y, Yb и Lu[J]. Радиохимия，1962，4（4）：451-457.

[7] В П Шведеов，Фу И-бей. Изучение разделения радиоактивных изотопов редкоземельных злементов на ртутном катоде Ⅱ. отделение Ce и Pm от Lu; Eu от Ce и La[J]. Радиохимия，1962，4（4）：457-461.

[8] 傅依备，赵鹏骥，陈涵德，等. 核爆烟云微粒的放射性核素组分的研究[J]. 科技学报，1981，3（31）：31-37.

[9] 傅依备题词,《中国工程院院士》(5), 2001年。

[10] 中国工程物理研究院编辑委员会:《傅依备院士八十华诞学术论文集》,共620页,收录傅依备及他与学生署名的学术论文114篇,61万字,2009年。引用参考的篇目不一一注出。

[11] 朱正和，傅依备，蒙大桥，等. 原子质量的相对论效应和应用[J]. 中国工程科学，2011，13（1）：21-24.

[12] 傅依备，朱正和:《原子与分子工程研究所（联合所）小结——联合所成立29周年》,2013年5月。

研究著述资料

[13]《傅依备传》编写组:《中国工程院院士传记——傅依备传》。北京：航空工业出版社、人民出版社,2016年。

[14]《傅依备院士八十华诞文集》编委会:《傅依备院士八十华诞论文集》。北京：原子能出版社,2009年。引用参考的篇目不一一注出。

[15] 杨敬东主编:《三湘院士科学人生自述集·傅依备院士自述：没有辜负人民的期望和时代赋予的职责》。长沙：湖南科学技术出版社,2009年11月。

[16] 孙勤主编:《核铸强国梦——60位核科技院士专家访谈录》。北京：中国原子能出版社,2015年1月。

[17] 钱伟长任总主编，杜祥琬任分卷主编:《20世纪中国知名科学家学术成就概览·能源与矿业工程卷·核科学技术与工程分册》。北京：科学出版社,2015年1月。全册共73.9万字,其中收录由岁顺忠研究员撰写的傅依备院士传记,约11000字。

媒体报道资料

[18]《北仑区球冠院士工作站成立》。共产党员网·全国党建联盟·北仑党建·北仑区委组织部，2011年9月19日。

[19]《"宁波这条路子走对了"——傅依备院士"企业行"活动侧记》。《宁波日报》，2011年9月19日第2版。

[20]《傅依备院士亲临球冠公司，为企业科技创新献计献策》。北仑区科技局网站，2012年9月24日。

[21]《院士一落座企业就抛出技术难题》。《宁波日报》，2012年9月24日第2版。

[22]《宁波球冠电缆股份有限公司院士工作站速写》。《宁波院士工作》，2013年第3期总第6期，第33—37页。

其他资料

[23] 四川省战时儿童保育历史研究会：《摇篮·衡阳儿童教养院专刊》。

[24]《国立九中简史》，江津二中提供。

[25] 成都科技大学文件〔90〕成科发行科字第2号。

[26]《泸州图记》，见泸州市江阳区钟楼广场石刻文记。

[27]《中国科学院长春应用化学研究所所志》，1948—2007年版。

[28] 曾瀛洲：《抗战中的南岳》。北京：中共党史出版社，2010年3月。

[29] 傅学工：《父亲二三事》，2015年9月2日。

后 记

傅依备院士是新中国早期成长起来的核化学家之一，在他的身上体现出了不屈不挠、勇往直前、为国为民科学求实的精神，更是中物院"五种精神"的优良代表。通过采集工程，发掘傅依备院士的成长轨迹，必将使后来者产生无尽的精神力量。

傅依备院士学士成长资料采集工程自运行以来，得到了各级主管部门领导及专家的指导和支持，得到了傅依备院士本人、家人、亲属、朋友、学生的理解与大力支持。

傅依备院士亲自对采集工作计划、提纲、采访对象进行了审定把关，并接受了11次（每次半天）访谈；对研究报告的初稿进行逐一修改。他和夫人谢冬心女士把珍藏数十年的上千件照片、证书证件、日记、手稿、物件等无偿捐献出来供采集小组择取，为采集工程的顺利实施奠定了基础。

承担本采集工程的具体单位——中物院二所的党政领导都对此项工作充分重视，提供了充分的人、财、物等多方面的支持，对采集工程倾注了大量的精力。

中物院二所党委书记、所科协主席谢平研究员亲自担任组长，所办主任彭忠传担任总协调人，并负责傅依备年表的撰写；所党委宣传部部长何佳恒负责具体工作的统筹协调和日常事务的组织运行，并负责音频资料的整理校核、老照片资料的整理以及傅依备日记的文字整理等工作；廖明强、李林参与协助相关工作；廖振兴负责照片的翻拍；傅学工、刘钊负责实物采集，具体由刘钊负责各类实物资料的收集、整理、归类、编目以及电子文档和照片资料的数字化等工作；傅学工、李林、刘钊、何佳恒、马丽、罗本祥参与赴湖南、重庆、江津、泸州、成都（含广汉和青白江等地）、北京、青海221厂、长春、大连、宁波等地的异地采集；马丽负责资料长编工作；夏庆中、胡倩参与了前期的组织、协调、策划与采集工作；罗本祥承担前期采集工作计划、访谈提纲等拟订工作；中物院新闻中心的专业人员艾志英、米进负责访谈对象的采访与视频数字化等大量业务工作。

在占有大量详细第一手资料的基础上，本报告的撰写人员进行了较长时间的撰写。其中除第七章、第十章和"主要论著目录"由王和义撰写、第六章由罗本祥和王和义合写外，其余八个章节，还包括"导言""结语""参考文献"等均由罗本祥撰写；中共中央委员、中国工程院副院长、中物院原院长赵宪庚院士为本传作序。由于傅依备院士的大部分工作涉及国防科研，许多学术思想无法公开。这是本采集工程的一点遗憾。王和义负责了最后的出版工作，并根据编辑部的意见，对全文作了较大幅度的修改和更正。

尽管我们本着对国家、对傅依备院士、对采集工程认真负责的态度，凭着深受傅依备院士崇高形象、高尚品质和精神力量的感染、教育而不断增强努力做好工作的自觉性，全身心投入，辛勤劳作，但由于水平、知识面的局限，肯定有许多不尽人意之处，还望各位专家、学者提出指正意见。

傅依备院士学术成长资料采集小组

二〇二〇年二月

老科学家学术成长资料采集工程丛书
已出版（110种）

《卷舒开合任天真：何泽慧传》　　　　《此生情怀寄树草：张宏达传》

《从红壤到黄土：朱显谟传》　　　　　《梦里麦田是金黄：庄巧生传》

《山水人生：陈梦熊传》　　　　　　　《大音希声：应崇福传》

《做一辈子研究生：林为干传》　　　　《寻找地层深处的光：田在艺传》

《剑指苍穹：陈士橹传》　　　　　　　《举重若重：徐光宪传》

《情系山河：张光斗传》　　　　　　　《魂牵心系原子梦：钱三强传》

《金霉素·牛棚·生物固氮：沈善炯传》　《往事皆烟：朱尊权传》

《胸怀大气：陶诗言传》　　　　　　　《智者乐水：林秉南传》

《本然化成：谢毓元传》　　　　　　　《远望情怀：许学彦传》

《一个共产党员的数学人生：谷超豪传》《没有盲区的天空：王越传》

《含章可贞：秦含章传》　　　　　　　《行有则　知无涯：罗沛霖传》

《精业济群：彭司勋传》　　　　　　　《为了孩子的明天：张金哲传》

《肝胆相照：吴孟超传》　　　　　　　《梦想成真：张树政传》

《新青胜蓝惟所盼：陆婉珍传》　　　　《情系梁菽：卢良恕传》

《核动力道路上的垦荒牛：彭士禄传》　《笺草释木六十年：王文采传》

《探赜索隐　止于至善：蔡启瑞传》　　《妙手生花：张涤生传》

《碧空丹心：李敏华传》　　　　　　　《硅芯筑梦：王守武传》

《仁术宏愿：盛志勇传》　　　　　　　《云卷云舒：黄士松传》

《踏遍青山矿业新：裴荣富传》　　　　《让核技术接地气：陈子元传》

《求索军事医学之路：程天民传》　　　《论文写在大地上：徐锦堂传》

《一心向学：陈清如传》　　　　　　　《钤记：张兴钤传》

《许身为国最难忘：陈能宽传》　　　　《寻找沃土：赵其国传》

《钢锁苍龙　霸贯九州：方秦汉传》
《一丝一世界：郁铭芳传》
《宏才大略　科学人生：严东生传》

《我的气象生涯：陈学溶百岁自述》
《赤子丹心　中华之光：王大珩传》
《根深方叶茂：唐有祺传》
《大爱化作田间行：余松烈传》
《格致桃李半公卿：沈克琦传》
《躬行出真知：土守觉传》
《草原之子：李博传》

《此生只为麦穗忙：刘大钧传》
《航空报国　杏坛追梦：范绪箕传》
《聚变情怀终不改：李正武传》
《真善合美：蒋锡夔传》
《治水殆与禹同功：文伏波传》
《用生命谱写蓝色梦想：张炳炎传》
《远古生命的守望者：李星学传》

《善度事理的世纪师者：袁文伯传》
《"齿"生无悔：王翰章传》
《慢病毒疫苗的开拓者：沈荣显传》
《殚思求火种　深情寄木铎：黄祖洽传》
《合成之美：戴立信传》
《誓言无声铸重器：黄旭华传》
《水运人生：刘济舟传》
《在断了A弦的琴上奏出多复变
　　最强音：陆启铿传》

《虚怀若谷：黄维垣传》
《乐在图书山水间：常印佛传》
《碧水丹心：刘建康传》

《我的教育人生：申泮文百岁自述》
《阡陌舞者：曾德超传》
《妙手握奇珠：张丽珠传》
《追求卓越：郭慕孙传》
《走向奥维耶多：谢学锦传》
《绚丽多彩的光谱人生：黄本立传》

《探究河口　巡研海岸：陈吉余传》
《胰岛素探秘者：张友尚传》
《一个人与一个系科：于同隐传》
《究脑穷源探细胞：陈宜张传》
《星剑光芒射斗牛：赵伊君传》
《蓝天事业的垦荒人：屠基达传》

《化作春泥：吴浩青传》
《低温王国拓荒人：洪朝生传》
《苍穹大业赤子心：梁思礼传》
《仁者医心：陈灏珠传》
《神乎其经：池志强传》
《种质资源总是情：董玉琛传》
《当油气遇见光明：翟光明传》
《微纳世界中国芯：李志坚传》
《至纯至强之光：高伯龙传》

《弄潮儿向涛头立：张乾二传》
《一爆惊世建荣功：王方定传》
《轮轨丹心：沈志云传》
《继承与创新：五二三任务与青蒿素研发》

《淡泊致远　求真务实：郑维敏传》
《情系化学　返璞归真：徐晓白传》
《经纬乾坤：叶叔华传》
《山石磊落自成岩：王德滋传》
《但求深精新：陆熙炎传》
《聚焦星空：潘君骅传》

《材料人生：涂铭旌传》
《寻梦衣被天下：梅自强传》
《海潮逐浪　镜水周回：童秉纲口述人生》

《采数学之美为吾美：周毓麟传》
《神经药理学王国的"夸父"：金国章传》
《情系生物膜：杨福愉传》
《敬事而信：熊远著传》